中小学教师
教育科研能力的培养与提高

柯 铧 ○ 编著

西南交通大学出版社
·成 都·

内容提要

本书包括正文和附录两部分。正文部分共八章，主要包括教育科研概述、研究课题的确定、教育科研成果的撰写、中小学学科教育科研的方法、教育科研成果的表述技巧与评价、教育统计分析简介、模糊综合评判简介以及层次分析简介等内容；附录部分包含 2010 年度与 2011 年度全国教育科学规划专项研究课题指南、贵州省基础教育科学研究与教育教学实验课题指南（2010—2015）、全国教育科学规划课题申请·评审书、文后参考文献著录规则（节选）、常用统计分布表、论文选编等内容。

本书可作为师范院校学生职前素质与技能训练的通识教材或参考书，也可作为在职中小学教师职后教育以及培养和提高教育科研能力的阅读书籍或培训教材。

图书在版编目（CIP）数据

中小学教师教育科研能力的培养与提高 / 柯铧编著. —成都：西南交通大学出版社，2015.3（2019.6 重印）
 ISBN 978-7-5643-3667-7

Ⅰ.①中… Ⅱ.①柯… Ⅲ.①中小学教育－教育研究 Ⅳ.①G632.0

中国版本图书馆 CIP 数据核字（2015）第 016767 号

中小学教师教育科研能力的培养与提高

柯铧　编著

责 任 编 辑	邹　蕊
特 邀 编 辑	颜　燕
封 面 设 计	何东琳设计工作室
出 版 发 行	西南交通大学出版社 （四川省成都市金牛区二环路北一段 111 号 西南交通大学创新大厦 21 楼）
发 行 部 电 话	028-87600564　028-87600533
邮 政 编 码	610031
网　　　　址	http://www.xnjdcbs.com
印　　　　刷	成都中永印务有限责任公司
成 品 尺 寸	170 mm × 230 mm
印　　　　张	17.5
字　　　　数	334 千
版　　　　次	2015 年 3 月第 1 版
印　　　　次	2019 年 6 月第 2 次
书　　　　号	ISBN 978-7-5643-3667-7
定　　　　价	39.00 元

图书如有印装质量问题　本社负责退换
版权所有　盗版必究　举报电话：028-87600562

前　言

　　教育科研是探索未知、在理论或实践上有所创新发明的认识活动，其实质就是对教育领域未知的问题做出解答。当然，对这些问题最有发言权的是教师。20世纪40年代以来，随着科学技术的迅猛发展及其广泛运用导致的各国政要对国民经济发展、综合国力与教育发展关系认识的不断深化，世界各国、广大民众对发展教育事业表现出了前所未有的热情与慷慨。我国在20世纪90年代中后期，顺应时代发展开始全面推进素质教育，并在世纪之交进行了新一轮课程改革。在新世纪，教师的教育教学工作从"经验型"向"科研型"的转变，教师的角色从"教书匠"向"专家型""学者型"的转变等要求已成为教师专业化的必要条件之一。

　　在新世纪之初，遵义市开展了"十五"期间中小学数学骨干教师培训，作者有幸成为培训者，主讲"中小学数学教育科研"专题。于是就"心目中的教育科研""教育科研的任务与意义"等作了调查。在调查中发现，有的教师因为承担大量的教育教学任务而无暇他顾，有的教师对教育科研知之甚少而将其混同于经验性的问题解决，有的教师认为教育科研是专家学者们的事而与己无关，有的教师认为教育科研很神秘而将自己滞于教育科研大门之外，等等。究其原因，一是观念层面（缺乏教育科研意识）的原因，二是操作层面（不熟悉教育科研的过程与方法）的原因，三是理论层面（缺失教育科研理论）的原因。

　　针对上述问题，作者参考了大量有关教育科研的书籍，结合自己多年来从事教育科研的感受和体会，编撰了讲稿《中小学数学与教育科研》，经数易其稿并在培训中使用，得到学员们的好评。完成"十五"期间的培训任务后本意付梓，因各种原因未能如愿。近年来，由于曾负责学校基础教育研究所工作，加之一些中小学又邀请去作有关教育科研方法等讲座，以及再次承担遵义市"十二五"期间中小学骨干教师"教育科研"培训任务，就又重拾并数易其稿，形成这本《中小学教师教育科研能力的培养与提高》。

　　本书试图扼要探讨和介绍教育科研的一些常用方法，根据这些教育科研的常用方法，有针对性地分析、总结基础教育中学科教育的一些研究案例，以期从观念层面、操作层面和理论层面为从事中小学教育教学教师的角色与教学方式的转变和素质提升提供思路和方法，因此，本书密切关注和结合中小学教育教学实际，既有一般理论的阐述，又有具体科研方法的一般过程的指导和手段的运用，具有指导性、实践性和可操作性。

本书是贵州省社科规划项目（12GZZC37）、贵州省基础教育科学研究与教育教学实验项目（2010B038）和遵义市"15851人才工程"资助项目以及遵义师范学院项目（10ZYJ031与2010001）的主要成果之一。项目的研究报告《基于基础教育中的教育科研与中小学数学教学研究》获得"2006—2010年贵州省基础教育科学研究与教育教学改革实验优秀成果叁等奖"。

本书的特点包括：

一是强调教师进行教育科研的重要性。在提高中小学教师教育科研的认识上，本书有意识地强化了中小学教师树立科研意识的必要性与重要性的探讨，旨在激发中小学教师和师范教育专业学生从事教育科研的信心和意识。

二是突出教育科研具体方法的指导性。在操作过程的描述中，力图贴近中小学教师和师范教育专业学生的实际，侧重具体操作层面的指导，如关于科研课题的论证与申报、立项与研究以及课题结项等问题，就是在教育科研中常常遇到的难题，本书针对类似具体问题进行了指导。

三是强化教育科研理论的实用性。在理论与实践的联系方面，本书对教育统计分析、模糊综合评判和层次分析理论等作了介绍，并在应用方面给出了一些范例，对中小学教师和师范教育专业学生的理论提升和实际应用有一定的助益。

四是附录内容的发散性。在联系实际方面，本书从作者发表的若干论文中选出部分论文供借鉴与斧正，引导学习者向与之相关的各个方面和层面延伸与拓展，同时昭示教育科研领域的广泛性。

本书可作为师范院校学生职前教育的通识教材或参考书，也可作为在职中小学教师职后教育、提升自我的阅读书籍或培训教材。

本书的付梓，得益于承担遵义市中小学骨干教师的培训任务，也得益于各期学员的建议，更得益于吸收借鉴了国内外相关研究成果以及相关项目的资助，在此就不一一致谢了，敬请谅解。

由于种种原因，本书在编写过程中不免还存在理论与实践诸多方面的不足，错漏之处在所难免，希望读者能提出宝贵意见，敬请专家与同行批评指正，以利于不断改进。

作　者
2014年12月于遵义汇川园

目 录

1 教育科研概述 ··· 1
   1.1 教师进行教育科研的重要性 ··· 1
   1.2 教师教育科研技能及其形成阶段与形成标志 ····························· 5
   1.3 掌握教育科研技能的基本问题 ··· 6
   1.4 教育科研的任务与特征 ··· 8
   1.5 教育科研的基本类型 ··· 10
   1.6 教育科研的一般阶段 ··· 13
   1.7 教育科研的基本原则 ··· 19
   1.8 教育科研的基本方法 ··· 21

2 研究课题的确定 ··· 24
   2.1 确定研究课题的技能 ··· 24
   2.2 研究课题的种类与选择范围 ··· 26
   2.3 选定研究课题的原则、方法与程序 ··· 29
   2.4 查阅文献资料 ··· 35
   2.5 研究课题的表达方式 ··· 40
   2.6 选择课题的策略 ··· 40
   2.7 课题研究价值的评价技术 ··· 43

3 教育科研成果的撰写 ··· 45
   3.1 撰写教育科研成果的意义 ··· 45
   3.2 教育科研成果的表述 ··· 47
   3.3 教育科研报告的撰写 ··· 49
   3.4 经验型教育科研论文的撰写 ··· 57
   3.5 研讨型教育科研论文的撰写 ··· 59
   3.6 学术型教育科研论文的撰写 ··· 63

4 中小学学科教育科研的方法 ·· 69
   4.1 经验总结法 ··· 69
   4.2 调查法 ··· 78

  4.3 实验法 ······ 89
  4.4 个案研究法 ······ 98
  4.5 观察法 ······ 104
  4.6 文献研究法 ······ 109
  4.7 行动研究法 ······ 115
  4.8 测量法 ······ 120
5 教育科研成果的表述技巧与评价 ······ 126
  5.1 有效撰写教育科研论文的技巧 ······ 126
  5.2 有效撰写结题报告的技巧 ······ 129
  5.3 中小学教育科研成果的评价 ······ 135
6 教育统计分析简介 ······ 142
  6.1 描述分析 ······ 142
  6.2 推断分析 ······ 145
7 模糊综合评判简介 ······ 165
  7.1 数学的有关基础知识 ······ 165
  7.2 模糊综合评判的数学模型（一）······ 169
  7.3 模糊综合评判的数学模型（二）······ 175
8 层次分析简介 ······ 181
  8.1 基本原理 ······ 181
  8.2 简单应用举例 ······ 185

附 录 ······ 189
  附录1 2010年度全国教育科学规划专项研究课题指南 ······ 189
  附录2 2011年度全国教育科学规划专项研究课题指南 ······ 194
  附录3 贵州省基础教育科学研究、
     教育教学实验课题指南（2010—2015）······ 202
  附录4 全国教育科学规划课题申请·评审书 ······ 210
  附录5 文后参考文献著录规则（节选）······ 220
  附录6 常用统计分布表 ······ 223
  附录7 论文选编 ······ 236

主要参考文献 ······ 273

1 教育科研概述

随着社会发展和变革的日趋加速,社会生活也日渐丰富与复杂,以科学研究的态度对待工作和生活已逐渐成为人们的生活方式之一。教育领域作为人类文明的集散地,教育工作者作为人类文明的传承者和开拓者,对开展教育科研、探索教育规律、解决教育问题、促进教育改革和发展,具有义不容辞的责任。

1.1 教师进行教育科研的重要性

教育科研是探索未知、在理论或实践上有所创新发明的认识活动。20 世纪 40 年代以来,随着科学技术的迅猛发展及其在生产、生活、国防各方面的广泛运用导致的各国政要对国民经济发展、综合国力与教育发展关系认识的不断深化,随着高科技产业的蓬勃兴起与此消彼长,各行业对从业者基本素质要求的不断提高,以及人们对健全人格、高质量完美生活的刻意追求,世界各国、广大民众对发展教育事业表现出了前所未有的热情与慷慨,因而导致了教育的日渐普及,教育对象的全民化和社会各界、广大民众对教育教学工作质量的广泛关注。教育工作也由此从英才教育迈上了英才教育与全民教育相互融通的轨道,社会的教育观也由传统的"传道、授业、解惑"向全面发展教育、和谐教育、健全人格教育、素质教育、创新教育全方位推进。基于此,教育科研的重要性也日益为人们所认识。教师进行教育科研是教师全面成长的重要渠道,是教师全面履行职责、高质量完成教育教学任务,培养成为时代需要的具有良好素质、健全人格和创新精神与能力的社会成员的基础手段,是发展、繁荣教育科研、推进教育改革、提升教育发展水平的重要环节。

1.1.1 开展教育科研有利于转变观念,全面实施素质教育

有什么样的教育观念就有什么样的教育行为。我国在 20 世纪 90 年代中后期,顺应时代发展开始全面推进素质教育,要求教育工作者必须改变应试教育的观念,减轻学生负担,实现知识技能教学能力培养与健全人格、个性发展教育的统一。改变传统的应试教育观,需要形成新的教学观、学生观、

师生观、课程观、人才观、教育评价观等。改变旧有观念，形成新的观念，仅仅是靠理性的思考是远远不够的，旧观念的更新与新观念的形成与巩固需要教育改革与研究的实践。

1.1.2 教育改革必须依托教育科研

教育改革只有在科学的教育理论指导下才能不断引向深入。近年来，随着教育改革的深入推进，教育领域发生了一系列根本的变革，推动了教育科研的展开。因此，从事教育科研活动，是时代赋予教育工作者的重要任务。在全国教育发展不均衡的情况下，如何办好各级各类教育，教育内容如何紧跟现代科学技术的前进步伐，教育方法如何走出传统的"说教"樊篱、推出新的教育手段等，都是需要教育工作者解决的问题。教育理论对于教育的改革和发展具有先导作用。

1.1.3 从事教育科研工作是教师提高自身整体素质，提高教育教学质量与效率的重要手段

1.1.3.1 有助于塑造创新教育观念的教师

传统观念认为，教师只是传授知识的主体，是"传播器"。科学技术的日益发展，使得教育教学从对象、方法到组织实施等各方面发生了深刻的变化，要求教师摆脱"教书匠"的角色，成为具备各方面知识、具有较高的理论水平和研究能力的研究者。教师不只是传播知识，还要懂得将知识如何更为有效地传授。这就要选择适当的方法，研究具体的对象，及时反馈信息等，从而使知识的传授变为能力的培养。教师在其中自觉地选用相关的知识，实际上起着研究者的作用。时代对教师的教育科研能力提出了要求，要求教师加强自身素质，努力研究教学实践中的具体问题，变单纯的教为教学与科研相结合，培养出具有创新精神、新型知识和能力结构的学生，也使自身的形象在这一转变中得以确立。可以这样说，许多优秀教师的成长，都是他们积极进行或参与教育科研，在研究探索中掌握了行之有效的教育教学方法，积累了相应的经验，甚至创造性地提出了新的教育教学观念和方法，大大提高了教育教学的效率。

1.1.3.2 有助于促进教师各方面素养的提高

教育科研活动是一项创新活动，它需要研究者在实践中不断探求新知识，寻找新发现。而在这一创新活动中，研究者自身素质的提高会有进一步的要

求。教师作为研究者参与科研活动，既是对其各方面能力、素养的检验，也是提高自身素养的一个重要途径。教师参与科研活动，将教学与科研结合，从实践中寻找理论的出发点和落脚点，从研究中提高自身水平，使教学水平、管理水平、科研能力都得到发展与提高。教师进行教育科研，就要使科研意识深入自己的大脑，使科研活动成为自觉行动。通过教育科研，教师可以发现存在问题和不足，掌握解决问题的途径和方法，在实践中提高各方面的素养。这是因为：

（1）进行教育科研要求教师在一定的教育理论指导下从事教育教学活动，具有自我施压、提升素质的作用。进行教育科研需要认真学习教育及相关学科的理论，系统地搜集、积累资料。这在很大程度上起到了锻炼和提高科学分析概括能力和技巧的作用，有助于形成严谨的科学态度、扩大眼界，使自己原来肤浅、零散的教育教学经验和认识提高到深刻、系统的理论高度，进而提高自己的理论水平与业务能力。

（2）开展教育科研有利于教师更新知识，激发创新意识，发展创新能力。当代社会经济、科技发展迅猛，各方面的新信息铺天盖地，知识老化与更新周期急剧缩短，新学科、新理论、新技术、新方法层出不穷，教育教学手段日趋自动化、科技化、微型化，特别是以计算机技术为主的信息搜集、整理、传输手段正在实现着多科技化、多媒体化、超越时空化的革命，在教育信息化加速发展的今天，即使教师过去基础扎实，知识占有量比较充分，也还需要不断地进行再学习，不断地更新知识与能力的结构。进行教育科研是教师更新知识、发展能力、提高水平的最佳途径和方法。因为教育科研课题来自一定的教育理论和教育实际，具有时代性、整体性和创新性。教师直接参加教育科研需要在实践中积极探索，促使自己自觉地学习，留意并有意识地分析加工有关信息，等等。所有这些都极大地推动并提升着教师的业务素质。

（3）教育科研是教育改革的先导和基础。教师在从事教育科研，特别是教育改革实验的研究中，要参照教育研究部门确定的教育研究任务和课题，从个人实际出发，通过选择课题，确定目标、设计方案，运用一定的方法和手段，研究各种相关的教育问题，在思考、探索中开展教育调查，进行教改实验，这不仅能丰富自己的教育教学实践，取得一定的教育研究成果，而且能使自己明确教育改革的实质，提高改进教育教学工作的自觉性和紧迫感，为深化教育改革做出贡献。

（4）开展教育科研能够切实提高教师的教育科研意识，促进教师按照科研的要求调整并转换自己的角色。创新与解决实际问题是教育科研的基本特点。每个教师都可以结合自己所教学科、所育对象的实际承担课题组中的专题研究。通过教育科研活动，不仅有利于教师解决实际的教育教学问题，而且能弥补自己知识、能力乃至性格方面的缺陷，转变观念，提高素质，增强从事教育工作的信心与成熟感。在此过程中，必定会促使教师的教育教学工作从"经验型"向"科研型"转变，也能在很大程度上促进教师的角色从"教书匠"向"专家型""学者型"转变。

1.1.3.3 有助于造就一大批教育专家

中小学教师不能满足于当一名"教书匠"，应该立志当一名教育专家。古今中外的教育家，有许多是教师出身，如我国古代的孔子，现代的陶行知、斯霞、霍懋征、魏书生；外国如捷克的夸美纽斯，苏联的马卡连科、苏霍姆林斯基等。教师成为教育专家，就必须勇于探索，勇于创新，积极从事教育科研和实验。

开展教育科研可以有效地提高教师水平。《中华人民共和国教师法》规定，教师享有开展教育教学改革和实验、从事科学研究的权利。我国《中小学教师水平评价基本标准条件》中又规定：正高级教师必须具有主持和指导教育教学研究的能力；高级教师必须具有指导与开展教育教学研究的能力；一级教师必须具有一定的组织和开展教育教学研究的能力；二级教师必须掌握教育教学研究方法，积极开展教育教学研究和创新实践。从事科研必须打破对科研工作的神秘观念，不要以为教育科研高不可攀而将自己拒于教育科研的门外。教师在教育教学工作的前线，不仅在实践中积累了一定的工作经验，而且对教育教学工作中诸如教材、教法、学生发展等方面的问题最知情，最有发言权，这是教师开展教育科研的有利条件，只要胸有大志、积极探索、日积月累，不仅能有效地提高自身各方面的素质，而且一定能够形成对教育教学工作乃至整个教育教学改革工作都有启发价值的成果，成为教育的行家里手，成为有建树的教育专家。

1.1.3.4 有助于教师提高教学质量，全面实施素质教育

教师科研的目的在于为教育理论与实践服务。教师进行教育科研工作技能训练，就是要在搞好教学的同时，重视教育科研，把教学质量提高的基础放在教育科研上，在科研中发现问题，并分析和解决问题。教师只有不断提高自身的教育科研水平，才能真正提高教学质量，才能引导学生科学地观察和考虑问题，才能使学生以创造性的态度对待科学和所学的知识，才能使自己在学生中获得较高的威信。教师科研素质的形成和提高，在很大程度上是

通过参与教育科研实践实现的。

1.1.3.5 有助于建设具有特色的教育科学体系

教育科研过程是求新真理的过程。马克思认为，任何领域的发展不可能不否定自己以前的存在形式。教育科学的发展，不仅依赖于对旧思想、旧理论的否定或批判，更依赖于提供新观念、新思想。通过大量丰富的教育实践，包括教育经验总结和教育科学实验，使之上升为教育科学理论，进而推动教育科学理论不断向前发展。教育科学体系是融理论与实践，并最终能够更好地指导教育教学工作实践的理论体系。有中国特色的教育科学体系的建立，不仅要靠广大专业理论工作者的积极努力，更需要第一线的中小学生教师的积极参与。中小学教育教学实践是教育理论产生的沃土，广大中小学教师参加教育科研对于建设并不断完善我国教育科学体系，具有重大意义。

1.2 教师教育科研技能及其形成阶段与形成标志

1.2.2 教育科研技能

教师教育科研技能指教师熟练、准确、快捷地选定科研课题、研究对象、研究方法与手段，有效地探索教育内部各要素之间、教育同外部有关现象之间的变化规律，并形成相应成果的认识活动方式的总称。

教育科研活动在整体进程上包括：① 确定研究课题；② 制定假说；③ 制订研究计划；④ 选择变量与研究方法；⑤ 搜集研究资料；⑥ 实施研究（包括实验研究）；⑦ 统计分析有关数据；⑧ 撰写研究报告（或论文）等活动。与之对应，教师教育科研技能应包括：确定研究课题、搜集研究资料、选择变量、运用科研方法、统计分析研究数据以及写作研究报告（或论文）等技能。

教育科研技能，即教育科研素养，主要包括教育科研的理论素养、能力素养和道德素养等三个方面。具体而言，教育科研的理论素养主要包括教育科研的基本理论和知识、教育科研方法论、学科专业理论以及相关的学科理论等；教育科研的能力素养主要包括发现问题的能力、信息收集和处理的能力、科研规划和组织能力、开拓创新能力、成果总结能力以及撰写科研论文的能力等；教育科研的道德素养主要是务实求真、脚踏实地的精神，严谨治学、一丝不苟的态度，尊重人格、发扬民主的作风，批判继承、大胆创新的科学品质。

教育科研具有很强的综合性和整体性，同时也是一种周期较长的认识活动，与其他学科相比，一种可靠的研究结论的获得，要花费研究者数年或上十年的心血，是一项需要付出时间、精力与心智的创造性劳动。

1.2.2 教育科研技能的形成阶段

教育科研技能在类别上主要是一种心智活动技能，同时兼有一定的动作技能的特点。其形成有五个阶段：

一是活动的定向阶段。表现为预先熟悉教育科研的任务，以形成关于活动本身和活动结果的表象，为活动本身和结果定向。

二是物质活动和物质化活动阶段。表现为教育科研活动借助实物、想象和图表等来进行。

三是有声语言阶段。表现为科研活动的内心智力不直接依赖实物而借助有声语言进行。

四是无声的外部言语阶段。表现为科研活动的内心智力活动以词的声音表象、动觉表象为支柱而进行。

五是内部言语阶段。表现为在科研活动过程中，心智活动已简化、自动化，有不假思索的特征。

1.2.3 教育科研技能形成的标志

从科研活动结构的改变来看，教育科研技能形成的标志表现为：心智活动的各个环节逐渐形成一个整体，内部言语趋于概括化和简约化，在解决课题时，由开展性的推理转化为"缩短推理"。

从教育科研的速度和品质来看，教育科研技能形成的标志表现为：思维的敏捷性与灵活性，思维的广度、深度与独立性逐步提高。

从教育科研活动的调节来看，教育科研技能形成的标志表现为：心智活动趋于熟练化，神经活动的消耗逐渐减少，内部言语过程的进行较少需要意志努力。

教师教育科研技能（或素养）具有潜在性和积淀性，它是以内隐的形态存在于人的潜能之中，有知识积累、不断内化、逐渐发展的过程。教师进行教育科研时，这种内在的潜能就被激发出来，转化为现实的能量和外显的行为。

1.3 掌握教育科研技能的基本问题

传统教育观认为教师的职责就是"传道、授业、解惑"，因此，以传授知识为主的传统教育模式造就了许多传授型教师。为深化教育改革、全面实施素质教育，培养学生的创新精神和实践能力，社会对教师的素质提出了新要求。教师必须是科研型教师，必须具备高水平的教育科研能力，否则无法适应这一新要求。教师进行科研技能训练要从以下三个方面下功夫：

一是要树立和增强从事科研的意识和自觉性。教育科研并不神秘，不要认为沿袭传统的教育模式，年复一年，日复一日，靠苦干、加班、超负荷地工作就是好教师。作为教师必须转变观念，树立从事教育科研是每一位教师分内工作的全新意识。有人很有见地地说，仅会教课而不会教育研究的教师不是新时期的合格教师。

二是要注重学习，勇于实践。教育理论是指导教学活动的强有力的武器，也是提高研究能力的首要条件。掌握一定的理论，有利于在理论指导下有目的地探索教育教学规律。因此，开展教育科研，教师应加强学习，尽可能多地掌握教育科研的技能与技巧，还要认真学习优秀教师的先进经验。

三是要努力掌握从事教育科研的基本方法。

进行教育科研，首先要提出问题并确立课题。科研课题的来源应该主要是本校或本地区教育实践中急需解决的问题。教育科研不排除抽象的纯理论研究，但对于教师来说，应侧重与现实生活密切相关的、有实用价值的课题，这样既可扬其实践经验丰富之特长，避其理论功底不足之短，又可以使研究直接服务于教学需要。教师的科研课题应该主要涉及创新教育观念、创新教育模式、创新与各科教学、现代教育技术的运用、学生心理健康的指导、班主任工作等。

其次是进行课题论证，查阅文献资料。一是要了解前人或他人在这一领域的研究现状；二是获得更多的教育理论知识，在查阅文献的基础上进行课题论证。课题论证是有组织地、系统地鉴别研究的价值，分析研究的条件，完善研究方案的评价活动。

最后是具体实施，即严格按照方案进行。整理分析研究资料，归纳结果，写出报告或论文，把研究的全过程以及取得的成果用文字完整地表达出来。

同时，学校领导要创设教育科研的氛围。鼓励教师开展科研活动，为他们从事教改、教育科研提供宽松的环境和保障；采取有效措施，积极开展丰富多彩的教育科研活动等。具体做法：努力培养教师科研能力，介绍科研方法和教育科研信息，传播先进的教育理论，组织教师外出学习和参观各种学术讨论会（走出去），定期或不定期地请专家搞讲座（请进来），使学校的学术研究有声有色、持之以恒。同时，对于教师的教育科研成果要以制度化的形式给予精神上的表彰和物质上的奖励，对于高质量的教育科研成果，要向有关部门申报奖励。要把教师的教育科研成果与职务评聘、评优、晋升联系，以鼓励教师尝到科研成功的喜悦，进而调动其从事科研的积极性、主动性和创造性。

1.4 教育科研的任务与特征

教育科研主要是用教育理论去研究教育现象和教育问题，探索新的未知的教育规律及有效教育途径和方法，以解决新问题、新情况的一种科学实践活动，同时也包括对已有的教育理论进行归纳概括，使其进一步完善和对教育实践经验进行总结概括使其系统化、程序化，并上升为具有普遍指导意义的理论的活动。

1.4.1 教育科研的意义

科学研究是人们有意识、有目的、有计划地运用一定的科学方法探索社会和自然界客观规律的一种认识活动和实践活动。教育科研作为整个科学研究的一个分支，是采用科学而系统的方法，对教育现象和教育实践进行研究，从而发现和认识教育现象的本质及其规律的创造性的实践活动。社会主义市场经济体制的建立，社会主义现代化建设的推进，特别是大众教育的兴起，对我国教育提出了许多新的课题，需要通过深化改革和加强研究来加深认识，并逐步予以解决。加强教育科研工作，对于促进对教育现象和问题的认识，探讨解决现实教育问题的措施，提高教育工作的质量和效率，都有十分重要的意义。

一是有助于端正教育思想，促进应试教育向素质教育转变。当前教育改革的紧迫任务是摆脱应试教育的束缚，实施素质教育。实施素质教育，需要端正教育思想、树立与之相适应的教育理念。开展教育科研，从理论及理论与实际相结合的多个侧面，探讨教育中存在的问题及其原因，提出相应的解决或缓解措施，有利于广大教师更好地认识和把握教育规律和特点，纠正违背教育规律和教育方针的做法，探索素质教育的办学模式和教学方法，从而增强实施素质教育、教育教学工作质量与效益的自觉性、预见性，避免盲目性和随意性。

二是有助于提高科学育人、科学管理水平。教师直接接触学生，直接参与各种教育活动，必然会遇到各种各样的问题。通过教育科研，能促使教师自觉地钻研教育理论，并运用理论去了解、分析、研究各种教育现象和问题，逐步探索、揭示、掌握教育规律。只有通过教育科研，才可能科学地总结经验，并使之提高，升华为理性认识，从而才具有比较普遍的指导意义。要科学管理好学校,就要开展科学管理的研究,掌握科学管理的理论、艺术和方法。在新的形势下,许多原有的经验已难以适应,需要研究新情况,探索新问题。只有这样,才能实施科学的、有效的管理。

三是有助于教育改革。教育要发展,就必须进行改革;教育要改革,就必须积极开展教育科研。把教育改革和教育科研结合起来,是现代学校教育改革与发展的一个显著特点。

四是有助于提高教师的教育理论素质。教育科学理论是教育实践经验的历史总结,是教育实践经验的高度概括和科学抽象。教育理论素质的提高,一方面是通过学习的途径,另一方面还必须积极参加教育科研活动,在科研行动中把教育理论与教育实践结合起来,提高运用教育理论分析、研究实际问题的能力,提高教育研究的水平。

1.4.2 教育科研的任务

我国现阶段教育科研的总体任务是:以马列主义、毛泽东思想、邓小平理论、"三个代表"重要思想和科学发展观以及社会主义核心价值观为根本指导,研究和解决教育事业发展与改革过程中提出的理论问题和现实问题,认识和掌握社会主义发展的客观规律,探讨提高教育质量与效率的方法、措施,更好地指导教育实践。具体任务有:

一是总结教育历史经验。教育是一种既古老又历万古而常新的社会现象。中外教育的历史遗产有许多经验,也有许多教训值得我们借鉴。研究者要认真研究,取其精华,去其糟粕,批判继承,择其善而从之,找出中外教育发展史上内在的带有规律性的东西,并加以改革、发展,使之为教育现代化服务。历史是时代的延续和交替,沿着历史的序列进行纵向研究,吸收历史上无限丰富的宝藏,会使今天的教育科学更充实、更生动,更有民族形式、民族风格和民族特色。

二是研究当代的教育现象与问题。这是教育科研的重点。教育科研以研究现实问题为主,但也不轻视基础理论的研究。基础理论对解决现实问题有重大的指导意义。针对亟待解决的教育问题,深入进行理论探讨和教改实验,将基础理论问题的研究和实际问题的研究紧密结合起来,教育科研才能更好地为建设有中国特色的社会主义教育体系服务。

但研究的重点是现实社会及教育实践中的理论问题和实际问题,通过研究形成相关的认识与理论指导教育实践。

三是预测教育的未来趋势。根据社会科技经济的发展变化趋势,预测教育的未来，目的在于向教育决策人员提供有关未来社会人口、人才需求、教育体制、教育内容和教育形式等方面的资料和种种可能性方案，为教育管理与决策部门制定短期、中期、长期的教育发展规划和政策服务。同时，教育研究还要根据教育发展过程的新趋势、新课题、新要求，预测未来教育的影响，从而为教育工作者及时修正教育的要求、内容和方式，培养适应未来要求的全面发展的一代新人服务。

四是进行国内外教育的比较。这是横向研究。目的在于以教育的整个领域为对象，对两国或两国以上的教育实践和理论进行比较分析，揭示共性和个性特点，从中找出规律和趋势。

五是推动教育科学的学科建设。教育科研要在教育改革中发挥其应有的作用，必须加强自身的学科建设，包括学科的基本理论建设、基本文献资料建设和学术梯队的建设。在学科建设上，要统筹兼顾、突出重点。传统学科要注意逐步形成特色，发挥优势；要扶持新兴学科，加强边缘学科。对原有基础较好的学科，要在系统总结我国教育实践经验和吸收本学科及相关学科最新研究成果的基础上，大力提高理论水平，更新学科内容，补充学科中的空白，形成具有我国特色的学科体系。

1.4.3 教育科研的主要特征

教育科研是专门探索教育规律的。一方面由于教育现象的普遍性与复杂性，教育科研具有综合性的特征，即教育科研需要综合地运用各个相关学科的研究成果与方法；另一方面由于教育科研对象的特殊性，教育科研有自己特定的研究对象与研究领域，有自己独特的研究任务与研究方法。

与一般科研工作相比，教育科研具有六个方面的特征：

一是强调创新。能够就教育发展的历史问题与现实问题，提出新的见解。

二是强调慎重选择课题，并就研究课题提出科学的假设。

三是强调规划。要求进行教育科研必须设计科研方案。

四是强调用事实和数据作结论。强调在教育实验中设立对比班，控制好无关因素，防止偶然因素的影响。

五是强调用事实和数据作结论。

六是强调重复研究、反复论证。

1.5 教育科研的基本类型

教育科研类型是根据教育科研指向对象的性质、范围及研究方法确定的教育科研的类别。以教育研究对象和问题的性质、范围为依据,可分为基础教育理论研究、应用研究和开发研究等三种;以教育研究的范围为依据,可把教育研究分为历史研究和现状调查,单项研究和综合研究,宏观研究、中观研究和微观研究等七种;以教育研究所依据的方法可分为综述性研究、阐释性研究、创造性研究和个案研究等四种。

1.5.1 基础理论研究

教育基础理论研究是教育实践的高度抽象概括,是综合其他各门科学对人及其教育过程的认识的精华,具有很大的综合性、原则性和科学性。教育基础理论主要是揭示教育现象的本质,阐明教育的客观规律,概括教育的基本原理,在教育科学中占有主导地位。教育基础理论研究,就是在教育实践的基础上,认识各种教育现象,探索其本质和规律,阐述其根本原理,形成较系统的教育基础理论的研究。

教育基础理论研究是以认识教育现象,探索教育规律为目的,通过对教育现象和事实进行实验性和理论性研究,提出新的或者系统的规律性认识。这一认识具有一般的或普遍的适用性,具有原则、理论和规律的性质。其显著特点是高度的抽象性、理论的体系性、效益的长期性和研究的连续性。

基础理论研究可分为纯粹的基础理论研究和定向基础理论(即发展性基础理论)研究两种。

1.5.2 应用研究

应用性研究是运用基础理论研究的成果,探索、开辟应用的新途径。它着重研究如何把教育科学理论知识转化为教学技能、教学方法和教学手段,使教育科学理论知识同实际教学衔接起来,达到某种具体和预定的实际目标,即通过应用,直接解决教育、教学和教育改革中的实际问题。应用研究是对教育原理的尝试性应用,是联结教育理论和教育实际的承上启下的关键环节。具体表现为:教育科学理论知识向教学技能、教学方法、教学手段转化。

应用研究的特点是使基础理论研究的成果具体化。即将基础理论加以分解,截取或选择某个单项问题,联系实际目标,在理论上、观点上、方法上酝酿新的飞跃与突破,使基础理论充分扩散。应用研究的范围很广,如教育发展规划研究、教育管理体制研究、课程设置与体系研究、教学技术与教学手段研究、教育艺术研究、学生管理研究、学习方法指导研究、教育立法研究、考试改革研究、教育评价研究、教育内容研究、职业指导教育研究、教师角色与素质研究以及各类教育科学实验研究等都是应用研究。

1.5.3 开发性研究

教育开发研究是以探索如何推广运用基础理论研究和应用研究的成果为目的的研究，主要研究确定推广应用上述成果的规划、对策、方案、方法、程序，使其能够直接应用于教育实践。开发性研究是探索理论研究成果的推广应用方法和途径，是基础理论研究和应用性研究的成果在现实教育实践中的可行性、适用性研究。开发性研究不是为了获得知识，而是展开知识，将研究的成果与经验加以推广和普及。教育科研成果的价值只有通过开发性研究，才得以真正实现。

1.5.4 个案研究

个案研究是以研究对象中的某一特定对象为对象，通过调查分析，弄清其特点及其形成过程的一种研究。有三种基本类型：

一是个人调查，即对教育过程中的某一个人进行调查研究。

二是团体调查，即对某个教育组织或团体进行调查研究。

三是问题调查，即对某个教育现象或问题进行调查研究。

个案研究的步骤一般有五步：一是明确个案研究的目的和内容；二是制订研究计划；三是实施个案研究（搜集资料、交谈、观察、测量等）；四是整理分析材料，形成结论；五是起草研究报告。

个案研究的直接目的是明了特定对象的固有性质，而不是要建立普通法则。个案研究与整体研究在教育科研中是互相补充的。

1.5.5 其他一些分类

（1）宏观研究。宏观研究是对与国家和某个区域经济和社会发展密切相关的重大教育问题作出综合性、系统性的研究。如对中小学教育的方针、政策、教育目的、教育制度、教育结构等的研究；对统筹规划整个中小学教育事业的发展，协调各个方面教育工作的研究；对教育与政治、教育与经济、教育与科学技术、教育与文化历史、教育与人口等关系的研究；对中小学教育改革现实的重大理论和教育科学基础理论的研究等。宏观研究范围大，涉及面广，具有较强的指导性、方向性、综合性、整体性、长远性等特点。

（2）微观研究。微观研究是指对某些教育教学实际问题进行的研究，往往是直接针对某一个实际问题的研究。如中小学贯彻教育方针、政策或实现教育目的的具体措施研究,学校德育工作研究,课题教学模式研究,学科教学方法、考试方法研究,学科教学质量评估研究,班主任工作研究,校长工作研究,教师队伍现状调查、学生升学与就业指导研究,创造教育研究,愉快教育研究,合作教育研究,教育机制研究等。微观研究可以是教育教学工作的一般理论问题,也可以是具体学科的教学内容和方法的研究。微观研究范围小,具有较强的应用性、灵活性和单一性。

(3)中观研究。中观研究是介于宏观与微观之间的一种研究类型。它是在一定范围内进行的综合性教育研究。如对中小学办学体制改革研究、城市中小学整体改革的研究、农村中小学综合改革、综合课程改革、素质教育研究等。

(4)综述性研究。综述性研究是把分散的不全面的观点综合在一起,以形成整体的系统的观点。它是对信息资料进行加工,通过储存、整理、分析、鉴别,使零散的知识系统化、体系化。如国内外中小学课程改革的特点研究、教学论争鸣问题研究等。综述性研究的特点是对教育现象进行高度的概括和总结,既有系统的介绍,又有系统的分析,形成系统的结论。

(5)阐述性研究。阐述性研究是将教育的规律和理论,通过自己的理解和验证,给予叙述和解释,如关于"×××表述问题的研究""×××评注"等。这种叙述和解释具有验证性质,在整个研究类型中层次较低,但也是一种不可缺少的研究形式,有利于教育科学的普及。

(6)创造性研究。创造性研究是用已知的教育信息探索、创新,产生出新颖而独特的教育思想、教育理论和教育成果,具有改革教育的实际价值和理论意义。所谓"新颖"是指不墨守成规,是除旧布新、前所未有的;"独特"是指不同凡俗,别出心裁,能探索教育的新规律,开辟新的教育领域,扩展教育的新天地,对教育科研、教育事业的发展产生巨大作用。

(7)实验研究。实验研究又称实验法,是通过对某些影响实验结果的无关因素加以控制,有系统地操纵某些实验条件,然后观测与这些实验条件相伴现象的变化,从而确定条件与现象间因果关系的一种研究方法。

1.6 教育科研的一般阶段

教育科研的阶段即根据教育科研工作过程的特点确定的开展教育科研的应做工作的先后顺序。

1.6.1 一般阶段

从教育科研工作的全程看,有依次相连的七个阶段。

1.6.1.1 选择课题的阶段

选择课题即对发现的教育问题进行选择,确定最有研究价值、最适合自己研究且能在相应的期限内完成的教育问题。问题有大有小,有待研究的有价值的大小问题,多得不可胜数。因此,选择什么问题进行研究就是科研工作者首先要解决的一个大问题。选择什么问题不仅可以看出研究者的水平,也一定程度上决定这项研究的价值如何。所以,科研过程的第一步,就是研究者应注意选择一个有价值且能够操作进行研究的课题。为此,有 4 项基本工作:

(1) 寻找并提出课题。课题一般来自教育教学实践和理论研究的问题之中。

(2) 调查研究。对课题涉及的范围和对象进行初步的调查和了解,了解课题的来龙去脉,了解它在各方面的联系,目的是使课题具体化、明确化。

(3) 检索文献。即通过查阅文献,了解别人的研究方法、研究成果,并通过参考与比较,确定研究课题的意义和价值。可查阅文献专著、报刊中的有关文章、经验介绍、教学实验报告以及互联网上的有关资料等。

(4) 准备知识。即掌握有关的理论知识,目的是对运用这些知识,对有关材料进行理论分析、逻辑分析和统计分析。对相关知识掌握得越丰富、理论基础越深厚,越能保证研究成果的水平。

1.6.1.2 制订计划阶段

该阶段包括 3 个方面的工作:

(1) 选择研究对象。主要是确定研究对象的范围,一般用抽样法来确定。

(2) 确定研究对象的具体内容。先通过分析课题确定研究课题内容,然后确定各部分内容的具体项目。制定各内容、各项目之间的分类标准,安排各内容、各项目的逻辑顺序,明确各内容、各项目的材料。

(3) 选择研究的方法与手段。对制订研究计划的基本要求是:

① 要科学。无论是研究对象的确定、研究步骤的安排,还是研究方法的选择,都要合乎科学性的要求。

② 要可行,即计划要具体、明确,便于实施、控制和检查。

③ 要有效,即制订的计划不仅要能够保证研究工作的顺利进行,而且在

人力、物力、财力方面精打细算。

1.6.1.3 申报课题阶段

申报课题即研究人员或研究单位，按立项审批手续，将所选的课题向有关科研规划部门申报。其一般程序为：

（1）确定选题。可以自行确定题目，也可以从发布的课题指南中选题。

（2）填报研究项目申请书。申请哪一级课题，就向哪一级科研管理部门索取或在指定的网站下载申请书。

（3）申请人填写申请书，并按期报主管部门。申请人应按申请书各项内容和申请书上"填报须知"的各项要求认真据实填写，并按期报主管部门。

（4）按规定缴纳课题评议费。若需缴纳课题评审费的，要按规定缴纳课题评议费。

（5）将申请书送本单位领导审核，签署明确意见（包括申请者的政治素质和业务水平是否适于承担本课题研究，主管单位能否提供完成本课题所需时间和其他必要条件，能否按规定进行经费代管等），承担信誉保证并加盖公章。

凡只有申请人而无单位意见或公章、或以单位名义而无具体承担人的申请，科研主管部门一般不予受理。

1.6.1.4 搜集资料阶段

按照计划规定的任务和课题需要，通过不同的方法和手段，广泛且重点地搜集有关资料。研究工作的各个阶段都需要相应的资料。该阶段是集中搜集资料的阶段，对研究工作后续各阶段所需的资料都要进行搜集。

对搜集资料工作的基本要求：① 要围绕课题中心，全面地搜集与课题有关的各种资料；② 对搜集到的资料要进行必要的加工处理；③ 注意搜集具有典型性、代表性的资料和最新的资料。

1.6.1.5 进行实验和论证阶段

这是落实教育科研计划的中心阶段。

实验的基本工作是：① 做好实验的准备工作；② 按照实验研究的要求开展实验，并对实验过程作详细记录；③ 检验、整理、分析实验的结果。

论证的基本工作是：① 确定论点；② 运用搜集的材料证明论点；③ 阐述得出的结论。

非实验性课题在此阶段的基本工作是论证。

论证是以深入思考为基础的。做好论证工作必须深入思考。深入思考就是对占有的资料进行"去粗取精、去伪存真、由此及彼、由表及里"的思考。脑力加工形式主要有以下五种类型：

（1）比较、归纳与类推。即根据一定的标准，用比较的方法，找出事物间的相同与相异之处，然后进行归纳，再根据归纳进行类推。

（2）归纳与演绎。归纳是从同类事物中归纳出带有普遍性的规律，演绎则是根据普遍性的规律去推论某一个别事物。两者都是运用逻辑推理，将对事物的认识引向深入或扩大广度。

（3）分析与综合。即就事物的性质——进行分析，然后在分析的基础上重新加以综合，借以找出事物的本质特点。

（4）抽象与概括。抽象是在思想中抽取事物的本质属性，撇开非本质属性。概括是在思想中把事物中抽取出来的本质属性，推广到具有这些相同属性的一切事物，从而形成关于这类事物的普遍概念。科学的概念、范畴和一般原理都是通过抽象与概括而形成的。

（5）想象与假设。与想象相联系就可以提出合理的假说来。假说虽不一定能够马上得到证实，但它在科学研究过程中很有价值。

在实际科学思维过程中，往往是将以上两种、三种形式结合在一起或交替运用的。通过深入思考，便可对某一问题形成初步的某种理论或结论。

1.6.1.6　撰写报告或论文阶段

这一阶段主要工作是分析研究结果，并将研究结果及结果的来源用一定的写作格式表达出来。

1.6.1.7　鉴定与推广应用成果阶段

这一阶段是研究成果获得认可，在一定范围内获得应用的环节。鉴定研究成果一般有5个步骤：

（1）成立由教育专家、教育行政管理人员、教师等组成的鉴定小组或委员会。

（2）由鉴定小组对研究成果进行初审，并通过调查、座谈等形式，对研究成果的内容、结论进行审核。

（3）根据有关理论和研究成果的特点，拟定评价量表。

（4）鉴定小组成员依据评价量表各自做出评价意见。

（5）汇总小组意见，形成研究成果鉴定报告。

一般性的教育科研成果是论文。获得鉴定认可的方式是在有关刊物上刊发。这时要做的工作是：①选择相关刊物，弄清研究刊物的类别及对刊发文章的要求；② 按照刊物对刊发文章的要求对论文进行文字润色处理，用方格稿纸誊写清楚或打印成文稿（或 word 文档），寄（发）相关刊物编辑部门（有的刊物编辑部门只收纸质文稿）。

推广应用研究成果是科研工作的重要组成部分。进行教育科研的目的之一，是通过澄清某个问题的原委及发现解决问题的思路与方法，为教育实践或教育理论建设服务，科研成果若不被推广运用，就发挥不了其对教育实践或教育理论建设的指导作用。

1.6.2 教育科研工作的基本阶段

一般阶段实质上是基本阶段，也可以归纳为准备、实施、总结 3 个阶段。

1.6.2.1 准备阶段及其工作要求

准备阶段是为经教育科研工作顺利展开而进行的必要的物质和心理准备的阶段。它对教育科研工作的有效性、科学性及目标的实现具有重要作用，将促进教育科研工作更好地为教学工作服务。准备阶段的内容和要求有以下几个方面：

（1）明确研究的目的。教育科研工作总体目标是为改进教育、教学服务。因此，要把教育科研活动限定在此范围内，使教育科研工作具有理论和实践的意义。

（2）做好教育科研项目的选题工作。在有了明确的研究目的之后，使教育科研活动落到实处便成为教育科研工作的首要问题。选定一个适宜的研究题目是相当重要的。理论或应用研究、宏观或微观研究、主观条件等，都是教师在进行教育科研工作必须考虑的问题，而题目的选定又是一个由初选到确定的过程，需要研究者作相应的初选、调查、论证以及立项等一系列工作，这样才能保证教育科研工作的选题落到实处，才不会半途而废。

（3）查阅有关文献资料。进行教育科研活动的前提是要对前人和他人教育科研成果、活动进行充分了解、掌握，这一方面可避免重复劳动，另一方面也可以使教师对将要进行的研究工作心中有数，有助于教师进一步明确研究的目的，搞好选题工作。相关的文献资料还可以帮助教师扩大眼界，从各个角度全面地考虑问题，注意从前人类似的或同性质的研究中吸取经验，对设计研究方法，建立假说和进行分析概括有很大的帮助。

（4）了解相关理论，掌握研究对象的具体情况。对有关理论的熟悉、了解，将保证教育科研工作具有一定的理论意义和理论指导，而不是一般经验性的总结；同时教育科研工作的具体对象的情况是教师在研究工作之前应熟悉的，这样才能使研究更有针对性，更好地为实践服务。

（5）选择恰当的研究方法。教育科研工作的方法要符合教师的劳动特点和教育科研工作的最终目的，教育科研方法与教育方法、手段的综合运用，将有助于在开展教学活动中搜索到更多的信息材料，也可以为教育科研工作的选题提供依据。教育科研工作的方法和手段多种多样，在具体的教育科研工作中要根据研究的目的和内容、研究对象和性质以及其他情况，合理选题，使方法更好地服务于研究工作。

（6）制订具体的研究计划。制订研究计划是课题研究设想的具体落实，包括进一步明确研究目的、分解研究目标、确定研究对象、选择研究方法、制定操作方案和实施步骤、进行组织分工、安排研究日程和制定研究经费使用办法，等等。研究计划是为开展研究工作服务的，它将使研究工作更具体、更明晰。

（7）做好必要的物质准备。在工作开展以前，根据需要将有关准备工作做好，这是保证教育科研工作顺利开展的前提条件。

1.6.2.2 实施阶段及工作要求

实施阶段包括搜集材料和分析研究材料。教育科研工作的实施阶段对于完成教育科研工作的计划，达到教育科研工作的目标有着决定意义，也是教育科研工作的核心和主体。在此阶段，要把实施阶段的主要内容作为整个教育科研工作的主要方面。实施阶段的内容和要求是：

（1）积极开展材料搜集工作。按照教育科研工作的计划，采用各种资料搜集方法搜集反映有关研究问题和情况的材料。

（2）认真进行材料归纳整理工作。为了便于利用搜集到的材料，提高工作效率，在搜集材料的同时，对材料加以分类和系统化以及进行必要的加工整理，以保证材料的真实性、准确性和典型性，缺失的材料要及时补上。

（3）搞好对材料的分析工作。这是科研工作的重要一环，它直接决定科研的质量。对搜集到的材料，要进行分析、综合、比较，运用逻辑的、数学的以及其他各种方法进行分析，以证实研究的设想。

1.6.2.3 总结阶段及其工作要求

总结阶段是将教育科研活动具体成果系统化，提出一定的设想而直接为教育教学实践服务。因此，总结阶段在教育科研工作中起着综合决定意义。教育科研工作总结阶段的内容和要求是认真撰写教育科研报告和论文。

教育科研的结果经严格的整理之后，用论文或书面报告的形式表达出来，是有益和必要的，它将科研中的发现加以推广，有利于今后理论和实践的发展。撰写论文的目的在于说明研究的结果以及让读者了解这一结果是怎样获得的，但不是研究过程本身。研究论文通常包括：对研究论文的说明，对采用的方法和运用的材料的简述，论文的主体、结论。研究论文和报告必须做到逻辑性强，精确度高，同时又明白、易懂、扼要；文字上要简单、明了、通顺，注释、表格等内容要清晰，安排合理，并有相应的附录或参考文献。

1.7 教育科研的基本原则

教育科研原则是人们在总结教育科研实践经验的基础上制定的教育科研必须遵循的基本要求，它反映教育科研过程的规律，是指导选择课题、制订研究计划、搜集材料、进行试验和论证、撰写研究报告或论文等一切教育科研工作的一般原则。

1.7.1 理论与实际相结合的原则

这一原则的基本要求是：

（1）重视理论对实践的指导作用。指导教育科研的理论基础是马克思主义哲学、毛泽东思想、邓小平理论、"三个代表"重要思想和科学发展观以及社会主义核心价值观。教育科研人员还应从整体上通晓现代科学的基础，学习和了解现代心理学、经济学、社会学以及现代数学等学科的理论原理和观点。

（2）重视对教育实践经验的总结。

（3）重视群众性的教育实践。教育实践是教育科研的生命。

1.7.2 方向性与科学性相统一的原则

这一原则要求在研究工作中既要坚持社会主义的政治方向，又要使正确的服务方向与严谨求实的科学态度相结合。落实这一原则的基本要求是：

（1）在教育科研活动中自觉地运用马克思主义的立场、观点、方法去观察、分析和解决教育发展与改革的重大理论问题与重大实际问题。

（2）坚持科研为社会主义现代化建设服务的正确方向。

（3）坚持马克思主义科学的世界观和方法论，在教育科研中采取实事求是的科学态度和勇于探索真理的科学精神。尊重客观事实，深入实际调查，掌握大量有事实根据的材料，总结分析研究而发展规律、验证规律。

1.7.3　客观性与全面性相结合的原则

这一原则要求教育科研必须采取严格的客观态度,全面系统地占有资料,最大限度地保证研究过程和研究结果的客观性和准确性。贯彻这一原则的基本要求是:

(1) 全面地搜集材料,充分掌握研究问题的足够的事实。全面、系统地搜集各种事实材料,既要考虑需要搜集哪些材料,怎么去搜集才能达到全面性要求,做出计划,并按计划进行;又要坚持系统的工作程序,不从主观愿望出发,以科学、公正、客观的态度对全部资料进行分析研究,找到事实的来龙去脉;还要在分析研究中,对发现欠缺的材料认真寻找和补充,不主观臆想。

(2) 坚持一切从实际出发的客观求实态度。科研工作者对观察或实验中搜集的事实材料与数据,绝对要如实记录,要按照严格的科学态度和方法处理材料,概括结论,即使自己的研究结果跟自己的愿望相违背,也必须绝对忠于研究的结果,绝不应因个人的利害得失而违反实事求是的原则。

(3) 保证科研过程及科研成果有最大的可靠性和准确性。为此,① 必须有端正的、严谨的科学态度,既实事求是,又不畏艰辛,才能获得可靠而又准确的结果;② 合理地选择研究方法;③ 所搜集得来的材料,必须是真实的、全面的、准确的、典型的,对现象的观察和实验的记录必须是全面的、准确的;④ 材料必须得到正确的、科学的处理,分析讨论必须实事求是,推论时必须严格遵守规则;⑤ 对研究结果的表述应力求达到高度的准确性。

1.7.4　继承与创新相结合的原则

这一原则要求遵循马克思主义唯物辩证法和历史唯物主义原理,既要对历史上和前人研究成果批判继承,又要根据新的实践要求不断发展创新,使批判与发展创新辩证地统一起来。教育科研只有在继承的基础上进行不断的探索创造,才能使认识深化,使理论完善和发展。勇于探索,一是要解放思想,不迷信本本,不迷信权威,敢于冲破守旧势力和传统观念的束缚,敢于在前人没有走过的路上开拓前进;二是要不断锻炼自己创造性的思维品质,克服习惯性思维的障碍,变思考方法的封闭性、单一性、随意性为开放性、多维性和批判性;三是要在科研中善待失败,善于在挫折和失败中总结经验与教训,树立百折不回的恒心。

1.7.5 定性研究与定量研究相结合的原则

客观存在的一切事物都是质和量的统一体。在教育科研中，对所研究的对象不仅应有定性的分析，而且应有数量的统计。定性常常是定量的前提，定量则是定性的精确化。

贯彻这一原则，就是指在研究中不仅注意事物的质量，也要注意事物的数量，并要善于运用数量的统计反映事物的质量，使科学研究规范化，使研究结果精确化。贯彻这一原则的基本要求是：

（1）要深入实际，细微观察，掌握事物的真像。

（2）要在了解事物的质量时，注重事物的数量。任何客观事物，其数量和质量都是具有内在联系的，没有质量的数量不存在，没有数量的质量也不存在。

（3）要正确运用统计和测量的手段。

教育科研除遵循上述各原则外，还应注意以下七个方面：

一是树立正确的教育科研态度。教师对教育科研工作所持的态度是积极还是消极，关系到是否能够科学认识开展教育科研工作的意义，是否能够积极投身到教育科研工作中去。

二是善于抓住并提出问题，然后将教育科研课题应用于研究及推广的实践之中；善于独立或团结同行完成教育科研课题。

三是注意积累知识、丰富实践经验，为开展教育科研工作打下坚实的基础。

四是注意增强不断创新的教育科研意识，提高教育科研工作能力。创新意识是教育科研工作的核心和标志。进行教育科研工作若缺乏创新意识和能力，就难以保证教育科研工作的科学性和实用性。

五是善于运用各种理论知识和实践经验于教育科研活动之中。

六是善于总结教育科研成果和运用教育科研成果指导教育教学实践。

七是努力学习教育科学理论，提高教育理论水平，学会站在理论的高度观察、审视教育教学实践。

1.8 教育科研的基本方法

1.8.1 教育科研方法的意义和基本特点

1.8.1.1 教育科研方法的意义

教育科研方法是认识教育规律、探索教育规律的手段方式或工具，是从经验或理论积累到形成科研结论以及将研究成果应用于教育教学实践不可缺少的"桥梁"。

教育科研的首要任务是认识教育规律，揭示教育规律，解决教育问题。教育科研方法具有理论的色彩和创造性的特征，具有严格的规范性，此与教育科学追求的目标密切相关。在教育科研的方向、目的、任务明确后，方法的科学性、创造性与正确使用是决定教育科研成败的关键。事先对方法的思考、规定，是教师进行科研必须完成的重要任务。

1.8.1.2 当代教育科研方法的基本特点

由于近代、当代科学的发展，研究方法出现了整体化趋势，并相应地形成了三个共同特点：

（1）观察、实验与理论思维密切结合。

（2）科学方法在各类学科研究中得到广泛的应用。

（3）产生了控制论、信息论、系统论、耗散论、模糊理论、灰色理论、协同论及突变论等一系列新的研究方法。这些理论不只是研究自然界的某种事物结构及其运动形式，而且是研究自然界及人类社会中一切事物的共同属性和普遍联系的某些特定方向，所提出的方法具有广泛的适应性。

教育科研方法正是抓住科学研究方法的整体化趋势，应运而产生了许多研究分析的途径与方法，给教育研究方法带来了深刻的革命与勃勃生机。多元化的科研方法正在为教育科研提供更多的认识途径。教育科研方法在不断革新、完善、发展：一是综合各相关科学的研究方法进行跨学科研究已成为教育科研方法变革的重要趋向，鉴于不少教育科研课题具有十分显著的跨学科性质，需要用若干学科的理论和方法；二是教育科研方法的设计和选用具有灵活性，同时注意设计选用科研方法的最优化，保证科研工作节时省力，提高效率。

1.8.2 教育科研方法的分类

根据一定的分类标准可将教育科研方法划分相应的类别。如以研究的过程各阶段必须完成的任务作为标准，可分为搜集材料的方法、分析材料的方法和撰写研究报告的方法；以研究对象的性质作为标准，可分为历史研究法、现状调查法、未来预测法、经验总结法、个案研究法、理论研究法等。

现代教育科研所依据的分类标准是强调研究全过程的分析。据此标准，可将教育科研方法分为三个阶段的方法：

一是准备阶段的方法，指确定课题与研究对象的方法，包括发现问题和选择课题两方面的思维方法和研究设计的方法。如选定研究课题常用文献资料法、专家咨询法，选择研究对象常用抽样法等。

二是实施阶段的方法，主要是形成科学事实的方法，包括观察法、调查法、文献资料法、历史研究法、个案分析法、实验研究法、数理统计分析法等。

三是科研成果评定阶段的方法——运用各类评价法。现代教育科研中运用较为广泛的方法主要有观察法、调查法、实验法、教育经验总结法、文献法、历史法、个案研究法、比较法、行动研究法、预测法、统计法、测量法、列表法与图示法以及内容分析法等。

尽管各个领域和各种实践活动中所采用的方法存在着差异，但具有同一性。无论采用什么方法，都要做到：在认识论方面做到理论与实践相结合；在辩证法方面做到历史与逻辑的统一；在方法自身的规律和结构方面做到个别与一般方法相结合，逻辑与非逻辑方法相结合。

运用何种方法以及如何运用，既取决于研究对象与任务的特点，又取决于研究者驾驭、运用研究方法的偏好与能力。

2 研究课题的确定

中小学教育科研课题,是指研究者在分析研究主客观条件的基础上确定的中小学教育科研研究对象。中小学教育科研课题的确定一般包括两个方面的含义。一是确定中小学教育科学的研究方向,二是确定进行实际研究的问题。确定一个好的教育科研课题,即是教育科研的首要环节,也是教育科研的关键,它将决定教育科研的全局成效。实践证明,课题确定得好,可以事半功倍,迅速取得科研成果;反之,往往会使科研工作受到影响,甚至半途而废,造成人力、物力、财力和时间的浪费。

2.1 确定研究课题的技能

确定研究课题的技能,是指教师根据教育教学实践或理论发展的实际需要和主观条件,准确地确定有价值并且切实可行的研究课题的心智活动方式。

教师教育科研工作的目标应该是为改进教育、教学服务的。所有的教育科研活动都是围绕着研究课题进行的,因此,选定适宜的课题是进行教育科研的起始环节。凡被确定的研究课题都必须是研究课题。这就需要教师掌握确定研究教育科研课题的技能,能够对可供选择的课题进行科学的评价、比较,以便做出切实可行的抉择。所确定的课题有无价值、可行与否(符合自己的主客观条件与否),不仅直接影响教育科研工作的效率,而且也直接影响教育科研工作的效能。

根据确定研究课题的有关要求和教育科研工作的实际,教师掌握确定研究课题的技能,其目标包括三个方面:

一是了解确定研究课题的目的、意义,提高掌握确定研究课题技能的自觉性。

二是熟悉研究课题的特征、有关要求和实例,知道如何确定研究课题。

三是能够根据确定研究课题的有关要求,熟悉地对备选课题进行评价,比较并选出既有价值又符合自身客观条件的研究课题。

2.1.1 确定课题的特征

确定课题是研究领域中需要探索和回答的具体问题。提出一个问题往往比解决一个问题更重要。如果一个问题被定为研究课题，它必须具备以下特征：

（1）连续性——教育科研中的研究课题，应该是教育教学实践或理论发展中必须解决的问题，这些问题是已知和未知的概括，又是走向新知的开端。

（2）定向性——某一问题一经确定为教育科研课题，它将贯穿整个科研过程，既规定着在一个较长时期内进行探索的主攻方向和长远目标，也决定着在主攻方向和长远目标下所定的近期目标和突破。

（3）规定性——研究课题的确定直接影响着科研进程以后环节进行的深度和广度，规定着科研的方法、手段、途径及该项科研的成果价值和进展情况。

（4）有意义——必须符合人类认识和事物发展的基本规律，并且根据教育发展的迫切需要来选择课题，课题一旦解决，将能推动和促进教育发展和教育质量的提高，或者丰富、充实教育理论。具体包括两个方面：

一是课题针对性要强。所选取的课题，必须是当前教育改革与发展中具有代表性，被普遍关注的亟待解决的重大问题或热点、难点问题，能体现出重要的应用价值。

二是选择的课题要符合教育科学本身发展的需要，要有利于检验、修正、创新和发展教育理论，体现一定的学术价值。

（5）创新性——教育科研的目的是要认识别人还没有认识或没有充分认识的教育问题（包括教育教学内容领域内的有待探究、发展的问题）。因此，科研课题必须要有一定程度的独创性和新颖性。具体内容包括理论、观点上的创新，方法上的创新和应用上的创新。

将一种理论、一种观点首次应用到实际中去，这是创新；将已经在某一领域得到应用的理论观点、方法、手段，应用到新的领域中去，也是创新。另外，还要时间新、内容新。时间新即具有时代感，应能反映教育改革方向和趋势，或者教育理论研究的新问题。内容新即所研究的问题是前人没有提出、没有解决或没有完全解决的。

（6）明确性——课题所反映的问题应具体明确，界限要清，范围要小。选择的课题不能太宽、太大、太笼统。一般说来，初涉教育科研工作的人，应该选择那些范围较窄且比较具体的课题。

（7）可行性——主要指研究者具备研究解决某问题的主客观条件。主观条件主要指研究者的理论水平、业务水平、研究能力、兴趣、特长，有关知识储备、时间和精力等。客观条件主要指外在环境是否适合，领导是否支持，能否提供必要的条件、有关研究资料、设备以及必要的资金是否具备等。

2.2 研究课题的种类与选择范围

2.2.1 研究课题的种类

教育研究课题必须来自教育的问题。教育问题大致可分为教育实践中的问题、教育理论方面的问题和研究成果开发应用中的问题等三类，三者有着密切的联系。根据教育实践迫切需要解决的问题所提出的课题，常常也是教育理论所没有解决或没有完全解决的问题；根据教育理论建设需要而提出的课题，迟早会直接、间接地影响教育实践。

根据教育问题的性质，通常将研究课题分为基础理论课题、应用性课题和开发性课题等三类。

2.2.1.1 基础理论性课题

基础理论性课题是指以比较深厚的教育科学，特别是教育哲学、教育认识论为基础，对教育教学思想等具备全局性影响的教育问题进行论证、革新的课题，是能够对教育思想、教育改革、教育实践产生全局性重大影响的课题。

教育研究中的基础理论性课题主要包括三类：

一是关于对构成教育理论体系具有全局性影响的核心概念、基本范畴和基本原理方向的研究课题。这类课题具有开创性和全面性，理论层次高，重视探索新的教育观念、教育理论和教育思想方法。这类研究课题，研究周期相对较长，其社会价值和应用价值一般不会很快地、鲜明地反映出来，但产生的影响是深远的。开展这方面的研究要求有更高的哲学、逻辑学素养和客观意识水平。

二是对教育教学领域（含各科教学领域）中已经形成的概念、原理等作进一步探讨，以使其更加完善、更加具体的课题，它所要达到的目标不是对理论的根本性突破，而是补充使其更加完善。

三是对教育领域的个别原理、概念、指导思想等做出修正或更详细说明的课题。它所涉及的范围是对个别理论问题的探讨，难度相对低一些。只要掌握了有关资料，具有分析、综合思维能力，并且对某个问题有自己的感受与见解，就可以进行这类课题的研究。这类课题在基础理论研究中所占比例最大。从事理论研究者，一般都从这类课题起步。

教育领域的基础理论研究，主要表现为对教育价值观（包括教育思想、教育理念）、教育目的、教育目标（包括人才规格）、教育制度、课题设置体系、教育规律（含人才成长规律）、教育原则、教育方法论等研究。在习惯上，人们通常也将概括程度高、思辨程度高、涉及面广、影响面大的研究课题作为理论性课题。

2.2.1.2 应用性课题

这类课题与解决实际问题关系密切，具有定向性。其目的主要是通过研究解决教育教学中的实际问题，具有直接的实践意义。一般是运用基础理论研究的成果，探索、开辟应用的新途径，它着重研究如何把基础理论转化为教育教学技能、教学方法和教学手段，使基础理论知识与教育教学实际衔接起来。这类研究包括如何将实践经验上升为科学理论，形成对教育一般规律的认识。

应用课题也包括三方面：

一是涉及教育实际（含学科教育实际）中的某些全局性问题。这类课题要能提出前人未提出过的解决问题的方法，并能在较大的区域内推广，对教育实践的发展具有直接的推动作用。如对全面提高教育质量的研究、关于考试改革的研究、关于课程标准化的研究、关于中学升学就业指导的研究、关于学科教材建设的研究等。

二是涉及教育实际问题的具体课题。主要涉及基本原则、一般方法在教育领域中具体应用问题的研究。

三是与解决个别教育实际问题相关的研究。其所关注的是操作方法问题，包括实验研究课题、经验总结课题、应用理论探索课题等。

2.2.1.3 开发性课题

开发性课题是运用基础研究与应用研究的成果，对某项教学内容、某一教学方法进行改革创新的系统化研究。主要是普及和推广一定的研究成果与经验，以解决教育教学的实际问题（提高教育教学的效率与质量等），属于技术性、方案性研究。

开发性课题有三个特点：一是桥梁性，即理论与实践相互沟通的桥梁；二是转化性，即把基础理论研究与应用研究揭示的规律应用到实践中，促进教育质量与效率的提高；三是反馈性，即通过把理论运用到实践中，检验理论的科学性及其对实践的指导价值，促进理论与应用研究。

根据教育研究课题指向对象的范围，还可把教育研究课题分为七个方面：

一是关于教育主体的研究课题，即对学生、教师的研究。对学生主体的研究课题包括学习主动性、学习心理、学习动机与兴趣、学习规律与方法、男女生学习差异、年龄特征与学习特点、个性特征与学业关系等的研究；对教师的研究包括教师主导作用、教师心理、教师角色、教师职责、教师素质、教师成长规律、教师继续教育、教师评价等的研究。

二是关于教育客观的研究课题,主要是指对课程、教材建设的研究,包括课程设置,课程改革,课程、教材建设指导思想,教材体系结构研究等。

三是关于教育过程的研究课题,如关于教育环节、教学步骤、教学模式、教学组织形式等的研究。

四是关于教育方法的研究课题,包括各科教学方法、教学手段、教育技术、学习指导方法的研究等。

五是关于教育效果的研究课题,主要是关于教育效果评价过程、原则、方法技术、指标、标准的研究,包括对学生成绩进行评价方面的研究。

六是关于教育政策、管理问题的研究。

七是关于教育与社会相关问题的研究。如教育与社会政治、经济、文化、人口等方面关系的研究。

还可以开展研究所依据的主要方法,将研究课题分为实验研究课题、经验总结课题、理论探索课题、调查研究课题等;根据研究的深度不同,分为描述性课题、因果性课题、预测性课题;按课题来源不同,分为招标课题、自拟课题;按研究对象不同,分为德育课题、管理课题、教学类课题、教学科技课题等。

2.2.2 研究课题的选择范围

教育实践中的问题多种多样。有的比较宏观,有的比较微观,与教师的教育、教学工作联系很密切。 独立地提出客观的综合性研究课题,对多数中小学教师来说,有一定的难度,但在自己工作实践中寻找课题进行研究,则是完全可以做到的。教育实践是教育科研课题取之不尽,用之不竭的源泉。

教师可以从以下范围中选择研究课题:

一是从教育、教学工作面临的突出问题中选题。如小学高年级学生厌学有时是相对普遍的问题。那么,这个问题的现状如何?产生的原因又是什么?这一年龄阶段的儿童生理、心理有哪些特征?学校教学内容、教学方法、考试方法与学生厌学有无关系?从这些突出的现实问题中选择课题,是教育科研的重要任务。同时,这类课题的社会价值往往也比较高。

二是从教育、教学实践的矛盾、疑点、困惑中发现课题。在日常的教育、教学中存在大量值得探索的问题,只要勤于思考,善于分析,做有心人,就可以从中发现有新意的问题。

三是从成功经验中提出课题。教师在自己教育、教学实践中都积累有一些成功的经验。如有的教师善于指导学生编纂个人文集，培养学生的写作能力；有的教师善于做后进学生的工作，等等，这些都可以成为一定的研究课题，或进行经验总结，探讨其中的规律，或设计教育经验，检验某种做法与提高教育效果之间有无必然联系，等等。

四是从理论学习中或别人的研究成果中受到启发，形成课题。任何一种理论都会给后来者留下可供探索的焦点。如果在平时的理论学习中关注这些问题，进行分析、比较，做进一步探索，便可以确定一个颇有研究价值的课题。同时，某项研究成果在实际应用中会产生这样或那样的问题，可以借此做文章。

上述四种课题的选择范围，并没有穷尽所有课题的来源渠道。如可在各级教育行政部门、教育科研院（所）、有关学术团体，教育科研管理部门下达的课题指南（见附录1~3）的启示下，提出自己的研究课题或者从中直接认定课题等。

2.3 选定研究课题的原则、方法与程序

2.3.1 选定研究课题的原则

2.3.1.1 理论价值与应用价值相互兼顾的原则

该原则是要求既选定能促进教育实践、解决教育实践中的问题，又要进行具有丰富、完善相关理论的理论课题研究，处理好理论研究与应用研究的关系。

作为教师，遵循该原则，就是既要从事理论研究，又要从事应用研究，这样就可使自己得到全面锻炼，促进自己的全面成长，又可以从多方面为促进教育发展作出贡献。教师从事教育科研，要从具体的应用研究入手，逐步尝试参与一些理论性研究，以利于开阔自己的理论视野，提高理论水平。

2.3.1.2 效益性与科学性相互统一的原则

该原则是要选定科研课题时注意四个方面的问题：

一是抓住问题的实质，坚持正确性。科研课题源于教育问题。但教育问题有自己特定的含义，并不是所有的教育上的问题都是真正的教育问题，都有研究的价值。因此，在选定课题时要对所谓的"教育问题"进行由表及里、去伪存真的分析：既要避开虚假的问题，假科学的问题，又要避免在不是问题的问题上白费力气，走入死胡同。如不能看到某些调皮男生的英语成绩差，就认为男孩子不能学好英语，这样提出的问题就不科学。问题的实质是如何

处理好英语教学中调皮学生的智力因素与非智力因素，重视性别差异，从而使全体学生都学好英语等。

二是符合认识发展规律，具有合理性。选择课题要从大处着眼，小处着手，避免好高骛远，遵循先个别后一般、先局部后全体、先具体后抽象、先分析后综合、先专题后著述的策略，在不断研究的过程中逐步认识客观事物，不断提高自己的研究能力。若一开始就要做大题研究、做基础理论研究，很可能力不从心，导致半途而废。

三是克服猎奇与偏见，保证客观性。这是对选择课题态度的要求。选定课题，不能凭主观好恶，不能感觉行事；不能凑热闹，别人搞这个课题，我也搞这个课题；不能总是想写文章批驳某种意见。在选择课题方面，赶时髦与钻牛角尖，都是要不得的。

四是注意发挥个人特长，讲求实效。要求选择课题，既要符合客观需要，考虑社会效益，又要有利于发挥自己的特长，要因人因条件而异。

2.3.1.3 创新原则

该原则要求选定的课题要具有新颖性、先进性，其研究成果能推进某一学科向前发展。创新是科研工作的灵魂。科研中的创新，在理论研究方面表现为新发展、新观点、新见解；在实践研究方面表现为新方法、新技术。选定研究课题，必须刻意追求，不落俗套。所谓创新，就是探索前沿性的问题；就是探索前人未探索的领域；就是勇于开拓、填补理论或实践上的空白；就是补充、完善已有的初步研究；就是指出理论或实践工作中的谬误，正本清源，形成与众不同的精辟见解。创新既包括内容（实质）创新，又包括形式创新。

遵循选定课题的创新原则，一是要树立创新意识，敢于创新、勇于创新；二是要开展创新思维，对众多的潜在课题进行多角度、多层次、多侧面的思考，理出课题的"新颖"所在；三是预见课题研究中可以突破的方面，是方法突破、形式突破、观点突破，还是实质突破，要做到心中有数。

2.3.1.4 可操作性原则

这一原则即要从可行性出发选定课题，做到知己知彼，处理好量力而行与尽力而为的关系。不少课题，虽然具有新颖性的特点，虽然是前人未探索过的，虽然是实际工作中需要迫切解决的，但由于主观条件的限制，目前还无法进行研究。对此类课题，可以先搁置起来，也可以采取迂回战术，先选择外围的子课题，然后通过各个击破实现对总课题的研究。

遵循可操作性原则，要注意三个方面：

一是充分考虑自己的内在优势，包括已明显表现出来的优势和潜在优势，从自己的现有研究能力、知识水平、思维特征（如是擅长理论抽象思维还是擅长具体形象思维）、实际工作（如所教学科、所教对象）等出发，选择自己力所能及、体会最深的问题进行研究。

二是选择自己感兴趣的课题。有道是"兴趣是最好的老师"，兴趣可以使研究者发挥全部潜能专注于课题研究，进而搞出成果。

三是考虑研究的客观条件。客观条件中最主要的是时间和经费，其他是可以运用的研究技术、手段与资料，而前者是硬指标。

遵循可操作性，还要辩证地对待可行性，正确认识战略与战术的关系。在战略上，要敢于攻关，敢于啃硬骨头。在战术上要打准备之仗，要集中力量各个击破；要处理好课题的大与小、难与易的关系，从大处着眼，从小处入手，做到积小成大、先易后难，切忌贪大求快、好高骛远。主观上，知识结构与能力的欠缺可以通过学习与科研实践加以提高和完善；客观上，经费、资料、时间也往往可以通过主观争取与努力得到解决或改善。优势与特长、兴趣与爱好也是不断发展变化的，只有实事求是，不做脱离实际的空想，又能解放思想，充分发挥主观能动性，把两者辩证地统一起来，就能增加课题研究成功的可能性。

2.3.1.5 系统性原则

该原则是对各个研究课题关系的要求，即要求选定课题，要着眼于整体，从系统的角度来考虑，把某个课题的研究作为自己深入研究的一个有机组成部分，通过各个子课题的研究，实现对整体问题的研究。从系统性要求出发选定课题，有利于研究者确定研究的主攻方向，以形成自己的研究系列，从而成为某一方面、某一领域的专家。

2.3.2 课题的选定策略与方法

2.3.2.1 选定课题的策略

选定课题，在策略上要注意以下四个方面：

一是题目宜小不宜大。要小题大做，不要大题小做，研究成果体现在文字上，贵在短小精辟。能够把小题做大，从小题中挖掘出、透析出常人不易觉察的问题，这是研究的真功夫。

二是见地宜新不宜旧。创新是科研的灵魂，要确定易于创新、能够创新的课题，以便在写作研究成果时能向读者提供新的知识、新的见解。

三是内容宜熟不宜生,即选题要避免生疏的内容、缺乏知识基础与体会不深的内容。选定自己熟悉的题材,由于熟悉前人的研究结果,了解存在的问题,或者了解课题的发展前景,因此能够得心应手,容易收到好的效果。

四是论题宜重不宜轻,即要选定那些基础性、有全局意义的课题加以探讨。

2.3.2.2 选定课题的方法

选定研究课题有五种具体方法:

(1)质疑法——就是把已有的结论、常规习惯、行为方式等的合理性,作为非绝对的肯定或否定的判断,对其合理性提出质疑。古今中外有见地的科学家、哲学家都认为,科学研究始自"问题",而问题源于"质疑"。"不怀疑不能发现真理"。质疑对选题之所以重要,一是由于"疑"需要深思熟虑;二是由于疑是追求新知进行创新思维的开始;三是由于质疑是冲破传统观念束缚的动力。不敢质疑,就不可能确定选题,就不可能确定出好的选题。大胆质疑,对约定俗成的东西、对模棱两可的认识进行重新审视,这是发现问题、选定课题的基础方法。

(2)变换法——就是转换思考的角度,从不同的角度、不同的层次上来认识教育教学中已经研究过的内容,进而形成关于这些内容的新认识。变换,不是否定原来的结论,而是摆脱原来的思维定势,独辟蹊径,发现新的问题,或者发现解决问题的新的方法。

(3)类比法——就是通过与其他学科研究对象进行类比,借用其他学科的思维方式,以此来发现自己所研究的新的问题的方法。其特点是能从别的学科研究中得到启发,找到发现的角度或工具。目前教育理论研究中许多新兴学科(如教育经济学、教育人口学、教育社会学、教育法学、教育伦理学、教育控制论,等等),都是运用其他学科的研究方法与成果分析研究教育领域内有关现象的尝试,不仅有利于加深人们对有关教育现象、教育问题的认识,而且也丰富了教育理论。

(4)直接面对现象法——这是一种从对特定教育现象、教育问题的思考中确定选题的方法。教师在教育教学实践中面对大量的教育对象、教育问题,只要善于多问几个为什么,就能够发现许多值得研究的课题。

(5)文献资料法——这是一种通过查阅相应的文献资料发现与选择研究课题的方法。研究课题贵在能够使研究者在研究中推陈出新。在确定研究课题实践中,往往是先通过直觉判断认为某个问题具有研究价值。该问题是否真的有研究价值,是否有研究的可行性,是否能够通过研究提出新的发现、新的见解?这些都需要进一步论证。论证的基本方法就是查阅资料,弄清别人对这一问题的研究情况：别人是否做过研究，是怎样研究的，提出过什么观点，这些观点之间有何关联，还有哪些方面值得进一步研究等。若所有有关的问题都已经被研究清楚了，自己又不可能提出新的见解，就应放弃对这一问题的研究。通过查阅文献资料，还能发现一些新的研究课题。

2.3.3 选定课题的程序

选定科研课题，必须弄清有关课题的研究历史与现状，通过对相应课题研究历史与现状的全面把握，审查进行该项研究的必要性和可行性。选定科研课题的基本程序是：

2.3.3.1 发现科研课题

这是选定科研课题的第一步。发现科研课题的途径，一是社会实践、教育实践，二是文献资料。

社会实践、教育实践是教育科研课题取之不尽的源泉。比较有效的办法是从自己所从事的学科教学实践或管理实践中经常应对、经常发现的问题（一般性和特殊问题）中发现问题（如本人所撰写的诸多论文等）。人们对教育的认识是永无止境的，时代的变迁、环境的变化经常会使教育教学工作面临一些新问题，弄清产生问题的原因以及解决措施，是教育研究课题的基本方面。教育内容、教学方法及形式等，虽然具有相对稳定性，但也会因教育对象等的变化产生一些新问题。即使是教育内容、教学方法自身也有一个不断丰富与完善的问题。这些都是可以进行研究的潜在课题。

2.3.3.2 分析相关课题的研究背景

初选课题提出后，不可能马上进行研究，还需要进一步分析课题的研究价值，并将课题具体化。将课题具体化的首要工作就是对课题的研究背景进行分析。其目的主要是避免重复劳动，白费精力。对已经做过精细研究、结论已经被公认、自己不可能提出新的课题，一般没有再行研究的必要。

进行背景分析要弄清的基本问题包括：本课题是针对教育实践、教育理论中的哪些需要迫切解决的问题提出的？前人是否进行过同类或相关课题的研究以及取得了哪些成果？本课题与别人已经或正在进行研究的同类课题，在研究的依据、目标、范围、对象、方法等方面有什么不同？别人的哪些理论、观点、方法和手段可以为本课题继承、借鉴？

进行背景分析通常采用的是文献资料法、专家咨询法、教育调查法。

2.3.3.3 明确课题目标

课题目标就是通过课题研究希望解决的问题和要取得的成果。明确课题目标，重要的是将研究目标与工作目标区分开来，不能以工作目标替代研究目标。课题研究成功的标志是达到了预期的研究目标（即获得了对某一教育现象、某一教育措施的规律性认识，而不是实现了某一特定的工作目标）。

明确研究目标的另一方面是把通过课题研究要解决的问题明确地确定下来，使各个具体问题与研究主题形成一个有机的整体。只有明确要研究的具体问题，立题以后的各项工作才能有条不紊地进行下去。

2.3.3.4 确定研究方法

方法是完成任务、实现目标的程序、途径、技术、手段、操作规则的总称。研究方法要根据课题的具体研究目标、内容和对象的性质、特点等来选择。确定研究方法是要确定：本课题适用于用哪一种或哪几种基本研究方法（如采用调查法、实验法、实证法还是行动研究法等），以及搜集资料的方法和技术、整理和分析资料的方法与技术、评价研究结果的方法与技术和课题进展的程序等。

2.3.3.5 制订研究计划

制订研究计划的目的是明确规定研究范围与目标，具体规划研究的程序，使研究者能有计划、系统地实施研究，顺利完成既定任务，同时也便于有关部门检查工作的进展情况，加强对课题工作的管理。计划制定批准后，在实施工作中一般不应随便改变。但可以在实施过程中及时对原计划进行个别修改或补充。

计划的内容通常包括八个部分，即课题名称、课题提出的缘由及意义、课题目标的主要内容、课题中关键性概念的定义、研究对象及其选择方法、研究方法及实施要点、研究进程安排、预期成果。

计划制订出来后，如有条件，应聘请熟悉有关教育理论和方法、有一定科研经验者，对课题计划的有关内容，特别是课题的必要性和可行性、目标的恰当性、方法和程序的合理性等进行论证，以便在实施研究之前得到一次有针对性的学习咨询机会，集思广益，使计划更完善，研究进展更顺利。

2.3.3.6 撰写课题论证报告

这里主要是对课题的价值、科学性和可行性进行论证。课题论证均为书面报告形式。撰写论证报告有助于进一步详细阐明课题的目的、意义、国内外研究现状、具体方法、预期结果等，进而使课题在具体化、系统化的基础上进一步完善。论证报告是研究工作的行动纲领，对保证课题的顺利进行起着重要的指导作用。撰写论证报告也是争取立项并取得资助的需要。根据教师的课题论证报告，学校、教育科研管理部门、有关的基金会可以在一定程度上了解教师的学术水平、科研能力，了解课题的价值，并以此作为重要依据，决定是否对项目进行立项与资助。

教育研究管理部门一般都制有《课题申请书》供申请者填报，《课题申请书》的基本栏目包括课题名称、研究成员、课题组成员已取得成果、(4 000 字以内的)课题设计论证(包括课题核心概念的界定，国内外研究现状述评、选题意义及研究价值；课题的研究目标、研究内容、研究假设和拟创新点；课题的研究思路、研究方法、技术路线和实施步骤等)、(1 500 字以内的)可行性分析(包括已取得相关研究成果的社会评价、主要参考文献；主要参加者的学术背景和研究经验、组成结构；完成课题的保障条件)、预期成果、经费概算等(见附录4)。

2.4 查阅文献资料

查阅文献资料是对备选课题进行评价、比较，从中确定研究课题的基础工作。

2.4.1 查阅文献资料的目的

查阅文献是科学研究工作中一个重要的步骤，是研究方法中重要和必需的组成部分。

查阅文献资料的目的包括以下四个方面：

一是发现重要的变量。要形成一个可以研究的问题往往需要花费一定的心机，要选择适合自己兴趣和物力范围之内可以扩展的研究变量，往往不是轻而易举的。查阅有关的文献往往可提供有助于解释变量的观念，有助于识别此变量与彼变量有关的变量。

二是区分已完成和需要完成的研究。仔细查阅有关领域中的主要研究资料，有利于解释以往的研究发现，对目前的研究可做出恰当的解释，能帮助研究者明确进一步的研究方向。

三是综合并加强正确观察事物的能力。查阅文献可以帮助研究者了解研究对象的现状，并且帮助其设想将它们用于实践的方法。

四是决定文献的意义和它们之间的关系。研究者要做一件有意义的研究工作，必须对研究领域里面变量之间早已存在的关系加以探索，反复检查，以便为具有潜在优点和适用性的后继研究工作建立前后关系和例证。当研究者的研究得以依赖和延续早期的研究工作时，将避免大量多余的修改。

同时，查阅文献资料也可以作为一种独立的研究方法来使用（见下文 4.6 节）。所以，不肯在查阅文献上下功夫，急于求成的研究者，往往会犯"欲速则不达"的错误。

2.4.2 文献资料的来源与种类

教育文献是以记载、反映教育活动、人物事件和理论为内容的文献，既是教育科学发展的历史记录，又是教育科研工作者必不可少的信息来源、了解实际的途径。

2.4.2.1 按来源及公开性分类

按来源及公开性，查阅的文献资料一般有已出版的和未出版的两大类：

（1）已出版的资料有专著、论文、科学研究报告和总结，丛书、学报、专利文集、统计资料、表册、年鉴，以及与研究问题有关的教科书、参考书，等等。

（2）未出版的资料包括论著、报告、计划、总结等的手稿、草案、提纲、实验、调查资料、统计资料，以及日记和各种档案资料等。

上述各种资料可归纳为文摘、索引、评论及书刊四大来源。

2.4.2.2 按内容的加工方式分类

从文献创造者的加工与文献反映的内容之间的相互关系看，教育文献有第一手文献、第二手文献和第三手文献之分。

（1）第一手文献是指由亲自经历事件的人所提供的各种形式的材料和各种著述。如国家从中央到地方关于教育的各种政策、规划、文件及各种统计资料；学校的规划、工作日志、工作报告、会议记录、节假日活动录像；教师的教学计划；学生的作业、日记；教育家的论文、著作手稿与首次发表这些著作的图书、报刊等。

（2）第二手文献是由从他人那里了解到情况的人撰写和制作的或者是对第一手文献的剪辑、摘录、综述或介绍的述评。如对先进学校的采访报告、某次教育活动的录音、教育家教育著作的介绍与评价等。

（3）第三手文献又称参考性文献，是在利用第二手文献的基础上，对第一手文献进行系统的整理并进行概括论述的文献。如动态综述、专题评述、年度百科大全等。

2.4.2.3 按载体形式分类

按文献的载体形式，可以分为印刷型、缩微型、电子型和声像型四种类型。

（1）印刷型文献又称纸质文献，是以纸张为载体、以手写或印刷为记录手段的传统文献形式，包括文字材料、表格、图片等。

（2）缩微型文献是利用照相复制的方法，以缩微照相为记录手段的文献形式。包括缩微胶卷、缩微胶片和缩微卡片、超级微型胶片和特级微型胶片等。

（3）电子型文献又称机读型文献，是指采用高新技术手段将资料存储在磁盘、磁带或光盘等一些媒体中，形成多种类型的电子出版物。包括电子图书、电子报刊、电子邮件、光盘数据库、视频数据服务、超级文本等。

（4）声像型文献又称视听文献或直感文献，是一种以磁性材料和光学材料为存储介质，借助特殊的机械装置，直接记录声音或图像信息而产生的一种文献形式。包括唱片、录音带、录像带、幻灯片、电影片、电视片、激光唱盘、多媒体学习工具等。

2.4.3 查阅文献资料的一般步骤

2.4.3.1 前期准备工作

首先要确定自己研究课题所涉及的范围，明白搜集的方向；其次要熟悉国内外主要的教育期刊以及每种期刊的特点，国内教育图书音像资料的种类和统计资料的类别；最后还要熟悉索引目录的分类。

2.4.3.2 搜集文献

寻找文献，一般遵循从宽到狭，从近到远，从易到难的路线。即先把文献的范围划得比研究课题的范围略宽一些，通过粗略了解后再逐渐缩小范围，把精力集中到主要文献研究上。

2.4.3.3 记录文献

搜集到的文献必须及时做记录，这样文献才能完整地保存下来，以便今后的整理及应用。记录文献的主要方式是做卡片，还有做读书摘记、笔记等形式。卡片分为四类：

（1）索引卡——主要记录与研究课题相关的文献或实验资料索引。

（2）摘录卡——是摘录文献或实验资料中所用于分析研究的原始材料或依据。它是科研活动中使用广泛及灵活的一类卡片，一则资料性很强的摘录卡，可用于不同的研究课题。

（3）提要卡——记录文献或实验资料中主要内容或要点。它有助于训练记录者的综合归纳能力。相同或相近研究课题的提要卡积累多了，还可以加以分析比较、发现问题，进而有所创新。

（4）心得卡——是借助文献或实验资料的启发或思考研究课题而忽有所悟产生的新意识、新思路的记录。新意识、新思想应随有随记，并不断推敲和深化。

制作上述各类卡片时必须注意几个方面的问题：

一是内容的准确性。做卡片时，必须认真研读文献或资料。

二是出处的可靠性。为保证科研的"科学性"和便于今后读者在审查或阅读成果时核对所引资料，资料卡片内容的出处（包括出自何文何书、著译者姓名、出版机构名称、版次及页码等）应清晰可见。

三是要注意卡片使用方便。为便于资料的分类、排列、调整和补充，卡片尺寸应尽可能一致。

2.4.3.4 整理文献

搜集并记录文献后，需对文献加以整理，使文献系统化、典型化。整理文献包括以下内容：

（1）对文献进行考核，目的是辨别文献的真假及质量。教育科研以事实资料说话，参考或引用他人的成果作为依据无可非议，但必须对这些资料进行去伪存真的考核。资料失真，不仅会导致错误结论，而且会贻害他人。

（2）对文献进行选择，即对考核过的具有可信性的文献资料去粗取精，应挑选具有代表性、典型性的材料。

（3）对文献进行分类，目的是使资料系统化，便于调用、查阅和管理。分类一般可按所研究的具体学科体系的内在逻辑结构和层次为基本依据。

2.4.4 查阅文献资料的方法

2.4.4.1 常用法

利用检索工具查阅文献时最常用的方法有三种：

（1）顺查——即按时间顺序由远及近进行查找。运用于研究内容较宽泛、研究时间较快的课题。

（2）逆查——即按时间顺序由近及远进行查找。适用于新学科领域的课题，且需要查阅的是最新发表的文献。

（3）抽查——即针对学科或课题研究发展的特点，就其发展较快、文献较多的年代中，抽出一段时期进行查找。优点是费时少而查到的文献较多，但需以熟悉该学科或课题研究的发展特点为前提。

2.4.4.2 追溯法

追溯法是利用已有文献所附参考文献或引文注释的线索，"跟踪追迹"查找所需文献。优点是不借助检索工具即可查阅有关文献。

2.4.4.3 综合法

综合法也称循环法，即交替应用常用法和追溯法，以取长补短。对重大、复杂的课题，运用该法有利于尽快查到所需全部文献。

首先研究者应明确到底要寻找什么资料；其次，根据索引找出已出版的文章、论文及未出版的文章；最后，选取自己有用的文章、论文进行细读。

2.4.4.4 互联网检索查阅法

互联网检索查阅法即利用计算机的互联网技术，通过各个相关网站检索与查阅相关文献资料的方法。这是从检索手段上确定的方法，特点是高效、便捷，不仅可以及时下载、整理，而且不大受时间与地点的限制。

2.4.5 查阅文献资料的要求

搜集资料是科研过程的主体，要求科研人员在搜集资料时要特别注意以下几点要求：

一是逆时性要求。越近期的、现时的、信息就越新，适用性就越大。在时间上使用倒查法，较容易得到最需要的可靠性强的材料。

二是选择性要求。要尽量多搜集资料，但多搜集不等于多用，而是要精选精用。

三是直接性要求。要注意资料的真实性和准确性。应搜集第一手资料，对转手资料应加以去伪存真。

四是比较性要求。要重点搜集那些为自己课题研究所需要的资料，也要了解和掌握那些观点不一或与自己构思相对立的资料，全面地进行比较、对照、分析，从而得出正确的或比自己构思更先进的结论。

2.5 研究课题的表达方式

在确定研究课题后，研究者的思考重点是如何开展研究，为此，研究者必须限定这一研究涉及的范围和变量。研究课题的表达要求能清楚说明该课题的范围与变量的限定。

2.5.1 研究范围的表达

在课题研究中研究范围的表达是对该课题的研究对象总体范围的具体规定。不同的角度研究同一问题，都将规定自己研究对象的不同范围，课题表述的对象总体范围越宽越多样，研究对象的选择越复杂，量也越大。

2.5.2 对课题中变量的定义

在每个课题表达所用的词或词组中，有一部分是常量，即仅有一个不变值的概念。对于这些概念，不需要下定义，就确切地表达了所指的对象。另一部分是变量，即包含有一个以上值的概念。如性别、年龄以及一些抽象名词，对于这些变量需要加以定义，而抽象名词的定义还要使它变成前经验的。课题表述中的变量概念，只有定义才能变得清晰具体，可以在研究中进行操作，研究要求该定义必须确切地规定在这个课题中所涉及的全部内涵。

2.5.3 研究课题的表达形式

课题不宜用肯定的语句表述。课题是问题，要通过研究才能证明所要提出的假设是否成立，所以课题的名称要体现问题性，可以用陈述句或疑问句来表述。

2.6 选择课题的策略

选择课题实际上是按一定的标准或条件对可供排选的课题进行评价、比较，最后做出抉择的过程。明确选择标准是正确选择的关键。

所谓选择课题的思维策略，即指如何确定选择课题的标准，并按此标准对课题做出选择。我们要从可供选择课题本身的价值、研究人员自身条件和为研究可能提供的客观条件三个方面考虑问题的标准。

2.6.1 从课题的研究价值看选题的思维策略

2.6.1.1 课题本身的理论价值或应用价值

从教育研究成果带来的直接影响的角度看，可以把教育研究分为理论研究和应用研究。作为理论性课题，其研究价值的主要依据是课题可能做出的理论贡献的大小，对理论体系某方面的突破和发展。为了比较课题理论价值的大小，可把课题分为三级：

（1）一级课题——凡是那些对构成教育科学理论体系有全局性的核心概念、基本范畴和基本原理等做突出性研究的课题。

（2）二级课题——凡是对教育科学某一领域中已形成的概念、原则做进一步探讨的课题。

（3）三级课题——对教育理论中的个别原理、概念等做出修正或更详细说明的研究课题。

衡量应用性课题价值的主要依据是它对实践可能产生影响的性质和大小，它所提出的解决问题角度的新颖性、有效性和普遍性，也可以把应用性课题分为三级。一级应用性研究课题是涉及教育实际中某些全局性的问题，它能在全国范围内推广，对教育实践的发展有直接的推动作用；二级课题是指研究教育领域中某一些方面或某一部门、地区内提出的实际问题的课题；三级应用性研究课题是与个别实际问题的解决相关的课题。

判断理论性课题与应用性课题本身价值的依据，概括起来就是课题涉及的深度、广度和新颖度。

2.6.1.2 课题的发展价值

这是指研究者选择某一课题后，能引出一系列可以继续进行研究的课题。研究课题可以在纵向和横向两个方向上进行。纵向扩展可以指时间序列的，也可以指课题范围上的。课题范围上的纵向发展，主要是指研究者在选择了中心内容后，从一个较大、概括性的课题着手，逐步向较少的具体的课题延伸，或者从与此相反方向设计的由较小、具体的课题出发，逐步上升到较大、概括性的课题。横向发展指对某一问题从不同角度等进行研究。

课题的发展价值，就是要求研究者在确定一个课题时，要富有战略眼光。某一课题能否得到延伸或扩展，关键在研究者善于不善于挖掘课题的发展价值。如一个命题的探索等。

2.6.2 从研究人员自身的角度看选择研究课题的具体策略

研究者自身条件主要指：

（1）研究实力。研究实力由多种因素构成，包括研究者的知识结构、思维特征、科研经验。前两个因素主要影响对课题类型的选择，研究经验的多寡，对方法掌握的程度则影响研究人员对课题规模和采取何种主要方法的选择。同时，还要注意自己与某一领域中其他研究者做比较，明确自己的相对实力来选择研究课题。

（2）研究兴趣。对课题的兴趣可激发人的创造性思维，增强人克服苦难的勇气。对于开始从事研究的人员要注意从身边可以找到的、有兴趣的小课题出发、或者在有实力的研究人员领导下参与规模较大的研究活动，承担其中的一些具体任务。

2.6.3 从客观条件的角度看课题的选择策略

客观条件主要包括时间与经费，此外，研究者可能获得的技术设备条件或可提供的资料情况，合作者和竞争者的情况等，也是必须涉及的因素。

综上所述，研究者需从课题、研究者、客观条件三方面综合思考问题，对这三方面都作考虑的课题选择过程，才是科学合理的。

2.6.4 研究课题的来源与级别

2.6.4.1 研究课题的来源

研究课题一般分为指令性课题与自选课题两类。

（1）指令性课题，包括：① 上级领导部门交办的任务；② 子课题：参加由其他单位或个人承担的总课题中的部分研究任务，在总课题组的指导下，进行课题研究。

（2）自选研究课题。自选课题是指根据社会、部门、单位、学校或个人在工作中所遇到的实际问题，选择和确定专题进行研究的课题（一般有《课题指南》，见附录1～3）。

2.6.4.2 教育科研课题的级别

（1）国家级课题

① 全国教育科学规划课题，主要有国家重点课题、国家一般课题、国家青年基金课题、教育部重点课题、教育部青年专项课题、自筹经费教育部规

划课题。其中，前五类均为有经费资助的课题。

② 国家级专项课题，主要有特级教师计划，教育考试研究，体、卫、艺教育研究，职业教育研究，成人教育研究，高中特色研究，德育校外研究，大学英语教育专项，中小学数学教育专项，科学教育专项。以上课题由全国教育科学规划领导小组组织评审立项（查询网站 http://onsgep.moe.edu.cn）。

③ 全国哲学社会科学规划课题。此类由宣传部系统组织申报，其中教育科学、军事科学、艺术专项已经单列。

④ 国家自然科学基金课题。此类国家自然科学基金委员会组织评审立项。

⑤ 其他类别课题。

（2）省级课题

① 省教育科学规划课题，包括省级重点课题和省级一般课题。一般一年进行一次申报，由省教育科学规划领导小组办公室组织评审立项。

② 省级其他类别课题，主要有省哲学社会科学规划课题、省科技厅课题、省长基金课题等。

（3）市（州、地）级课题

由市（州、地）教育科学规划领导小组办公室组织评审立项。

（4）县（市、区）级课题

由县（市、区）教育科学规划领导小组办公室组织评审立项。

（5）校级课题

建立"以校为本"的教学研究制度，特别提倡"校本"课题。校本课题可以成为以上各级课题的任何一级课题，关键是课题研究价值的大小。

（6）教育学会课题

全国教育学会、省教育学会同样设立有各级课题，属于社会团体设立的研究课题。

2.7 课题研究价值的评价技术

评价一个研究课题的研究价值，必须依据一定的指标体系。指标体系应包括社会的、学术的、经济的和思想的价值，以此判断课题的研究价值。

2.7.1 社会价值

社会价值是指研究课题将要取得的成果是否提供某一教育问题的真实情况和解决该问题的理论依据、建议、方案和方法，使教育实践能据此进行变革和改进。社会价值的大小，可以从四个角度进行判断：

一是需要度，即是否是教育实践或理论研究中亟待解决的问题。

二是已行度，即已在多大范围内解决了问题。

三是已行评价，即已获评价的高低。

四是可行度，即还能在多大范围内加以推广解决问题。

2.7.2 学术价值

学术价值是指研究课题与研究成果能否促进教育科学的自我更新与超越，是否丰富了所研究领域的理论，为教育科学的进步提供了新材料和新观点。学术价值的高低可以从四个维度加以判断：

一是前景性，即是否是教育科学发展进程中具有开拓前景的课题。

二是创新性，即是否提出了新概念、新假说或新结论。

三是科学性，即课题和结论是否客观、合理。

四是时效性，即是否具有深远的理论影响。

2.7.3 经济价值

经济价值是指研究课题取得的成果是否具有经济效益，能够推动现实教育的发展。这一价值可以从两个维度进行衡量：

一是内向价值，即能否有助于在教育投资一定的前提下，多出、快出优质人才。

二是外向价值，即能否在社会充分认识教育在国民经济发展中战略地位的前提下，促使教育投资有计划、按比例地稳定增长。

2.7.4 思想价值

思想价值是指研究课题的研究成果能否反映和熏陶健康的审美意识和理论情操。该价值可以从两个维度加以衡量。

一是平体价值。研究课题取得的成果是否蕴含着真、善、美和谐统一的魅力与情操。

二是共振价值，即成果能否使人获得美的感受，心灵的愉悦并从中吸取一定的思想效益。

上述四项评价指标，理应有所偏重，重点应放在社会价值和学术价值两项指标上。

3 教育科研成果的撰写

撰写教育科研成果是指教师在进行教育、教学研究工作后期，在分析研究感性材料基础上形成研究成果，撰写书面研究报告或论文，实践教育科研功能与价值的熟练化活动方式。撰写科研成果既是"跃进环节"中理性结果外化的操作，又与整个研究的构思、内容和方法等紧密联系。它虽然并非科研的具体方法，却是表述研究内容和成果的重要方法。

撰写好一份教育科研成果，对于教师进行一次成功的研究来说，无疑十分重要。有的教育科研基础很好，资料也积累不少，但就是研究的成果表达不好，可以说是"功亏一篑"，很可惜。所以，有了一个好的研究，撰写一份好的研究成果，是研究者必备的基本功。

3.1 撰写教育科研成果的意义

教育科研成果是针对某种教育现象、某一教育课题或某种教育理论进行调查研究、实验或论证后得出的新的教育观点、新的教育思想、新的教育方法或新的教育理论。撰写教育科研成果的目的和意义，不仅是为了科学地总结自己的研究工作，更重要的是向教育界乃至社会提供教育科研信息，以丰富教育理论宝库和推动教育实际工作。因此，撰写科研成果是教育科研运行基本结构中的终结环节。它是在分析研究感性材料基础上形成研究成果，并进而实现教育科研基本功能与价值的关键。凭借科研成果开展学术交流，不仅有利于推动人类教育科学的发展，也是科研工作者进一步提高自身科研素质和科研能力的重要途径。撰写教育科研成果的目的和意义有以下几方面：

3.1.1 深化知识，表明研究的结论及其价值

撰写研究报告或论文是将教育科研成果工作及时总结的必要步骤。在开展教育研究工作过程中，会得到丰富的经验和体会，所得到的研究成果也需要及时得到信息反馈，这些内容都需要及时地记录下来找出研究的不足和优势。研究工作结束后，尽快地开始精心撰写报告或论文，能够使研究成果的最大价值充分得到体现。撰写教育研究报告或论文，就是要说明研究什么，是如何研究的以及研究结果及其价值。

通过科研成果的表述，可以对整个课题研究过程进行高度概括和科学总结，揭示教育的某种规律，实现理论升华，显示其理论价值。同时又为解决某一教育问题提供理论依据、建议、方案或办法，从而推动教育的变革和改进，显示其实用价值。因此，科研成果的表述，不仅仅是个反映科研成果的问题，也是深化和发展科研成果的问题。

3.1.2 有助于学术交流，供他人参考

撰写研究成果是开展学术交流、推广学术成果的必要前提。教育科研过程是人们获得直接经验的过程，这种经过精心设计、精心探索而获得的直接经验，不仅对直接参与者来说十分宝贵，而且对于所有教育工作者，对于人类整体认识的提高和发展都十分宝贵。教育科研报告或论文是教育科研成果的重要表现形式，也是揭示教育规律、提高学术水平的重要形式。优秀的研究报告或论文是优秀科研成果的体现。将自己的教育科研成果或教学经验总结在研究报告或论文中，就为教育科研提供了宝贵的资料。教育工作者之间可以通过传阅这些研究报告或论文，交流意见、取长补短、共同提高教育教学水平。

3.1.3 有助于培养、提高研究者的思维能力和表达能力

撰写研究成果是提高教师科研水平的重要途径。教育科研成果的表述，是一个严密的思维过程，需要一定的分析、综合、抽象、概括的能力，要求有准确运用语言的能力和技巧。缺乏一定的思维能力和表述能力，总结、表述不好，课题研究只能是一种无效或低效的劳动。教育科研成果的表述，有助于培养、提高研究者思维能力和表述能力，进行有效的科研活动。

教师通过参加教育科研活动，积极撰写教育科研报告或论文，一方面可以促进自己不断地学习积累，吸取新鲜经验，开阔视野，向知识的"深""博"方向发展。另一方面，教师的观察、思考、实践、总结是传播自身教育教学经验最有效的途径之一，是开展教育教学工作学术交流的重要方法，是深化教师教育教学研究，提高研究水平，提高其自身分析综合能力和逻辑思维能力的最有效的手段，是认识教育规律、提高教育教学能力、创造性地开展教育教学活动的过程。它不仅可以形成自己独特的教育教学风格，还可以提高自己的语言艺术。撰写教育研究报告或论文不仅要有新思想、新见解，而且报告或论文具有可读性、严谨性和艺术感染力，还需要从表达方法上去考虑，在字、词、句的准确性与情趣性推敲上下功夫。单纯的"教书匠"就是主要将自己囿于一成不变的课堂教学之中，不重视进行教育科研，学术理论水平

偏低，进而影响了工作的创造性。开展并不断提高科研水平，是教师全面提高素质水平的基本手段。教师应该通过参与教育科研，撰写研究报告或论文，不断丰富自己的知识，这是教师由"勤奋型"转化为"科研型"、由"教书匠"转化为教育专家、提高自己人生价值的必然选择。

此外，教育研究成果一旦发表、交流或获奖，将会给自己带来一种成功的喜悦和振奋人心的力量，同时也会给家人增添幸福感和自豪感，在这种喜悦中就会产生浓厚的教育科研兴趣和更强的教育科研能力，萌发出旺盛的教育教学责任感，工作热情也会成倍增长，从而使教育教学水平和效果不断提高，也会增强学生对教师的仰慕之情。

3.2 教育科研成果的表述

3.2.1 教育科研成果的表述类型

中小学教育科研成果的表述形式是多种多样的。一般来说，用文字形式表示的科研成果主要有教育科研报告与教育论文，此外，还有教育专著或编著。这里主要介绍教育科研报告与教育论文。

3.2.1.1 教育科研报告

教育科研报告是描述教育科研工作的结果或进展的文件，是报告情况、建议新发现和新成果的文献。依据教育研究的内容与方法的不同，研究报告又分为实证性研究报告与文献性研究报告两类。

（1）实证性研究报告——包括教育观察报告、教育总结报告和教育实验报告，是用实用的方法进行研究、描述研究过程、结果和进展的报告。如对某个教育问题进行调查研究写成的调查报告，对某种教育现象进行科学实验后写成的实验报告，对某个学校的教育教学经验进行总结以后写成的经验总结报告等。这类报告都是以直接研究所得到的材料为基础，对研究的方法和过程加以分析，找出规律性的东西，提出经验、方法、建议及存在问题，得出应有的结论。

（2）文献性研究报告——是用文献法进行研究的报告。如教育史研究中的文献考证的报告、文献综述等。这类研究报告以对文献的分析、比较、综合、甄别、概括为主要内容，并展示文献的考证过程，说明文献的来源、可靠程度和学术价值。

3.2.1.2 教育科研论文

教育科研论文是教育科研工作者对某些教育现象、教育问题进行比较系统、专门的研究和探讨，提出新观点，得出新结论，或站在新的角度做出新的解释和论证的一种理论性文章。

教育科研论文的种类很多。按写作要求可分为投稿论文和学位论文；按篇幅数量和规模可分为单篇论文和系列论文；按研究的特点、层次和水平又可分为（对教育教学工作检验的理论总结的）经验性论文、（针对教育实践和理论中的问题，进行专题总结、分析、研究的）研讨性论文、（对问题进行专项综述和评价的）评述性论文、（对教育问题进行专门、系统的研究，总结规律、揭示本质、进行论证和证明的）学术型论文等。

教育研究报告和论文在内容要求和表述形式上都有一定的区别。一般来说，论文比较简洁精练，它仅仅突出表达一项研究工作中最主要、最精彩和具有创造性的内容，有创新的见解，形成某种新解释、新论点或新理论。教育研究报告则不限于新的或创造性的内容，整个研究工作的重要过程、方法和环节都可以包括进去。论文的内容中包含着较多的推理成分，而教育研究报告则要凭数据说话。论文（尤其是经验总结性论文）主要表达自己的工作和研究的心得体会。教育研究报告与论文之间并不存在截然划分的界线。以理论分析为主要研究方法的理论性研究报告（如有创见的调查报告、实验报告、经验总结等），本身就是一篇好的论文。

3.2.2 教育科研成果的表述要求

一份科研报告或论文是否有意义，取决于它表述的质量。保证教育科研成果表述质量需要遵循以下要求：

（1）科学性——是科学研究成果的生命之所在。教育科研成果的表述必须观点正确、材料可靠，论证要以事实为依据，无论是阐述因果关系，结论的利弊和价值，结论的实用性和可行性，都必须从事实出发。推理要合乎逻辑，不可无根据地臆断。

（2）创造性——是衡量教育科研成果水平高低的重要依据。别人没有提出过的理论、概念、教育教学方案、新的实验方法，别人没有观察到的现象，在实验和调查中第一次获得的新的数据等，都是创造性的研究成果。

（3）规范性——教育科研成果的表述虽无定法，但有常规可循。在撰写教育科研成果时，要按照一定的格式，不能忽视最基本的规范要求。写作之前要有明确的计划和提纲,要根据研究的结构特点和逻辑顺序,研究课题的任务和内容来考虑表达的形式和表述方式。规范性还包括遣词造句符合语法要求;全文上下体例统一,格式、风格一致;标点符号及文中数字使用符合国家标准。

(4)可读性——为了便于传播和交流,教育科研成果的表述应具有可读性。科研成果的语言阐述必须精确、通俗,在不损害规范性的前提下,尽可能使用简洁的语言。专门的名词术语可以用,但不能故弄玄虚。文字切忌带个人色彩,一般不采用比喻、拟人、夸张等修饰手法;不可把日常概念当作科学概念,不宜采用工作经验总结式的文字。一篇高质量的论文,不仅要有创见,也要讲究辞意,达到科学与文学、科学与美学的最佳结合。

3.3 教育科研报告的撰写

3.3.1 教育科研报告的基本框架

(1)教育观察报告的框架,一般包括前言、正文、结论"老三段"的基本格局。

① 前言是说明观察的目的、对象、任务、时间、地点,简单交代观察过程、结果及其意义。

② 正文是主体部分,对所观察的对象以及要观察的问题进行全面的介绍。介绍观察问题的现状和实质,分析产生问题原因及其发展趋势。为了科学、准确、生动形象地表达观察的成果,可采用列表、图、照片来集中反映数据和关键情节。

③ 结论部分是总结全文,深化主题,揭示规律,说明被观察对象及所观察问题的结果,并就下一步如何工作提出建议及看法。

(2)教育实验报告,一般分为三部分,即前言、实验过程和结果、讨论及结论。实验报告的基本结构依次为题目、课题部分、实验方法、实验结果、分析与讨论、结论、附录。

(3)教育总结报告的基本结构包括题目、引言、正文、结尾。

一篇完整的教育科研报告,除了上述几个组成部分之外,还应有署名和参考资料两个部分。

3.3.2 教育调查报告的撰写

教育调查报告是为了了解教育、教学的有关情况,在通过深入到学校、社会、家庭等场所进行的有计划、有目的的调查研究后，把调查研究的情况、结果写成的向上级、学术团体报告或通过有关刊物向有关读者报告的书面文字。

3.3.2.1 调查报告的基本结构

教育调查报告除题目、署名等外，主要由导语、主体、结束语、建议四部分组成。

导语部分要写进行某项教育、教学调查的目的、缘由，要达到的目标，调查的时间、地点、对象、范围及调查的意义或学术价值等。有时还可以把对调查的有利因素、不利因素进行交代。该部分要简明扼要。

主体部分即报告的中心部分，要详细、具体、深刻、主次分明地介绍调查的情况和内容、方法、过程、问题等。其结构为：

（1）按调查的进行顺序，逐项阐明调查的有关问题。

（2）以内容、方法、过程、结果、问题的顺序，逐项写作。

（3）把调查的问题分成几个方面来写，每个方面加上标题。

（4）对有两种以上情况的调查，可采用对比的方式来写，通过对比发现问题，解决问题。

结束语部分是在对调查的对象、问题、情况进行分析后的内容简要概括。该部分要写出经过调查研究后结论性的意见，回答调查中所提出的问题。

建议部分在客观反映调查情况、问题、结论的同时提出改变现状、解决问题或促进、发展的建议、对策或措施。目的是供有关方面、有关人员在制定政策、措施、计划时作为参考依据。

对于比较简单的单项调查，要按照调查计划中设置的有关项目、内容来安排结构。一般为：① 调查的目的与意义；② 调查的时间、地点、对象与范围；③ 调查的内容与方法；④ 调查的经过与结果；⑤ 调查的结论与建议。重在写作调查的经过、结果和结论及建议。

3.3.2.2 撰写调查报告的要求

调查报告是在事先所做的记录、搜集与整理资料的基础上撰写的书面文字。在撰写调查报告时要注意：

（1）全面客观地反映调查情况，即把调查的目的、缘由、达到的目标，以及调查的内容、过程、方法等方面如实地反映出来。

（2）分清主次，主要的要写得具体、详细，次要的要概括地略写。

（3）透过现象看本质，即从资料中找出带有规律性、本质性的东西，得出正确结论。

3.3.3 教育实验报告的撰写

3.3.3.1 撰写实验报告的一般要求

教育实验报告是在教育科研中描述、记录某一项课题的实验过程和结果的报告。实验报告在结构上包括题目、署名、前言、方法过程、结果、讨论、结论、参考文献等几部分。撰写实验报告主要是：

（1）介绍实验设想的形成过程

在这一部分要说明的情况有：

① 实验课题的形成过程（形成背景）。

② 别人在该方面做过的研究工作（主要是结论）。

③ 实验的目的。

（2）介绍实验设计

这一部分主要介绍的情况有：

① 实验的范围，写明在哪个学科、年级、班级中开展的该项实验。

② 实验的方法。

③ 实验假说及实验步骤。

（3）阐述实验过程

这一部分主要有：

① 简介实验过程，即简要介绍实验的起止时间，实验的范围及步骤。

② 简述实验中着重研究的问题，要逐项阐述关键性的问题、与实验目的及推导结论关系最密切的问题。

③ 记述解决问题的过程，解决问题的过程是实验报告的主体部分，要写细、写深、写透。

④ 介绍实验资料的搜集情况。

（4）阐明实验的结果

实验结果是实验者对实验对象施加实验因子后，在实验对象身上产生的实验效果。要对实验结果进行全面、客观、正确的评价，以此推导出相应的结论。

（5）分析实验结果，推导出实验结论

对实验结果的分析，主要包括：

① 统计分析。一是分析实验数据的分布特征，如集中趋势、离散趋势、相关程度等，计算出一些具有概括性的统计数据，如极差、中位数、平均数、标准差、相关系数等；二是由样本推测总体的性质。

②分析实验结果产生的原因及其说明的问题。实验结果产生的原因要上升到理论上来认识，实验结果说明的问题主要指该项实验的意义、价值。

③与别人的相关实验结果进行对比，指出自己有什么新发现、新成绩，着重写不同之处。

④分析说明实验应用的范围、环境和什么程度上有效，并说明实验中还没有弄清楚的问题。对实验结果进行分析后，还要对分析的情况进行归纳概括，推导出结论。

结论是正文的实验报告的结束部分。结论应仅限于实验结果提供的充分证据的部分。

（6）注明参考文献及附录

正文结束后，如还有需要交代的，可以附录的形式列在正文之后。一般而言，需要交代的东西包括参考书籍、文献目录、问卷及有关量表等。实验如果得到某人的重要指导、帮助，可紧跟在正文后面写上对有关人员致谢的话。若有注释，"致谢"要放在注释之前。

3.3.3.2 实验报告各部分的撰写要求

（1）标题页的写作要求

研究报告的标题应简明扼要地表示该研究的主要问题，同时还要表现出研究的主要变量。标题应尽量避免使用多余的词语，在标题页上还应标明作者的姓名及单位。

（2）摘要的写作要求

摘要部分用尽量少的语言对报告进行概括，是对研究的主要内容与结果的概要总结，以使读者尽快了解研究的问题、方法及结果的解释，阅读完摘要后就能决定是否有阅读全文的价值。摘要除要求简洁明了外，一般对字数也有严格的限制。学位论文或学术会议论文等可有较长的摘要，但一般不超过一页，而在刊物上发表的研究报告的摘要，对数字的要求一般是在300字以内。

（3）导言的写作要求

导言是研究报告的一个重要组成部分，在导言中要阐述此项研究的目的，使读者对研究要干什么有一个清楚的了解。在导言中一般要讲清以下几个方面的内容：

①文献综述。为提出问题，作者应提供有关研究的材料，以使读者对研究问题的背景材料有足够的了解。从而认识研究问题提出的必然性。在提供、选择材料时可参照下面几项原则：一是选择与研究问题关系最为直接的材料；二是注意以前研究中不完整或需进一步研究的地方；三是综述的材料不一

定按时间顺序组织,可以按与研究问题的关系组织;四是当各研究结果不一致时,应仔细检查研究的各项变量及其解释方法。

在文献综述时一定要避免所举的材料过少或虽多,但杂乱无章。

② 对各研究问题的陈述。一份研究报告是否合格的标准之一是看它有没有将研究的问题清楚地呈现给读者,使读者能够很容易地认识到问题所在。综述之后,作者应直截了当地提出研究问题。问题的提出必须简洁、明确。任何含糊、表达不清的词语都会导致读者的误解,从而使整个研究失去其应有的意义。如果可能的话,在对问题进行陈述时,应明确提出研究的自变量、调节变量及彼此之间的关系。

③ 假说陈述。在陈述问题后,除对术语作必要的定义外,还需注明对研究的明确假设。这利于将研究的问题集中起来,使研究问题更为明朗化,从而使读者阅读时一目了然。假说一般都用概念性的词语简明扼要地叙述。

④ 假说的理论基础。为使读者相信作者所提出的假设有一定的依据,从而对整个研究的可行性、必要性有所认同,作者必须对假说进行必要的论证。

论证可用逻辑论证和实验论证两种方式进行。逻辑论证要求论据的发展要以假说有关的概念或理论为依据;而实验论证则要求利用其他相关的研究工作,也可利用文献综述中的研究为依据。

假说是帮助研究者了解其理论与进行的研究之间的关系的工具。因此,研究者应在搜集、分析研究结果之前,就提出假说及其理论依据。否则,假说将成为一件摆设。

⑤ 变量的操作定义。一般而言,变量的操作定义是在方法部分阐明的,但在导言部分若对主要依据变量写出简单的操作定义,将会使读者及早了解变量的意义,从而有利于读者正确理解整个报告。

⑥ 假说的操作重述。这部分并不是必需的。在对主要变量说明操作定义后,有时为使读者对研究目的更加清楚明了,还可以用操作的形式重述假说。

⑦ 研究的意义。一项研究工作是否有价值,主要决定于它是否在理论上做出贡献或者能够帮助解决一些实际问题,而且研究得到的结果也应在实践中进行检验。

(4)研究方法的写作要求

研究方法部分旨在详细说明研究工作进行的情况,包括采用的设计和程序。其标准为:给读者足够的信息,以便有可能进行重复研究。

研究方法大多从以下几个方面进行论述:

① 被试。被试部分明确提出"谁"是该研究的对象,有多少被试参加了研究。

② 所用的仪器和设备。作者应说明研究所用的实验仪器、测量工具及自制的材料或量表等。

③ 设计方法，指出研究所用的设计。

④ 变量操作定义。一般自变量可分为处理的变量和测量的变量两种。在使用处理变量（即进行某种操作）的情况下，描述操作或组成处理的材料要尽量具体，以使他人能重复这种处理。另一种是测量变量，即通过测量得到的变量，如智力、性格、能力倾向等。同样，因变量也应进行描述。

⑤ 研究程序。程序部分应详细描述研究工作的具体进行过程，通常包括指导语和实施研究的具体步骤。

（5）结果的写作要求

对研究得到的数据或其他结果进行总结并进行有关的统计分析，是研究报告在结果部分中应阐述的内容。在对研究报告进行分析之后，还应简要说明每一项结果与研究假说的关系。尤其应注意的是，不能仅报告与研究假说一致的结果，还应报告包括与假说不一致的所有结果。在报告结果中最常使用、也是最经济有效的方法是运用图表，特别是在需要报告大量的研究数据时。在制作图表时，应附加简要的说明。

（6）讨论的写作要求

在该部分，作者要根据自己提出的问题及他人的研究成果，对自己所研究的结果进行解释，并对研究结果的含义和意义进行评价。作者应说明结果是否支持了研究假说，并探讨其理论意义和实践意义。最后还要说明该研究的局限性及将来进一步研究时如何改进等。

讨论部分的参照物是导言部分，讨论是作者发挥创造力的部分，是报告最重要的组成部分，应能表现出作者自己独到的见解和方法。

讨论部分尽管可以是自由结构，但可参照以下组织内容：

① 下结论。讨论部分一开始最好是概括地阐述一下研究的结果。这可使读者对部分结果有一个概括的了解，为下面讨论的展开打下基础。

② 阐明结果的意义。要求阐述研究得到的结果说明什么？分析在研究过程中产生该结果的原因是什么？如果结果与假说不一致，则还应讨论没有获得如假说所预期结果的原因是什么。此外，还应该提及研究的局限，这将有助于进一步阐明结果的意义或说明结果与假说不一致的原因；而且可以在提出局限性的基础上，提出进一步研究或补充研究的必要性和方法。

③ 综合讨论。研究报告中根据假说得到的结果往往是分散的，讨论时就有必要将各种似乎无关的结果综合到一起，从而得出研究的意义。

④ 建立理论。当一项工作有若干发现时，可以将结果提升到理论高度，

或并入已有的理论中，或形成一个新的理论。

⑤应用及进一步研究。研究结果若有实践上的应用价值，就应在讨论结束部分提出来，以推广研究的结果。

最后，讨论部分还往往提出进一步研究或完善研究的建议，从而指出在该研究有关的领域中未来可开展的研究方向。

（7）参考文献的写作要求

在研究报告的末尾，应列出报告中引用到的资料来源。一般包括作者、著作或论文题目及其出处等。

（8）附录的写作要求

在附录中列出不宜在正文出现的内容，如研究所用的问卷、量表、分析数据时的重要统计推断及公式等。

3.3.4 撰写各种教育研究报告的基本环节

与教育研究文章、学术论文相比较而言，教育研究报告是属于较高层次的教育研究论文，它是一个把第一手资料变成科研成果，需要经过精心思维加工和文字加工的过程，也是一个再创造过程。要写好各种教育研究报告必须把握三个基本环节。

3.3.4.1 草拟提纲

撰写任何教育研究报告必须先筹划好文章的结构，组织材料，草拟提纲。拟定报告撰写提纲的过程，实际上是对所从事的研究工作进行全面总结和构思的过程，对搜集的大量材料，经过比较、提炼，进行必要的取舍和增删，精选出最有价值的论点和论据。并对篇章的结构、中心思想、内容表达层次，每一章节叙述什么内容，穿插哪些图表、照片，都应做缜密考虑。

3.3.4.2 撰写初稿

撰写初稿是撰写过程的中心环节。各种教育研究报告的写作形式都包含或者可以归纳为前言、正文、结论三段式的基本格局。如调查报告可分为引言、正文、结论三个部分；实验报告可分为引言，实验方法、过程和结果，讨论和结论三个部分；经验总结报告可分为情况概述、经验总结、存在问题和今后意见三个主要部分。

其实，研究报告的结构可以根据内容和体裁的不同而灵活掌握。只要能够达到结构完整、层次分明、逻辑缜密、条理清楚的要求即可。

3.3.4.3 修改定稿

文不厌改。要写好教育研究报告，必须重视修改。一篇优秀的研究报告，与其说是写出来的，倒不如说是修改出来的。首次写出来的草稿总是粗糙的，常常会有疏漏、有错误、有缺陷。只有经过多次的、细心的修改，才能臻于完美。同时，人们对客观事物的反映需要经历一个反复研究、逐步深化的过程。撰写研究报告也是如此，由于主观认识的局限，第一次很难把论题提炼得很深，经过复审，有了知识点做基础，对问题的认识就能更深一步。修改过程就是事物的认识不断深化的过程。在很多情况下，修改比写初稿还难。因为初稿是自己精心写出来的，自己觉得很恰当的才写进去，要自己去发现哪些地方不恰当就不那么容易。只有对自己高标准、严要求，才能修改得好。修改初稿首先要经过反复审阅，对那些可有可无的叙述大刀阔斧地砍掉，毫不痛惜。当然，初稿完成后，可以不必马上修改。因为人的思维有"滞后性"，写完就修改，往往就跳不出原来构思的"圈子"。所以搁一段时间后再修改，原先的思路淡薄了，或许能得到新的启发，这时修改的效果就会更好。

在修改过程中要特别注意三个问题：

（1）审查研究报告的重点是否放在介绍研究方法和研究结果方面。修改报告的主要精力要花在方法和结果部分，把研究方法交代清楚，使人感到该项研究在方法上无懈可击，从而不得不承认结果的可靠性。

（2）检查研究报告是否做到理论观点的阐述和材料相结合。在研究报告中怎样使自己的论点清晰有力地得到论证，这是应关注的核心问题。在修改时要看到：论点的证实除了必须依靠逻辑的力量外，还需要依据科学事实来支撑，做到论点与事实相结合。研究报告一定要有具体材料，尊重事实，从事实中列出观点。

（3）要看报告是否坚持了实事求是的原则。要认真审视报告的分析讨论部分是否有夸大或缩小的现象；能否敢于坚持真理；不为权威或舆论所左右；在下结论时是否注意到了前提和条件，不搞绝对化，更不能以偏概全，把局部经验说成是普遍真理等。

3.3.5 研究报告的撰写技巧

（1）论证要以事实为依据。研究报告中列举的全部数据和例子，都应该是千真万确的事实，绝不可有半点虚假，不能编造，更不能无中生有。报告中对教育现象的因果关系分析，对教育原理和规律的探索，也都要以事实为依据。科学研究报告中的每一句带有判定性的话,都必须在足够的、可信的、有说服力的事实基础上得出。

(2)观点或材料应有序地呈现。有序的观点或材料,是指文章的句子或段落之间要有连贯性,使读者易于把握文中所表达的各种观点、材料及相互关系。为了突出内容的逻辑性,可以充分利用小标题的作用,给读者提供阅读的线索。利用序号时,要注意数字大小写之间的包含关系。标题的编写要尽量要求风格、句式一致。

(3)语言要精确,文字要通俗。科学研究报告必须绝对地反映客观情况,一切叙述、说明、推断、引用,必须恰如其分。文字、用词应力求准确。概念表述应尽量用科学性用语,避免用常识性用语,以免读者费解或产生歧义。研究报告的文字必须简单、明了、通顺、流畅,既要明白如话,又要把研究的效果准确地、科学地表述出来。

(4)研究工作结束后立即进行撰写报告工作。撰写一份优秀的研究报告,需要花费精力和时间。如果研究成果不通过报告的形式进行总结与交流,便毫无价值。所以,研究工作结束后,应尽快开始精心撰写报告,以便研究工作不致因撰写报告不认真或时间的耽误而影响成果的应有价值。

(5)从报告的可读性出发。撰写报告的目的之一是将所进行的研究工作与结果介绍给读者,以便为他人所了解。所以,作者必须从读者出发,决定报告应写什么,千万不要因为自己对该研究的熟悉而略去许多必要但读者并不清楚的信息,致使读者对研究工作了解不够而心存疑虑,从而影响报告在读者心目中的效应。

3.4 经验型教育科研论文的撰写

3.4.1 经验型教育论文的特点

经验型教育论文是教师在教育教学实践中的经验总结。它具有以下几个方面的特点:

(1)选题较小。经验型教育论文,多数都是在教育教学实践中的点滴做法、经验、体会与认识,常常是一题一议,一事一议,选题较小。

(2)结构单一。经验型教育论文,一般包括某种教育或教学的做法(经验)、取得的效果与体会(结论)三部分。这三部分内容是经验型教育教学论文的三个结构要素,大都采用"做法—效果—体会"或"体会—做法—效果""效果—做法—体会"等的格式组成论文,结构必较单一。

(3) 写作灵活。经验型教育科研论文的写作方法有：

① 纪实型的方法——即选取教学中比较精彩的一堂课、一个片段，或者转化某个后进生的有效做法、组织某项教育活动的做法，进行实录，然后进行分析，得出结论。

② 举例型的方法——即通过一个实例，介绍某种做法，阐述某种观点。

③ 归结型的方法——即对教学实践中的经验、体会进行归纳总结，概括出几条或几个方面，以揭示规律，得出结论。

④ 探索型的方法——即针对教育教学中的有关问题，或者提出自己的见解或者介绍有关的经验，对问题进行新的探索。

3.4.2 撰写经验型论文的常用方法

(1) 有关"做法"的写法。教育教学工作中做法色彩纷呈，各种各样，有组织形式方面的（如采取什么样的形式将学生组织起来），有指导思想方面的（如用什么样态度、什么样的精神、什么样的观点对待学生、对待教材、对待教法，等等），有教育教学目标方面的（如怎样确定或分解教育教学目标），有教育教学内容方面的（如对某篇课文、某个公式、某个定理、某个词句的理解与看法），有教学手段方面的（如在某教室中使用某种教学手段的看法），有教学过程设计方面的，有布置与批改作业方面的等，写些这方面的经验，重在写清自己是怎样做的，学生是怎样学的，效果怎么样。深入一些，还可以提一提自己这样做的道理或原因。

(2) "效果"的写法。"效果"是"做法"的反映，往往表现在教育对象知识、技能的掌握上（量与质），或者智力、能力的提高上，态度、观念、思想、行为的转变上。论述"效果"的好坏，通常可运用数字说明法、事例说明法、归纳说明法、成果列举法等。

(3) "体会"的写法。"体会"是对"做法"与"效果"的理性思考，是对材料价值和意义的较高程度的概括。"体会"在论文中常以结论的形式出现，写作"体会"可以运用的方法有归纳推理法（即从多个具体事实中推导出一般的结论）、演绎推理法（即把一般原理运用到具体的教育教学实践中，进而推导出一种新的判断、新的认识、新的结论）等。

3.4.3 经验型教育论文的结构形式

(1) 总分式——即先写体会与效果，然后分几个方面介绍有关做法或经验。

（2）分总式——即先写在某一个方面的具体做法，并分成几个方面逐一介绍，然后写关于这种做法的体会或效果。

（3）总分总式——即先写在某一方面的总的体会，再写具体做法，最后以总结的方式写取得的效果；或者先写取得的效果，再写具体做法，最后以总结的方式写体会。

（4）叙述式——即对某种可以写作的方面，将"做法、效果、体会"或"体会、做法、效果"以平行的方式结构成文，使三者成为并列的关系。不加小标题，而用数码"一、二、三"表示结构关系；或者干脆将总的体会和效果部分略去，只将做法、经验或体会分成几个方面，各加上小标题，以平行并列的方式连接成文。

3.4.4　撰写经验教育论文应注意的问题

（1）选题方面要做到题目小，角度巧。要从芜杂众多的材料中剥离出最重要、最本质、最精彩的部分，通过该部分介绍做法、经验，说明效果和体会，并力求角度巧一些，或者从下面写，或者从侧面写；或者从"教"的角度写，或者从"学"的角度写。

（2）立意方面要做到观点新颖，探讨要深刻。观点来自对实践的深入思考和探索。要形成某一新的观点，就需要对实践、对写作凭借的材料进行深入的挖掘，从中发现最有价值的东西，分析出问题的关键和本质所在。只有这样，才能形成新颖的见解。

（3）选材方面要严选择，活运用。要对选择的材料严格把关，力求精当，以一当十，切忌堆砌材料；在运用材料时，要分清主次，排列有序，理出表述的先后顺序，做到有条不紊，左右逢源。

3.5　研讨型教育科研论文的撰写

3.5.1　研讨型教育科研论文及其特点

研讨型教育科研论文是对教育教学工作中存在的某些现象、问题，以及新出现的情况、矛盾等，展开比较广泛的研究和讨论，进行专门深入的分析，从理论与实践的结合上提出解决问题或矛盾的意见、建议、方案、措施的理论性较强的文章。它着重于发现和分析问题，提出解决问题的办法。因此，它具有较强的针对性和可操作性，是一种层次较高、运用广泛的理论性文章。

3.5.2 撰写研讨型教育论文的要点

（1）紧密结合自己的工作实践和教育教学改革发展的需要，有针对性地提出当前教育教学中存在的问题，即论文主题要紧扣工作实际，紧扣教育形势及有关方面关注的热点问题。论文的主题是论文的灵魂，主题必须鲜明，富有时代感。

（2）选定主题后，要通过调查、采访、现场观察、回忆、反思、联想、整理工作笔记与教学后记，查阅有关文献（了解其他人对该主题或相关主题的研究情况）甚至教育实验等，为研讨主题做好有关理论材料、事实材料和特殊材料的准备。要注意围绕主题精心挑选材料，注意材料的真实性和典型性。

（3）从理论与实际的结合上进行分析研究：

① 重视从认识上、政策上、工作方法和主客观条件上寻找，尽量不去追究个人责任。

② 有理有据（包括具体事实、概括事实和特殊事实）就事论事，将问题上升到教育教学的理论高度来认识，使对问题的探讨深化。

③ 从正面、侧面、反面等不同的角度和不同的层次进行分析，以求使认识深化，避免片面性。

④ 如果遇到不了解的问题或出现的新问题，要注意做补充性的调查，进一步复核事实与有关数据。

（4）提出对策，即提出解决存在问题的具体意见和办法方案、措施，提出对策，一要可行，即要根据现有的主观条件或今后经过努力创造条件，提供在预定的时间内能够实现或完成的对策；二要有效，即提供的对策对深化推进教育教学改革，提高教育教学质量或水平，均有重大或明显的效益。

3.5.3 研讨型教育科研论文的结构

研讨型教育科研论文一般要按照"发现、提出问题—分析问题—解决问题"的线索来安排，其标题常用"关于××××教学中存在的几个问题""关于××××的探索""对××××的认识""浅议××××"等，也可以采用正副标题的形式。有的在文后要有附录、参考文献。常见有以下几种结构形态：

3.5.3.1 总分式

其结构方式通常由绪论、本论（及正文）、结论三部分组成。常见的有两种：第一种是绪论里提出要研究的问题，并介绍问题产生的背景，说明研讨这一问题的价值和意义。在本论里对存在问题的具体或基本表现进行深入的分析,从不同方面寻找、论证问题产生的主客观原因。分析原因要具体、实际、多层次、多侧面。在结论中精当地提出解决问题的意见、方法、方案或措施。这种方式,重在分析问题形成、产生原因,一般是在产生问题的原因尚未被多数人认识的情况下,通过研讨,弄清问题产生的原因,并明确努力、改进的方向。其论文的结构见图3.1:

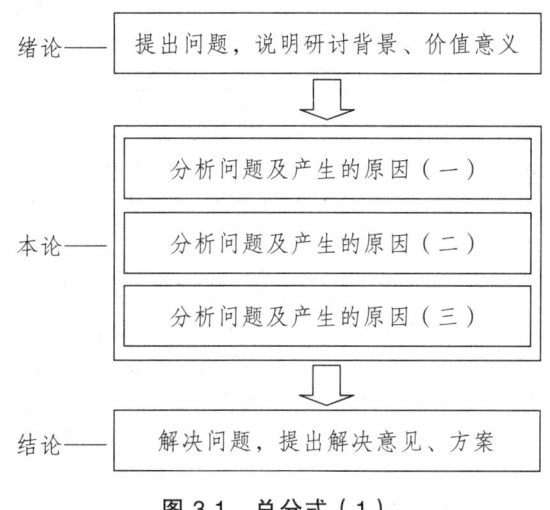

图 3.1 总分式（1）

第二种是在绪论部分提出存在的问题,指出存在问题的不适应性或严重性与解决存在问题的必要性、紧迫性。在本论里,先简单剖析存在问题的主要原因。接着重点提出解决该问题的意见、办法、方案或措施。提供对策要结合形势任务,内容要具体,并进行必要的可行性论证。最后在结论部分对解决问题的可能性做出预测,并展望问题解决后的前景。与前一种比较,这种结构更侧重于提出解决问题的意见、方法、方案或措施。其论文的结构见图3.2。

3.5.3.2 分总式

其结构形态没有绪论,由本论和结论两部分组成。一般采用先分述后总结的方式构成全文。

采用总分式,在本论里要围绕主题,即论述的中心问题,采用并列的方式,分别论述与总论题密切相关的几个不同问题。每个问题的论述要按照"提出问题—分析问题—解决问题的思路"这一线索安排。在结论部分,要将论述的几个问题归并起来,预测问题解决的可能性,展望问题解决后的前景。其论文的结构见图3.3:

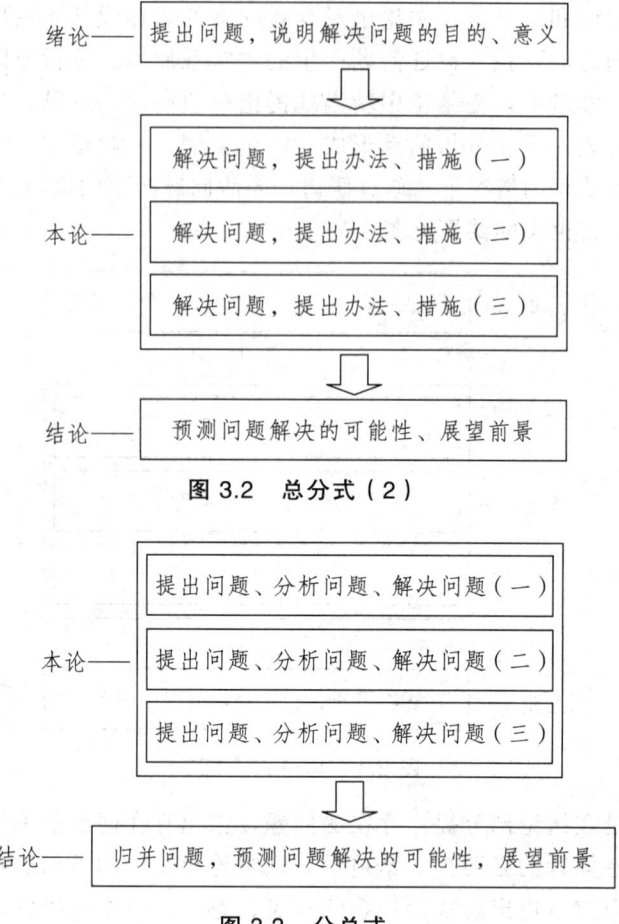

图 3.2　总分式（2）

图 3.3　分总式

3.5.3.3　推进式

一般以"提出问题—分析问题—解决问题"的线索安排，三部分之间按递进深入的推进方式展开，其论文的结构见图 3.4：

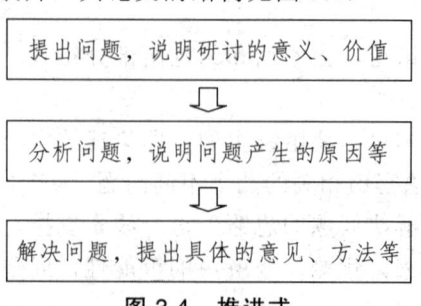

图 3.4　推进式

3.6 学术型教育科研论文的撰写

3.6.1 学术型教育科研论文及其特点

学术型教育科研论文是以专门的教育教学实验与研究为前提，以实验或研究中获得的事实材料和数据材料为基础，专门系统地研究教育领域中的实际问题或理论问题和表述教育科研成果、阐述教育学术观点（含相关学科研究对象的学术观点）的层次较高的议论文种。与经验型、研讨型教育科研论文相比，学术型论文的科学性、理论性更高，指导意义更大。

学术型论文除了具有一般性的教育论文所具有的理论性、科学性、创见性、论证性外，还具有学术性与技术性的特殊特性。

学术性是指学术型论文是探讨学术问题、重大或具有全局性的教育界问题，描述科研成果，进行学术交流的手段和工具，有更高、更强的学术性和理论性。研究人员在学术型论文中作出的具有科学性、理论性、创见性的结论往往是提出了"新"见解、"新"定理或"新"模式，在理论上有新的开拓或发展。因此，这类论文的学术价值相对要高。

技术性是指撰写这类论文的技术要求比较严格，甚至十分严格。从确定研究课题到实验的结束，从资料的整理分析到确立观点，直至执笔成文，都有严格的规定与要求。无论在进行实验方面，还是在整理资料方面或在成果实现方面等，都使撰写这类论文的技术性相对要高。

3.6.2 撰写学术型论文要做的准备工作

撰写学术型论文要做多方面的准备，主要包括三个方面：

3.6.2.1 慎选课题，找出突破口

撰写学术型论文，必须根据要写作的主要目的，选择好适宜的课题或论题。选题应重点考虑：

（1）选择自己有基础、有体会、有能力开展研究和论证的课题。

（2）选择在教育教学实践方面具有重大或较大影响力的课题，或者在教育理论或学科基本理论方面有重要意义的课题。

（3）选择当前有争论的课题。

（4）选择关于教育体制改革、实施素质教育、克服片面追求升学率等影响较大的课题。

（5）选择有助于全面提高教育质量、全面贯彻教育方针的关键课题。

（6）选择对探讨某学科教材效力或进行尝试使用特定教材的课题。

3.6.2.2　选用科学方法，广泛深入地搜集、积累资料

搜集、积累资料的方法有顺查法、倒查法、追踪法、实验法等。要严格按照搜集资料各类方法的要求，做好资料的搜集工作。只有占有翔实、丰富、真实、有代表性的资料，才能使写作工作高屋建瓴，得心应手，左右逢源。

3.6.2.3　按照一定程序，认真整理分析，精心研究资料

通过对大量资料的整理分析与认真研究而得出的论点才具服人之力。整理分析、精心研究资料是建立论点的基础工作。这一工作的程序，可以概括为"整理—分析—立意—列提纲"四步。

（1）整理资料——即对大量分散的原始材料进行审查、修改、摘要、补充、鉴别、分类等各种处理工作。其目的是使资料简明、条理化。

（2）分析资料——即把客观事物的整体分解为各个部分、方面、层次、要素，以便逐个研究，增强对研究对象的认识。在具体分析中，往往将常用的定性分析、定量分析和因果分析三种方法综合运用。运用时，一要注意用科学的思维方法对经过整理的资料进行科学分析，透过现象看本质，深刻地认识研究对象涉及的问题或事物的各个方面；二要运用创造性思维方法对入选的资料进行多角度的分析，使材料更真实、更典型、更富有新意，更能说明或表现主题。

（3）立意——即确立论文的观点（即论点），提出自己的创见，为研究对象做出科学的结论。观点、创见、结论，不能是主观臆造的，必须是通过对资料的科学分析与创造性思考得出的反映研究对象客观情况的结果。

（4）编写提纲——即为撰写论文"搭架子"。架子搭得好坏，直接影响论文的质量，不可不慎重对待。

3.6.3　学术型教育科研论文的结构与撰写要求

一篇完整的学术型教育科研论文的构成要素主要有标题、署名、摘要（含关键词、中图分类号）、绪论、本论、结论（讨论）、摘引、注记（含参考文献）8个方面。

3.6.3.1　标　题

标题是用文字固定的选题的表述形式。它上承选题，下启内容，提供论

文内容的主要信息,在一定程度上提供了论文阅读价值的信息。

编拟标题要注意的方面:

(1) 要准确表述论文最主要的特定内容,恰如其分地反映研究的范围与达到的程度。

(2) 要简洁精炼,能给人以鲜明的印象,便于引用和记忆,便于文献的编排、记录和整理。

(3) 词语搭配要合乎逻辑。

(4) 能引起读者的注意。

(5) 能明确论文写作的社会功能。

3.6.3.2 署 名

署名是作者文责自负的具体表现,也是对自己辛勤劳动的珍爱。论文作者的署名一般在标题之下,独占一行写在正中的位置。需要时,可写上作者单位、邮编、邮箱及电话号码。

署名的国家标准是:在封面和题名页上或学术论文的正文前署名的个人作者,只限于对选定课题和制定研究方案、直接参加全部或部分研究工作并做出主要贡献的人,以其贡献大小排列名次。

3.6.3.3 摘 要

摘要是学术型教育科研论文的有机组成部分,它决定着读者有无必要阅读全文。

国家标准中规定:摘要是报告、论文和内容不加注释和评论的简短陈述,应有独到性和自含性,即不阅读全文便能获得必要的信息。

摘要应是一篇完整的短文,有数据有结论,可以独立使用。摘要一般应说明研究的目的、实验的方法、结果和最终结论等,重点是结果和结论,字数在 200~300 字之间。同时要加上反映论文中心议题的 3~5 个"关键词",并根据国家标准 GB/T 13745-2009《学科分类与代码》按论文反映的学科类别标出中图分类号。摘要的位置一般在标题和作者署名之后,正文之前。

3.6.3.4 绪 论

绪论是论文的开场白,是提出问题的部分,在正文之前,用以说明写作目的、研究的经过和成果的意义等。

国家标准规定:绪论要简要说明研究工作的目的、范围,相关领域的前人工作和知识空白,理论基础和分析,研究设想,研究方法和实验设计,预期结果和意义等。

写作绪论的要求：一是要提示写作意图及论题中心，要有结论性的观点，以告知读者该篇论文写作的目的、作者的论题及基本观点；二是应具有一定的启发性，能开阔读者的思路；三是要考虑到读者的知识结构和心理因素，词句要简练、生动，能引导读者有阅读的愿望；四是避免自我吹嘘，贬低别人；五是避免将绪论写成论文的内容提要。

写作绪论的常用方法：一是开门见山，提出论点；二是提出问题，点明宗旨；三是说明背景，指出原委；四是引起注意，启发思考；五是摆出现象，以待结论；六是入手解释，以示旨意。

也有作者开篇不写绪论，而是直接写本论，将绪论部分作为第一个问题进行论述，或者融入到全文的简述之中，这也是开门见山的一种写法。

3.6.3.5 本　论

本论又称正文，是论文论述问题的主体部分。在该部分，作者要用各种论述的方法方式，通过充分证明确立论点。

国家标准对本论的规定是：论文的正文是核心部分，占主要篇幅，可包括调查对象、实验和观测结果、数据资料、经过加工整理的图表、形成的论点、推导出的结论等。

该部分要求实事求是，客观真切，准备充分，合乎逻辑，层次分明，简练可读。在该部分，作者要对研究中的经验、成果，特别是对自己提出的新的、独创性的内容，进行详细的阐述；要根据课题的性质，或正面立论，或批驳不同的看法，或解决别人的疑难问题，以此周详地论述文中的全部思想和见解。本论篇幅一般要占全文的2/3，是作者研究成果及先进经验的具体描述，反映着论文的研究水平和学术价值。

（1）本论的写作格式

① 并列式。并列式又称平等式，即围绕中心论点，从不同角度、不同侧面进行论述，从而使读者全面透彻地了解、认识问题。其特点是：以论点为中心，先放射性地全面展开论述，从而使每一部分直接指向论点，说明论点，从几个方面综合地把论点论述清楚。

② 递进式。递进式又称推进式，即对需要着重论述的问题，采用步步深入、层层推进的方式，最终把问题论述清楚。这种方式能使问题由表及里地得到深入的论述。

③ 并列递进式。并列递进式又称纵横交错式，分为两种：一是在并列论述过程中，在每个并列的层面上展开递进式的阐述，即并列中有递进；二是

在递进论述过程中，在每个递进的层面上展开并列的阐述，即递进中有并列。并列递进式适用于对复杂问题的论述。并列递进式可使对问题的论述更加深入；递进中并列，可使问题从侧面展开，使读者更充分、更深入地理解作者要论述的问题。写作篇幅较长的学术型教育科研论文，一般都采用这种论述方式。

（2）本论的论述方法

① 例证法——即用翔实、新颖、典型的事例，概括的事实和统计数字作论据，论证论点。

② 引注法——即用马克思主义的基本原理，党和国家的教育方针、法规、政策，相关名人的正确观点和实践经验，现代教育理论的科学结论等作为依据，来证明自己的观点。

③ 数字法——即运用准确的统计数字来证明观点。

④ 图表法——即运用教育心理统计的理论知识，将研究或实验的情况、结果等以图表的方式客观地展示出来，以此证明论点的正确性。

⑤ 解剖法——即把一个复杂的事物或问题分解为若干部分、方面、层次或要素，分别进行研究，从性质、特点、质量、组合、起因、发展、结果，以及与其他事物、其他问题的关系等方面，进行分析剖析。

⑥ 阐述法——即对论文的题目、论点、引文、重点词语和关键句子等，进行解释说明，或根据一般性的原理、原则，从定理、定义中推断出新的结论。

⑦ 概述法——即将一些教育教学的现状、现象或背景材料等概括起来，进行概括性地介绍、证明。

⑧ 归纳法——即将研究、实验或调查中获得的情况、体会、认识或经验、做法等加以概括、提炼，归纳成几个方面（几个要点），分别加以介绍说明。

写作本论的方法还有比较法、形象法等。在写作中，往往是多种方法并用，以便能够多角度、多层次地深入论述问题，证明论点。

3.6.3.6 结 论

结论作为论文的结尾部分，是作者研究成果的反映，是作者主张、见解的概括。结论不应是正文中各段的简单重复，而应该准确、完整、明确、精炼。结论是全文的精华部分，要能使中心论点进一步深化，或是归纳出论点，或围绕中心论点提出建议、设想等。写作结论时要避免草率收兵、画蛇添足、空泛笼统。

写作结论的方式可归纳为五种：

（1）结论式——即对研究的问题得出明确的答案，提出结论性的意见。

（2）探讨式——即对某一问题或现象不是提供某种实证的证明，而是提出深入研究的可能性，其探讨与分析是初步性的。

（3）设想式——即对某一问题的研究虽提出了一些探讨性的看法，但并没有结论性的意见，问题到底怎样解决，尚需要进一步研究探讨。

（4）解释式——即在结论部分，对正文阐述的理论、观点做进一步的说明，以使作者阐发的观点更加明确。

（5）展望式——即在本论论述理论、观点的基础上，以已提出的理论、观点的价值、意义、作用推导未来，预见其生命力。

3.6.3.7 摘引

在学术性教育科研论文写作中经常要摘引一段或几句他人著作、论文的原话，以此增强论文的说服力，按照有关规定，这种摘引必须加以说明。

摘引的作用有：

（1）反映作者事实求是的态度，表示对他人成果的尊重。

（2）便于读者了解该学科领域的研究情况，据所附文献资料查找原文。

（3）便于论文的审查者评论论文水平及从中了解结论的可信度。

3.6.3.8 注（或参考文献）

注是对论文中的引文或引文中的难点作必要解说的说明，目的是说明出版单位，便于读者阅读和查阅。

参考文献按照国家标准 GB/T 7714-2005《文后参考文献著录规则》（节选见附录5）在文后著录。

撰写学术型教育科研论文，必要时还可以加置封面。要求是：在左上角标明会议名称，用大号字将标题标在明显的位置，下面分行依次标明作者姓名、所在单位、撰写时间等。

必要时，还需加上英文标题、作者姓名的汉语拼音、作者单位的英文译名、英文摘要、英文关键词，在文稿首页地脚处写明第一作者简介（包括姓名、性别、民族、籍贯、职称/学位、主要研究方向，获得基金资助的论文还应注明基金项目名称及项目编号）。

4 中小学学科教育科研的方法

在这里主要介绍在中小学学科教育科研中常用的经验总结法、调查法、实验法、个案研究法、观察法、文献研究法、行动研究法以及测量法等八种方法。

4.1 经验总结法

广大中（小）学学科教师在教育教学实践中积累了大量的经验，对这些第一手资料进行科学总结，不仅有助于丰富教育科学理论，推进中小学学科改革，更是中小学学科教师从"教书匠型"转为"学者型"的主要途径。

4.1.1 教育经验总结的含义与作用

4.1.1.1 含 义

经验是人们在实践中形成的对客观事物的感性认识。中（小）学学科教育经验则是广大中（小）学学科教师在教育实践活动中得到的感性认识，特别是在课堂教学实践中获得的知识和技能。

教育经验总结，就是在不受客观存在控制的自然条件下，把已有的教育实践所提供的事实作为研究内容，按照科学研究的程序，分析、概括教育现象，揭示其联系和规律，并上升到理论高度。中（小）学学科教育经验总结没有严格的假设和实验因子的人为控制，完全在"自然状态"下进行，这是经验总结法与实验法的本质区别。中（小）学学科教育经验总结法侧重于对已有的中（小）学学科教学活动所提供的事实的研究，是对自身教学实践活动的反思。因此，这种研究方法更贴近中（小）学学科教育实际，也更容易被广大中（小）学学科教师所采用。

教育经验总结法作为一种教育科研的方法，不同于一般的先进材料的总结和工作总结，经验总结法同样具有探求教育规律的教育科研本质特征。

教育经验总结法可分为具体经验总结、一般经验总结和科学性经验总结等三种类型。

（1）具体经验总结

具体经验总结是以具体的教学实践事实为基础，总结某一具体专题活动的经验，主要撰写本次活动的目的、内容、过程及教学效果、研究者的体会。其研究过程和方法比较简单，但其研究的结果同样能对中（小）学学科教学活动提供参考和借鉴；同时，又为进一步深入研究积累资料和奠定基础。无疑这种研究方法是广大中（小）学学科教师进行中（小）学学科教育科研的"入口"。

具体经验总结的文章往往被有关教育刊物安排在"教学随笔""教学偶拾""教学札记""园丁笔会""教学一得""教学后记"等栏目。

（2）一般经验总结

一般经验总结是以具体经验为基础，将某一具体的教育事实扩大到对某一类教育现象的研究，从一事一议发展到对某一类教育活动原则和规律的认识，并从中概括出经验的一般形式。一般经验比具体经验更具普遍性，其成果的应用更广泛。一般经验总结源于具体经验总结，高于具体经验总结，但不停留在初步分析阶段的、尚缺乏理论抽象的、解释性的总结。

一般经验总结的文章往往发表在各有关教育刊物中的"教学论坛""科学研究""教学与研究""学科教学""教学思考"等栏目。

（3）科学经验总结

科学经验总结是经验总结的最高层次。在一般经验总结法的基础上，进行理性的、逻辑的分析，揭示教育现象之间的相互关系和本质规律，把一般性的教育经验上升为教育原则和教育理论。对中（小）学学科教育经验的总结只停留在具体经验总结和一般经验总结的水平上是不够的，只有反复实践，不断完善，进行科学性的总结，才能形成教育科学理论，更广泛地指导教育实践。

4.1.1.2 作　用

中（小）学教师对学科教学经验的总结之所以重要，是因为教育教学经验是理论概括的基础，也是检验教育理论的依据，更是提高自我教学能力的一种有效途径。具体表现为四个方面：

（1）有助于丰富和发展中（小）学学科教育理论，更新教育观念。总结中（小）学学科教育经验能为概括与提升中（小）学学科教育理论提供观点和素材。一方面，丰富多彩的教育实践活动是产生和形成教育理论的基础，能够获得对学科教育教学过程规律性的认识，为已有的教育理论增添新的内容；另一方面，对教育经验的总结需要科学的理论指导，总结经验的过程也就是运用理论、检验理论、丰富和发展理论的过程。教育经验总结尤其有利于适合国情的、富有时代特色的教育理论观点的形成和发展。

(2) 有利于改善学科教育实践，提高教育教学效率。先进的经验来自于经验实践，是经过实践检验的带有规律性的智慧结晶，对教育实际工作能起到切实的指导作用。来自于实际的教育经验往往比泛泛的理论更生动、更具体、更易于接受、更便于操作。在我国的教育改革实践中有许多先进教育工作者的经验，它们对于改进教育工作、提高教育质量起到了巨大的指导作用。

(3) 有助于增强教师业务素质，促进教育质量的提高。教师业务素质直接关系着教师教学工作的质量。总结教育教学经验是提高教师业务水平的一条重要途径。作为教育第一线的工作者，都会有自己分析问题和处理问题的独特体会和方法，因而每个教师都可以结合自己的教学实践活动，有意识、有目的地总结自己的心得体会。例如，学科课堂教学模式优化的新措施、提高课堂效率的经验体会、帮助学生学好应用题的新做法、提高学生计算准确率的新经验等，都可以不断积累资料，进行学科教学经验总结。善于总结经验的教师，其业务水平会进入一个良性循环的自我提高过程，从而不断地从更丰富、更广阔的层面上掌握中小学学科教学规律，取得良好的教育教学效果。

(4) 有助于教育行政部门和研究人员深入实际、了解实际。教育行政部门和教育管理人员在贯彻执行教育方针，开展学科教材改革研究，了解学科教学现状等过程中，一方面通过深入实际、调查研究、了解情况、发现问题，及时总结实际工作中的经验；一方面要有目的地组织基层单位和研究人员对有特色、有成效的学科教学工作进行专题经验总结。经验总结的过程，能帮助领导者和研究人员掌握教育实际的第一手材料，做到心中有数，从而能更有针对性、更有效地发挥教育行政部门的职能作用和研究工作的指导作用；有利于推广学习先进经验，促进中小学学科改革的深化，并为建立和发展新的教材体系，为进一步探索中小学学科教学规律提供帮助。

4.1.2 教育经验总结的方法步骤

4.1.2.1 确定研究课题与对象

确定经验总结的研究课题时，首先，要考虑中（小）学学科教学实践中存在着哪些问题或迫切需要解决的问题，选择代表教育改革发展方向的问题。例如，学科教学中如何激发学生的创新思维，学科教学中学生探究能力的培养等。其次，要考虑教育实践中工作方法的实际成效。先进的教育经验往往首先是因其显著的成效而引人注目，教育成效是发现教育经验的一个良好的指标。要选择自己感受最深、效果最佳、对其他教师有学习借鉴作用的直接经验。再次，要限定教育经验的约束条件，明确教育者自身素质、教育对象的特征、教学内容等，对产生教育经验的某些特殊条件和因素也要作客观、系统的描述。

研究者想要全面考察教育的过程，就更需要把一般的教育实践经验甚至典型的教训也作为总结研究的对象。经验总结的对象应包括好、中、差，范围上"点""面"结合，这样才有可能获得完整、丰富的经验。

4.1.2.2 掌握有关资料

围绕经验总结的中心内容，广泛搜集和查阅有关的历史和现实资料，如有关方针政策，国内外研究动态，研究对象的社会、文化、经济、地理背景等，这样有利于进一步明确总结经验的指导思想、目的和任务，同时避免了盲目摸索或重复已有的成果，提高经验总结的起点。掌握有关参考资料也是为了起到新科学理论对经验总结的指导作用，使总结教育经验具有一定的深度和高度。

4.1.2.3 制订总结计划

总结计划是对经验总结过程的事先构想，包括总结的起始、程序、实施、分析、综合及验证。要制订出一个切实可行的总结计划，一是要明确经验总结的目的、任务和基本要求，经过反复研究讨论，在统一的指导思想下提出计划的初步方案，经验总结者与同行、有关专家一起进行讨论。二是组织力量合理分工、明确职责。对于范围较大的经验总结，应成立专门班子，抽调若干专职人员，并邀请教育科学研究人员参加。三是制订总结计划要留有余地，要充分考虑实施计划的可行性。因为计划要付诸实践，常常会出现事前难以预料的问题，因此有必要及时补充或修改原定计划，使之适应经验总结的实际情况。

4.1.2.4 搜集具体事实

经验总结总是以具体事实为依据，如实反映教育实践的本来面目的。事实材料纷繁复杂，总结教育经验时主要应掌握以下三个方面的事实：

一是应根据研究课题来确定和搜集教育实践工作中形成鲜明对比的材料，掌握由于某些教育措施的实行所产生的真实效果。这类材料对探索和证实教育经验的有效性，对探寻其中的因果联系有着重要意义。

二是从事实材料反映的范围来考虑，既要搜集说明整体概貌的材料，也要搜集说明某一具体方面的典型材料。

三是从事实材料的性质方面考虑既要掌握定性的资料，也要搜集和整理量化资料。定量与定性不能脱离，只定性，易主观臆断；只定量，就会成为数据的堆积。教育现象是复杂的现象，不能盲目追求数量化。

对于广大中（小）学学科教师来说，如果要总结自身课题教学的经验，就必须重视平时课堂教学具体事实的积累。教案是教师进行教学活动的施工蓝图，也是教师教学经验的体现，是十分重要的经验材料。课后反思则是教师提升自身教学经验必不可少的主要措施，可以是教育思想的反思、教学细节的处理技巧，也可以是成功的体验、失败的教训，还可以是教师施教后最深刻的体会。总之，是教师施教后最深刻的体会。

观察其他优秀教师课堂教学，可将听课的过程作为一次很好的研究过程。听课前要做好准备，在听课时要做好记录。通过听课，教师在教育思想、教学目标、教材处理、教学方法、师生互动、课堂结构、教学效果、教师素质等方面都要根据体会写出听课感想。此外，做读书卡片、剪辑相关的文摘、资料，以供总结经验时参考。召开座谈会或进行个别谈话，也是搜集具体事实的有效途径。

4.1.2.5　进行分析与综合

分析、综合是把经验总结中的具体事实上升到理论观点的主要环节。对于广泛搜集的资料事实，如果不进行分析、综合，就如同一堆杂乱的"散装货"。因此在充分占有大量客观事实的基础上，只有运用分析、综合的逻辑方法，才能使获得的事实材料条理化、系统化。

在对教育经验进行分析、综合时，一要按照经验总结的目的要求，对事实材料严加审核，去伪存真，去粗取精，以保证事实材料能真实反映总结对象；二要认真分析实际材料本身所提供的普遍意义和社会效果，分析哪些做法有所创新、哪些方面有待考察，经过初步的分析加工，为事实材料的概括上升提供可靠依据；三要准确、严密地运用判断、推理、抽象概括等方法，从丰富多样的事实中引出正确的结论，以便进一步将丰富的实践上升到教育科学理论的高度。

同时，必须认识到教育实践活动是由多种因素构成的，因此在总结经验时应对教育环境进行全面的了解和分析。将创造教育经验的环境和相关准备条件也看作教育经验的有机组成部分。

4.1.2.6　组织论证

经过以上的工作之后，便可写出教育经验总结的初稿，组织不同形式的论证。论证应以经验总结研究人员为主体，并请主管部门的领导、教育专家、教育理论工作者、教职工和学生参加。

欲达到预定目的，取得论证的效果，应从以下几个方面入手：

一是要提供比较完整的初步总结报告或详细提纲，并最好在会议召开之前发给参加论证人员，以便与会者能了解经验总结的内容，提前做好准备。

二是要以小组讨论为主，使与会人员都有充分发表意见的机会，直至采取个别征求意见的方式，集思广益。

三是要充分发扬民主，形成良好的学术讨论的气氛，提倡不同观点的争论，接受与会者的质疑，对于难以统一认识的重大问题，要认真记录、整理，以备作进一步研讨。

四是经过论证，其结果有认可、基本认可和不予认可三种情况，对于前两种应充分听取与会者的意见进行修改补充，完善经验总结报告；对于后者则要慎重分析研究，认真寻找产生否定意见的根本原因，做出正确的抉择。

五是论证会应有简要的小结，概括说明与会者提出的意见和建议，评价经验总结报告的主要内容及修改意见，对于有争议的问题亦应作必要的说明。

4.1.2.7 总结研究成果报告

这是经验总结的最后环节。总结研究成果是在经过论证的总结报告初稿的基础上进行理性分析，从内容到表述形式都作反复的推敲，写出正式的、符合规范的书面总结报告。

4.1.3 经验总结的基本要求

经验总结的基本要求，应贯穿在总结经验工作的全过程之中。在开展经验总结工作中要做好以下五方面的工作：

4.1.3.1 选择总结对象要有代表性、具有典型意义

在进行中（小）学学科教育教学工作中，能接触到许多现实的、内容丰富的典型事例，也能发现不少带有普遍性、倾向性的问题。所以，总结对象的确定是否具有代表性和典型意义，直接关系到经验总结的成败。确定总结对象的要求是：

（1）要权衡总结对象本身所提供的主要内容是否具有广泛的群众基础，能否对现实中提出问题给予比较全面的回答或说明。

（2）要以总结先进经验为出发点，认真分析它在中（小）学学科教育教学改革中能否起到典型示范作用，为广大学科教师提供帮助。

（3）经验总结有无代表性和典型性，主要应从它的实际效果来看，而不应是人为地制造舆论，盲目估量经验的作用，更不能脱离事实；而且总结中

（小）学学科教育经验也要重视经验推广后的效果。

必须指出，情感规律也起着相当大的作用。一位教师以充沛的感情、专注的精神、丰富的想象、生动的语言、深入浅出的分析、高度的概括能力、娴熟的演算技巧，从各个方面感染学生，培养学生的学习兴趣，增强学生的学习动力，就会收到意想不到的教学效果。教学具有教育性，良好的育人环境、和谐民主的教学氛围也是促进教学质量提高的重要因素。

4.1.3.2 要以客观事实为依据，定性与定量相结合

进行中（小）学学科经验总结，必须以中（小）学学科教学实践为依据，深入教学实践之中，掌握大量的客观事物的第一手资料，并应对教育活动的全过程进行综合考察，用分析的方法，多层次、多方面对教育经验进行剖析，以免陷入片面性的歧途。如面对某校学生成绩提高的事实，总结经验时就应该对该校工作进行全面分析，不仅要考察教学、管理上新措施的制定情况，还要考察该校注重学生的全面发展、课业负担以及生动活泼等情况，同时应把定性分析和定量分析结合起来，既要关心教育实践活动的过程、环境的基本性质，又要关注教育活动中各个因素和结果的数量变化，因为量化指标更便于不掺杂偏见、不受暗示地对教育经验作出客观的描述。

4.1.3.3 要全面考察，注意多方面联系，进行综合性研究

为了使中（小）学学科教育经验总结产生积极的社会效果，避免狭隘的、片面的事实概括，避免主观的或就事论事的经验总结，必须对经验总结的对象进行全面的考察，并注意其间的相互关系。

如某校教师要总结某学科教学经验，就要做到：

（1）应注意自身业务能力，特别是自己的特长。
（2）注意教学的现实效果，学生的学习基础，该班级的学风、班风。
（3）注意教学思想是否端正？
（4）学生的课业负担如何？
（5）有没有运用现代化教学手段？
（6）教学方法是否有改革创新？
（7）学生掌握知识的深度和广度如何？
（8）学生的智能发展水平怎样？
（9）甚至还要了解学生的家庭情况（经济的、文化的背景及家庭教育等情况）、学校的管理、教研组的集体活动等。
（10）必须关注以上这些方面相互间的联系，等等。

4.1.3.4 要正确区分现象与本质，得出规律性的结论

在开展教育教学经验总结时，会接触到具体的人和事，人们对先进事迹的反映，常常并不完全一致，要做出客观公正的评价，就必须在详尽的事实基础上分析哪些是现象，哪些是本质；同时在总结过程中，要透过现象发现并抓住规律性的、本质的东西。因为经验本身具有因人、因事、因地、因时而异的特点，只有透过现象发现并抓住规律性的、本质的东西，才能使经验发挥应有的作用。

4.1.3.5 既要注意历史的成功经验，又要有大胆的创新精神

在总结经验时，要注意借鉴国外教育发展的正反两方面的经验，还要注意评判地继承我国历史上的传统教育经验，从中吸收有益的东西，避免重复走别人走过的老路。目前，国家正在全面推进以培养创新精神和实践能力为核心的素质教育，特别需要总结有创新精神的中小学学科教育教学改革经验，以帮助、指导广大中（小）学学科教师开展创新的学科教育实践活动。因此，总结经验的思想观念也得随之转变，教师必须开阔视野，要勇于探索、敢于创新，以创新精神去发现新问题、总结新经验。有研究者认为，学科创新教育要做到四个"尽量"：一是尽量让学生独立思考；二是尽量让学生观察；三是尽量让学生人人动手；四是尽量让学生综合、归纳。

4.1.4 先进教育经验的筛选与推广

4.1.4.1 先进教育经验的主要标准

每一位教师，往往都能从自己的教学工作中总结出一些行之有效的经验，但是这些经验并不一定都具有先进性和推广价值。作为一种值得总结的推广的教育经验，应该具有时代性和先进性的特征。只有抓住这些特征，才能识别、发掘先进的教育教学经验，去伪存真、去粗取精，提高经验总结的水平。

衡量先进经验的主要标准是：

（1）现实性。经验应符合社会和经验发展的现实情况，对教育教学领域内难以解决的问题有所突破，能对改进现时教育工作提供具体的途径、方法。

（2）典型性。经验在适当的范围内具有代表性，并且接受了时间的考验，经验的形成和发展一进入相对稳定状态，经得起实践的检验和理论上的辩驳，不带偶然性，并对教育教学实践活动具有指导意义。

（3）适用性。经过总结、提炼的群体经验、个人先进经验，应适应于普

通的教育环境和大多数教师、学生，应具有广泛的群众基础，在一定范围内能够被广大教育工作者普遍接受、采用。

（4）创造性。先进教育经验中应体现创新精神，能够从做法、手段或观念上给教育工作带来活力，能"见人所未见，发人所未发"，或独树一帜，或另辟蹊径，或是前人研究的延伸，或是他人研究的补缺，等等。

（5）发展性。教育要面向未来的事业，先进的教育经验不仅要具有现实性，能有效地解决当前教育的现实问题，还能预见到未来，使教育能有效地为未来社会的发展服务。

因此，总结经验必须用发展的眼光，预测未来社会对教育的需要，总结和研究适应"面向未来"的教育经验。

4.1.4.2 教育经验的筛选

为了总结、推广先进的教育教学经验，应参照先进教育教学经验的标准，对已有的原型教育经验进行筛选、提炼。

经验筛选，是指教师有目的、有计划地对在教育教学实践中所获得的原型经验，通过剥离、提炼、再实践、再评价的多次往复活动，使原型经验不断完善优化，能揭示出一定的教育教学规律，具有一定的理论价值和推广应用价值的过程。

经验筛选是在教育教学实践中进行的，教师是进行经验筛选的主体。经验筛选的对象既可以是教师本人在教育教学实践中所获得的直接经验，也可以是通过观察他人的教学情况，并结合自己教学实践所产生的体会与感受。经验筛选的过程大致为：

（1）把握主题，明确目的。筛选者应根据研究的课题，收集与该课题相关的各种教学经验及研究成果，了解相关的知识、方法、教育教学理论，结合自身条件、经验筛选的要求，制订具体的、可操作的经验筛选计划。计划的拟订必须坚持适用原则，在实践中还可以根据实际情况加以调整。

（2）分类整理，去粗取精。结合先进教学经验的标准，对原有的教学经验进行分类整理，去粗取精，淘汰、优化，剥离其表面的、非本质的或缺乏推广价值的部分，将经验的精华部分加以提升。

（3）考察评价，撰写报告。对教学经验的考察评价是经验筛选的关键。需要多次重复筛选，以提高经验筛选活动的可靠性，增强教育教学经验的科学性。教师将经过淘汰、优化和理论提升的经验撰写成总结报告。这既是进行经验筛选工作的最后一步，也是十分重要的一步。总结报告写得好与否，不仅影响经验筛选工作的成效，也直接制约着先进教育教学经验的推广。

4.1.4.3 推广先进教育经验的目的

总结教育经验的主要目的,在于把总结出来的优秀的教育经验推广出去,使广大教育工作者能够掌握这种教育经验,在教育实践中加以运用。先进教育经验推广的目的:

一是以先进经验为榜样,促进教育教学质量的提高。先进经验是集体或个人智慧的结晶,能提高工作效率,使教育质量得到普遍的提高。

二是以先进经验为典型,推进教育教学改革的实施。先进经验的总结能对具体教育实践活动起示范作用,并激励广大教育工作者积极参与教育教学改革活动。

三是以先进经验为依据,丰富教育科学研究的内容。先进的教育经验,是教育科学研究的源泉之一,通过理论与实践的结合,可以增强教育科学发展的活力。

四是以先进经验为载体,提高教师教学能力。总结出来的先进教育经验推广后,使广大教育工作者能够掌握,并在教育实践中加以运用,从中提高自己的教育教学能力。

五是在推广经验的实践中,使经验得到检验,并使之完善。"实践是检验真理的唯一标准",经验的检验更不例外。

4.1.4.4 推广先进教育经验的形式

先进教育经验的推广,是接受实践检验、获取反馈信息的有效途径,是对经验的再实践、再认识的过程。推广先进教育经验大体可以分为直接推广和间接推广两种类型。

(1) 直接推广。直接推广指由教育行政部门、学术组织或学校主办,有目的地组织经验总结者,指定被总结对象,采取会议或示范的形式直接交流或传播教育经验,并由主管部门提出推广经验的要求。具体形式有交流会或讨论会,展览和演示活动,示范和传、帮、带活动等。

(2) 间接推广。间接推广是将先进的教育经验制成书面材料、视听资料或软件的形式,通过各种组织、传播媒介、大众活动的广泛宣传,扩大影响,促使先进经验的传播与实施。

4.2 调查法

调查法是研究者通过有目的、有计划、有系统地对研究对象的有关材料进行搜集、整理、分析，从而了解学科教育教学的现状，发现教育现象之间的联系，认识并探索教育发展规律的方法。它是学科教育科学研究中常用的研究方法。

4.2.1 调查法的意义及种类

4.2.1.1 调查法的特点

教育调查法作为教育科研的基本方法，具有以下特点：

（1）通常采用间接的方法，从几个侧面来对学科进行调查研究，不受时间的空间条件的限制。如研究中（小）学生对某学科的学习兴趣，某一地区中（小）学学科现有的教学质量或水平等。

（2）研究对象广泛，对各种事实和现象均可进行区域性的或大范围的调查研究。如对具有学科天赋学生的个案研究，对智力障碍儿童的学科学习能力的调查研究，对"留守儿童"学习某学科兴趣的研究等。

（3）调查研究手段多样。既可以通过研究性谈话等方式深入地研究某学科教学现象与事实，又可以采用问卷、测验等手段。

（4）在自然的过程中，搜集研究对象的资料，可以对客观的学科教育现象（或事实）进行描述和解释，而不必像实验法那样要求控制实验对象。

（5）一般是以教育现状为研究对象，而不是以研究教育史事为研究对象。

4.2.1.2 教育调查的意义和作用

（1）为教育科学研究人员提供研究课题的第一手材料和数据。如要研究中（小）学生学习某学科的兴趣，需要了解学生对该学科的认识、学习行为及爱好等。

（2）为教育行政部门制定教育政策、教育规划、教育改革等提供事实依据，如对中（小）学学科教材使用情况的调查等。

（3）明确教育的现状，提出新的研究课题，总结先进的教育经验，发现教育上存在的问题。通过调查，提出解决问题的新见解、新理论，从而推进教育事业与教育科研的发展。

4.2.1.3 教育调查的类型

依据调查的对象、功能、研究范围等可对教育调查进行分类：

（1）按调查对象划分，可以分为全面调查和非全面调查。

全面调查是对某一范围内所有被研究对象进行调查。可以是单位性的或区域性的，它能够得到有关调查的全部情况。

优点：①能全面反映教育的许多情况及变化发展情况；②搜集的资料比较全面。

缺点：①调查的问题很难深入；②需花费比较大的人力和物力。

非全面调查包括抽样调查、典型调查和个案调查。

① 抽样调查，就是从被调查对象的全体中抽取一部分进行调查，并以样本特征去推断总体的特征。

② 典型调查，就是从总体中选择一部分具有代表性的对象进行深入细致的调查。

③ 个案调查，就是在对被调查的教育现象进行具体分析的基础上，有意识地选择某个教育现象或对象进行调查与描述。

（2）按调查功能划分，可以分为现状调查、发展调查和比较调查。

现状调查，就是研究某一类教育对象或某一类教育现象目前的状况和基本特征的调查。

发展调查，是对教育现象的某一特征或教育现象在一个较长时间内的特征变化的调查。

比较调查，就是旨在比较研究两种教育现象之间有无联系和联系是否密切的调查。

比较调查可以分为因果关系和相关关系两种：

① 因果关系比较调查是通过调查与比较，寻求产生某些特征的可能原因。

② 相关关系调查，是探索教学现象之间关系的调查。

（3）按研究的范围划分，可以分为综合调查和专题调查。

综合调查也称一般性调查，是指研究变量比较多，涉及面比较广的调查。

专题调查是指研究某个方面的问题，研究变量较少的调查。

4.2.2 教育调查的形式

教育调查有多种形式，常用的有开调研会、访问、问卷、填调查表等。

4.2.2.1 开调研会

调研会又叫调查会或座谈会，是教育调查中普遍使用的一种了解情况、搜集资料的方法。

开调研会，调查者与被调查者能进行直接对话，共同探讨，相互启发，彼此印证。可以在简短的时间内，取得较全面、具体的情况和资料，特别是调查的开始阶段，更能帮助调查者迅速掌握情况，获得许多线索。开调研会，应注意：

（1）谁参加？到会者必须是与调查研究有关并了解情况的人员。要尽量避免因人际关系会妨碍大家畅所欲言的人员参加。

（2）多少人参加？根据调研会的要求和调查者的调控能力，一般以不超过10人为宜。这样，每个人都有发言的机会，可以畅所欲言，互为补充和印证。

（3）怎样开？调研会要有目的、有计划、有准备地进行。事先要做好充分的准备，要拟订好详细的调查提纲或会议内容，并尽可能事先发给每一位与会者，请他们作好发言的准备。

（4）什么态度？调查者要想方设法取得与会者的合作。要讲清楚开调研会的目的要求，要采取谦虚诚恳的态度，解除与会者的一切顾虑。

（5）怎样引导？调查者要按提纲逐一发问，开展讨论，也可以根据会议进展情况临时提出补充问题，请与会者回答或讨论。会议要有专人做详细记录。

4.2.2.2 访 问

访问法又称谈话法，是指调查者通过与被调查对象面对面地、有目的地谈话，从而了解情况、搜集材料的方法。

访问具有较强的灵活性。调查者可以根据访问过程中的具体情况来决定是否需要进一步提出调查问题的补充问题，是否需要重复或进一步解释那些被访问对象不太理解的问题等。另外，调查者可以根据不同的访问对象，准备适合他们的一套问题，使得访问更具适应性。

访问可以调查一些比较复杂的问题，尤其是中（小）学生的思维和心理活动过程。由于有调查者作为访问对象的指导，从而可以利用一些问卷或访问提纲来了解一些比较复杂的问题。这是其他调查方法难以做到的。

访问具有较高的回收率，可以克服邮寄问卷调查中问卷回收率低的缺点；同时，访问能观察到非言语行为，调查者可以在现场直接观察访问对象的非言语行为，从而判定访问对象的回答是否真实可信。当然，访问法也有其局限性。如需要花费较多的时间和精力，要求有较好的访问技巧、经验，才能保证有良好的访问效果；同时，访问法的标准化程度较低，难以统计分析。

在中（小）学学科教育科研中，访问法适用于研究学生学科能力、思维的个性差异；探究学生学科学习行为表现或态度的根源；了解学生学科思维过程和思维活动（包括解题的思维过程和思维活动）；发现学生学科学习困难的原因；优秀学生学科学习的经验；了解学科教师备课方法、工作经验和教学体会等。

(1) 访问法的形式和内容

访问法的形式有正式访问和非正式访问两种：

① 正式访问。它要求有一定的组织形式，严格按照拟订的计划进行，可以在较短的时间内获得所需的材料。但被访问者往往会先存在戒心，谈话留有余地，影响到材料的真实性。

② 非正式访问。它是调查者和被访问对象在日常接触中，在自然的气氛和环境中进行的访谈，访问对象不受拘束，获得的材料比较可信，但花费的时间较多。

访问的内容可以分为事实的调查、意见的征询以及了解个体的内心世界和心理动机三种类型：

① 事实的调查，旨在要求访问对象提供确实可靠的事实情况。

② 意见的征询，要求访问对象提供对某个教育问题的看法、意见和建议。

③ 了解个体的内心世界和心理动机，包括个人的经历、抱负、兴趣、爱好、信仰、个性特点、心理品德乃至家庭情况、社会关系，等等。

(2) 访问的一般步骤

① 确定访问的主题，也就是通过访问调查要了解哪些方面的资料。

② 抽取样本。若调查范围内的人数很多，可以用随机抽样或机械抽样的方法进行抽样；若调查范围内的人数较少，则可以选择了解实情、愿意作答并有代表性的人作为访问对象。

③ 编拟问题。根据调查的目的所确定的内容和要求编拟问题，包括问题提出的形式和问题的编排顺序以及考虑到访问对象可能做出的回答而准备的补充问题。

④ 搜集答案。问题的基本答案，应事先搜集全面，以便将答案分类并赋以相应的代码以作记录。

⑤ 设计访问记录表。根据访问的内容和问题设计访问记录表，以供记录使用。

⑥ 试谈。根据试谈的结果修改问题和答案。

⑦ 正式访问和记录。

⑧ 整理并分析访问记录，即对结果作归纳和统计分析。

(3) 运用访问法对访问者的要求

① 提问态度要亲切自然，使访问对象没有任何压力，乐意回答问题。

② 创设良好的情境。这一点在以儿童为访问对象时显得尤为重要。

③ 避免任何暗示。访问时要避免任何暗示，因为访问者的无意识的面部表情或体态语言都会影响访问对象的回答。

④ 耐心倾听。要耐心倾听回答，持"虚心请教""共同探讨"的态度，访问是要给回答者留下思考的时间，不要急躁，更不能随意打断对方的回答。

⑤ 了解访问对象。选择访问对象时，要考虑到访问对象能否提供有价值的事实材料，是否乐意回答所提出的问题，对访问对象的经历、地位和个人特征等最好事先有所了解。

⑥ 时间和地点的确定。访问的时间和地点以尽可能不影响被访问者的工作、学习为前提。

⑦ 作好谈话记录。要准确、及时地使用代码作好谈话记录。

4.2.2.3 问 卷

问卷法是研究者把要研究的主题分为详细的纲目，拟成简单易答的一系列问题，编制成标准化的问卷，来搜集研究对象的有关数据资料，进行统计分析，得出结论的一种研究方法。

（1）问卷法的特点

① 简单易行，省力、省钱、省时。

② 既可以由研究者负责进行，也可以委托有关部门进行，还可以邮寄进行。

③ 其调查样本可大可小，不受人数限制。

④ 标准化程度较高，获得的资料适于量化处理，便于统计分析。

（2）问卷法的不足

① 对于研究对象所作的回答无法做深度研究。

② 问卷法是自陈式的量表，它的信度和效度较难保证和检验。

③ 发出的问卷常常无法全部回收，收回的问卷太少，会影响调查的效果。

（3）问卷的一般结构

① 标题，是研究课题的高度、简洁的概括，它既要与研究内容一致，又要注意对被试的影响。

② 介绍词，又称指导语，在问卷的开头或问卷调查之前对该调查的内容、要求、填写规则、有关指标计算方法和注意事项等作出简明扼要的说明。

③ 问卷题，是问卷的主要部分。问卷编得好坏与调查质量有密切的联系。它包括问题和答案。

（4）问卷的形式

① 开放式。由被试对象自由陈述、自行填写答案的开放式问卷。

优点：它可以用于探索性的教育调查中，因为开放式问卷可以得到许多研究者意外的答案；它可以给被试对象以更多的创造性和主动性，从而增强其与研究者的合作，使研究者对问题获得比较深入的了解；特别适用于那些不能简单化为几个小问题的复杂问题。

缺点：它可能导致搜集到与研究课题无关的资料。因为回答者所发表的意见和看法不一定与所问的主题相关，无法排除相当多的无价值的不确切的答案；得到的回答无法保证标准化，因此难以进行量化处理和比较；回答者需花费较多的时间和精力，容易引起拒绝回答，影响回收率。

开放式问题在问卷中占很小的比例，只有当问题有多个答案或想让被试对象自由发挥的时候，才设计这类问题。在实际教育研究中，要根据被试对象来确定是否采用或采用多少开放式问题。如被试对象是小学生，尤其是中低段学生，应尽量不用这类型的问卷。

② 封闭式。在封闭式问卷中，要求调查对象从问卷中选择已经列出的，并认为是合适的答案。也称定案型问卷。封闭式问题通常有：

a. 是否式，亦称为判断式。这种形式只提供两个反映项目，让调查对象选择其中一个，如"是"与"否"、"同意"与"不同意"、"赞成"与"不赞成"，等等。

b. 选择式，有单选与多选之别。这类问题要求调查对象在问题中的若干个备选答案中选择一个或几个合适的答案。

c. 编序式。这类问题要求调查对象将答案按自己认为重要程度的顺序编排。

d. 等级式。这类问题列出某种倾向、态度等两个对立的概念，中间分成若干等级，调查对象选出其中符合自己倾向的级点。等级可用线段、文字或数字表示。

e. 数量式。这类问题要求调查对象在问题列出的几个定距数据中，选择其中的一个。

封闭式问卷的优点：答案标准化，因而所得的资料易于统计分析，可以在不同的调查对象之间进行比较；所问的问题和答案具体明确，易于回答，所得资料可信度较高，有助于提高回收率；答案比较完整，因此可以减少不相关的回答或无效答案，搜集的资料利用率较高；简单易行，省时省力。

封闭式问卷的缺点：它对问题的答案进行了限制，没有给回答者留有发挥创造性和主动性的机会，研究者很难深入发现新的问题；它容易造成回答者由于对问卷试题不清楚、不理解以及对该问题没有什么看法等原因而应付作答；回答者可能因没有适合于他们的答案而不作答。

③ 综合式。在综合式中，由于调查者没有全部想到，或需要留有一定余地让调查对象补充写出，往往具有"其他（请作具体说明）"一栏。这是一种折中的形式。

(5) 问卷的设计

① 准备阶段。在编制问卷之前,必须根据研究目的,详细列出问卷所要搜集的资料,了解国内外对所研究问题的研究动态和研究现状,初步确定自己的研究思路和突破口,学习有关理论及编制问卷的技巧知识。

② 设计编卷阶段。这一阶段是问卷调查的核心阶段,关键是问题的编排和设计。在编制问卷时要做好三方面的工作:一是根据研究思路确定问卷的格式、问题的形式、问题的数量、答案的格式以及定量分析或定性分析的手段和方法;二是根据研究的目的、意义及所研究问题的难易、敏感性程度,写出标题、介绍词等;三是设计出一个个具体问题及答案方式。

③ 试测和修改阶段。试测的目的是了解问卷的可行性及要如何修改,并发现问题。试测对象的特征要和正式使用问卷的对象特征接近。试测后,要及时对问卷的题目逐一加以检查,从而进行修改和补充。修改时最好请对编制问卷有经验的或对某一研究问题有充分认识的人员提供修改意见,作为修改问卷的参考。

(6) 问卷的实施

① 调查对象的选取。一般可以采用抽样方法。由于问卷的回收率的问题,选取的调查对象应多于要研究的对象。通常可用公式计算:

$$调查对象 = \frac{研究对象}{回收率 \times 有效率}$$

② 问卷的分发和回收。一般有邮寄和团体试测的方式。邮寄回收率较低,周期较长;团体试测方式,可以减少不必要的干扰,回收率和有效率都较高。

③ 问卷结果的处理。就是对回收的问卷要逐一进行检查,分类整理,剔除无效问卷,最后进行编码和数据统计处理。

4.2.2.4 填调查表

(1) 调查表的涵义

调查表是研究者对调查对象进行登记并分析研究的一种方法。与问卷法一样,都是研究者搜集资料的一种手段。调查表侧重于事实及数字材料的搜集,问卷法则侧重于意见的征询。调查表既可以由调查对象亲自填写,也可以由别人代为填写,而问卷一般由调查对象亲自填写。

(2) 调查表的运用

运用调查表的关键在于调查表的设计。调查表有"单一表"和"一览表"两种。单一表是在一张调查表上只登记一个调查事项的内容(如关于某地教师学历的调查),一览表则是在一张调查表上登记若干个调查事项的内容(如关于某校教师教育科研情况的调查)。

(3) 编制调查表要注意的几个问题

① 表的标题应简明醒目，使人一目了然。

② 表的大小能容纳所有项目，并便于携带和回收管理。

③ 表的项目根据调查要求设置，并作系统排列,留有足够的空白以便填写。

④ 有相互参证的调查项目。

⑤ 表尾应有填写调查单位、调查员及调查者、填表日期等空白处。

⑥ 调查表应附有"调查说明"，说明调查的目的、意义、填表的要求、具体指标的计算方法、填表的注意事项及回收日期等。

4.2.3 调查的步骤

4.2.3.1 调查前的准备工作

调查前的准备工作，是整个调查工作的基础，直接影响到调查工作的成功与否。主要有以下几项：

(1) 确定调查课题。调查题目的确定，简单地说就是要弄清楚调查的目的及要解决的问题。确定课题时必须要遵循以下的原则：

① 目的性原则。即要明确调查要达到的目的，回答和解决什么问题，探求什么变量。目的不明确或毫无目的的调查将失去其调查研究的意义，也将造成极大的浪费。

② 价值性原则，即要考虑调查课题有没有理论价值和使用价值。其价值应以是否有利于丰富和发展学科教育理论、解决学科教学的实际问题为衡量标准。

③ 量力性原则，即调查课题和调查范围的大小，要根据实际情况而定。调查课题在不违反价值性原则的前提下，可以选择小一些的调查课题，调查范围要适中。

(2) 选取调查对象。调查对象是指被调查的单位或个人。调查对象的选择直接影响到调查结果的质量，因此被选取的调查对象必须具有代表性和典型性，同时要考虑普遍性。

(3) 草拟调查研究提纲。草拟调查研究提纲就是确定研究项目，它是搜集调查资料的依据。调查提纲实际上也是调查报告的梗概，其内容应是研究课题所需要的。

(4) 制订调查计划。调查计划就是调查工作的程序安排。包括：① 调查课题和目的；② 调查对象和范围；③ 调查时间和地点；④ 调查的方法和手段；

⑤ 调查的步骤和日程；⑥ 调查组织安排及人员分工；⑦ 调查经费的安排；⑧ 调查资料整理及统计；⑨ 调查报告完成日期等。调查计划要尽量详细、周密，切合实际，并根据实际调查情况进行必要修改。

（5）调查工作的组织领导。对于较大规模的调查，必须注意调查工作的组织领导。对于个人或几个人合作的调查研究，不必拘泥于一定的组织领导。

4.2.3.2 实施调查，搜集资料

搜集资料就是在教育调查过程中，采用各种调查方法来获取材料，它是调查研究过程中关键的一步。

调查资料包括书面资料、口述资料和事实资料。书面资料包括学校行政档案，教师业务档案，学生的学习档案及各种表、簿、册等。口述资料来自被调查对象的口述材料。事实资料是调查者在调查过程中观察所得的各种教育现象的事实材料。

搜集资料要求全面、系统、客观、真实。在搜集资料时，要尽可能保持材料的客观性，不能附带调查者的观点。应采取各种手段和途径，从不同角度和侧面，不同层次和环境来广泛搜集材料。同时调查者要善于辨别材料的真伪，做到实事求是。

4.2.3.3 整理、分析调查资料

通过各种方法搜集到的材料称为原始资料，必须加以整理、分析，使之达到系统化和条理化，以便于调查研究者把握材料之间的相互联系，发现教育现象之间的联系和规律，找出存在的问题。

资料按其性质可分为叙述性资料和数量性资料。对于叙述性资料，整理是指在经过归纳后用较流畅的文字予以表述；对于数量性资料，整理则表现为用统计法、列表法或图示法等予以展示。

资料整理的步骤一般分为以下四步：

（1）检查，即检查所搜集的资料的完整性、一致性和可靠性。完整性指资料是否齐全，检查调查项目是否有遗漏及缺访、漏访等。一致性指材料的记载方式、度量单位、填答、记录方式和方法是否一致。可靠性指对材料的真伪和准确程度进行鉴别。

（2）汇总，即把搜集到的零乱、分散的原始材料进行归类分组，进行汇总统计。

（3）摘要，就是在调查资料的整理过程中，有系统地摘录那些内容丰富、生动具体、典型突出的原始材料，使资料分析不局限与几个抽象数据。

（4）分析。对调查资料的分析是为了更好地认识教育现象或对象及其关系。调查资料的分析，应从定性研究和定量研究入手，两者相互结合，既从数量方面对事物进行统计分析，掌握数量特征和变化，又进行理论分析，以便更好地掌握事物的性质、特征及其变化的规律。

4.2.3.4 撰写调查报告

调查报告是调查研究的总结，也是调查研究工作成果的表现形式，它不是一般的工作总结，需要明确、具体而又简洁地介绍整个调查的实际情况取得的成果。

调查报告一般分为导言、正文、结论三部分，一般包括以下内容：① 题目；② 该调查的目的、意义，必要时作些背景介绍；③ 调查对象的范围及选取方法；④ 调查的方法、内容、要求及步骤；⑤ 调查资料的整理及分析结果；⑥ 结论与建议。

要保证调查报告的质量，关键在于：

（1）研究者是否能从调查的资料中通过归纳、分析和比较找出问题，并做出科学的分析。

（2）从大量的事实中找到带有规律性的东西，从而使经验上升为理论。

（3）提出有益于改进教育工作、提高教学质量的建议。

4.2.4 实施调查法应注意的事项

在实施调查法时，要努力保证调查的真实性、准确性、全面性和新颖性。

真实性是调查研究的生命，离开真实，调查研究就毫无意义可言。要使调查研究具有真实性，一是要明确调查研究的目的；二是要有一个科学的态度；三是要正确运用调查研究的方法。

准确性是衡量调查研究的一个标志。要做到准确性，除了调查研究者在概念体系、指标设置和统计数据上力求精确外，更重要的是要有"求准"的思想，要摒弃想当然、模棱两可的不良习惯。

全面性要求用多种思路、多维视角和多侧面、多层次地搜集资料，要使搜集的资料尽可能全面、客观。在分析整理资料时要有辩证思维与求异思维。

新颖性要求勇于创新，包括课题的选择、方案的设计、思路的确定、方法手段的运用等，既要符合科学的要求，又要具有独创的思想，体现调查研究的生命力。

在调查研究中，要重视定量分析。只有注意事物的数量方面的特征，注意事物的质量界限,才能得到科学的结论,才有说服力。对于所取得的非数据性资料,若有可能,则运用测量统计的方法将它们转换成数量资料。

在调查研究中,特别要注意正确解释调查结果,得出科学的结论。在解释调查结果时,要避免两种常见的错误解释:

(1) 将样本结果不恰当地推广到总体上去。要把抽样调查的样本结果推广到总体上去,其前提是样本能够代表总体,如果样本抽样方法不当或样本不够大,这样就不能产生与总体一致的结果。即使样本能够代表总体,也有可能产生各种偏差。在统计学上,至少要对差异情况作显著性检验。因此,把样本的结论推广到总体,必须十分慎重。

(2) 将相关关系不正确地解释为因果关系。在调查研究中,某种现象与另一种现象相伴而生,它反映了两者的相关关系,但不能简单地解释为因果关系。调查的结果,只是提供了一种假设基础,是否具有因果关系,则需要通过实验法予以验证。

4.3 实验法

中(小)学学科教育实验是学科教育研究最主要的方法之一。它是中(小)学学科教育理论的重要来源;是验证中(小)学学科教育理论的重要方法;是探究中(小)学学科新的教育规律的重要途径。

4.3.1 教育实验概述

4.3.1.1 涵义

中(小)学学科教育实验是研究者按照研究目的,运用科学实验的原理和方法,根据一定的教育理论或假设,有目的地控制和操纵某些教育因素或教育条件,通过观测与所控制的条件相伴随的教育要素或教育现象变化的结果,来揭示中(小)学学科教育活动规律的研究方法。

教育实验以教育活动为研究对象,教育活动中的许多非自然的因素往往难以严格控制,这就增加了教育实验的复杂性。教育实验方法有多种类型,但都具有以下共性:

一是教育实验必须要有一定的理论假设。假设是对所要研究的各种因素之间的相互关系或因果关系的一种假定性说明(如,比较两种学科教学方法对学生学科学习成绩的影响)。

二是教育实验必须控制某些条件。通过采用一定的方法和手段,人为地控制某些条件以证明实验结果的有效性（如，比较两种学科教学方法的优劣）。

三是教育实验必须揭示变量间的因果关系。教育实验正是从揭示因果关系出发，在研究问题的基础上，提出研究假设，并以此来设计教育实验、规范实验的进程和结果的解释（如两种学科教学方法对提高学生学科成绩有什么关系，它们的特点、适用范围、条件与发展学生学科能力有何影响等）。

四是教育实验必须改变某些教育要素的状况或教育条件。在改变某些条件后，观察或测量某种教育现象或教育要素所产生的变化结果，根据对改变的条件和得到的结果之间的直接关系的分析，得到关于假设的结果即实验结果（当改变实验对象，如不同年级时，两种教学方法所产生的结果会发生变化）。

4.3.1.2　教育实验的类型

（1）根据实验的目的划分，可以分为探索性实验、验证性实验和改造性实验。

① 探索性实验是以揭示某种驾驭现象的内在规律以及探索受教育者个性发展规律为目的的实验。它所揭示的规律是教育理论中并未认识的；所要寻求的有效策略是教育实践中尚未实施的因而是一种创造性的实验研究，如大脑开发与中（小）学生学科智力发展的实验研究。

② 验证性研究是以验证已获得的认识成果或实验策略为目的的实验。验证性实验通过实验来验证已有成果的合理性，并加以修正和补充，或者对已有的两种教育活动方式的教学效果加以比较研究，如中（小）学某学科中学生实际操作的实验研究。

③ 改造性实验是以在别人曾做过的实验基础上，根据本地、本校、本学科的实际情况，加以充实、改造，成为具有本地特色的实验研究，如中（小）学某学科情景教学法实验研究。

（2）根据实验因素的多少，可分为单因素实验和多因素实验。

① 单因素实验是指只操纵一个实验因素的实验。具有实验的变量少，实验的难度小，一因一果或一因多果的因果关系比较明确，一般用于单项、单科实验，如中（小）学某学科作业、考试评价方法的实验。

② 多因素实验是指操纵两个或两个以上的实验因素的实验。其因果关系往往是多因一果或多因多果。实施要求高，难度较大，一般用于整体性实验，如比较两种教学方法对学生某学科学习成绩的影响；同时要比较两种学科教材的优劣。

（3）根据实验的组织形式，可分为单组实验、等组实验和轮组实验。

① 单组实验是向一组（如班级）研究对象施以一个或几个实验因素，然

后观测其所发生的各种变化，借以确定实验因素的效果的实验，如在一个班级里采用两种教学方法进行两个单元的学科教学。

优点是简单易行，只需一个组（班级）就能进行实验。

缺点是前一次实验可能对后一次实验产生影响。

② 等组实验是将不同的实验因素分别施行于两个或几个情况基本相同或相等的组（班级），然后比较其所发生的变化，如通过等组实验比较两种学科教学方法的教学效果。在等组实验中，等组可以是多组，往往可以选择情况基本相同的几个平行班进行实验。

优点是两个组可以分别进行实验，避免相互影响。

缺点是几个组很难做到各种因素完全相同。

③ 轮组实验是把各个因素轮流施行于各组，然后根据每个实验因素所发生变化的总和来确定实验的结果，如通过轮组实验比较两种学科教学方法的教学效果。

优点是不设等组，操作简单，通过轮换，抵消干扰。

缺点是实验周期长，要准备两份难度相同的教学内容和检测题。

（4）根据实验的控制程度，可分为前实验、准实验和真实验。

① 前实验是一种可以进行观测和比较，但对实验因素缺乏控制，难以验证自变量和因变量的因果关系，研究结果难以推广到实验以外的其他群体或情景的实验，效果较差。

② 准实验是指未随机分配被试，只把已有的研究对象作为被试，并对无关因素作尽可能的控制，但无法完全控制误差来源的实验。

③ 真实验是一种对所有可能会影响实验效果的因素都做了充分控制（如对实验对象的相等分配、对实验环境的充分控制、对无关因素的彻底排除等）的实验。

4.3.1.3 教育实验变量及控制

在进行教育实验的过程中，涉及的许多可以变化的因素（如教材、教学方法、教学时间、教师的教学能力、学生的智力水平、学生的学业基础、学生的兴趣爱好、家长对学生的影响等）统称为变量。变量按其在实验中的作用可以分为自变量、因变量和无关变量三种。

（1）自变量及其操纵

自变量是指由研究者操纵对被试产生影响的条件和变量。在实验过程中，自变量作为一种假定的原因变量，是由实验者主动操纵的，并且是实验者想研究的、有目的、有计划地改变的实验条件。教育实验的自变量一般是根据研究目的来设计的（如教学方法、教学组织形式、教材内容、课程结构、师生关系、管理制度等）。由于自变量是实验者有目的、有计划地改变的变量，因而，对自变量是需要比较严格地按照实验设计的程序加以"操纵"的。实验者能否成功地操纵自变量，是教育实验成功的关键之一，如中（小）学学科概念教学的两种不同教法效果的实验研究。

（2）因变量及其观测

因变量又称为应变数、效果变量，是指由自变量的作用而导致的被试对象变化的结果，是一种结果变量。因变量与自变量之间具有内在的逻辑联系；因变量是由自变量引起的，自变量是原因，因变量是结果。要确定自变量和因变量之间的关系，了解自变量是否对因变量发生作用，除了要操纵自变量使其发生变化外，还必须对因变量加以观测。

① 观测哪些因变量。因变量可以反映在很多方面。以教学效果为例，它包括基础知识和基本技能的掌握、智力的发展、教学时间的长短等。究竟从哪些方面来测定教育效果，在实验前必须明确。

② 如何对因变量进行测定。测定因变量的项目确定以后，可以通过口头测定、书面测定、动手操作测定；个别测定、集体测定等方法进行测定，明确测定的具体方法和要求。

（3）无关变量及其控制

无关变量是指除自变量以外一切可能影响研究结果，而对实验可能起干扰作用的因素。它是研究者在实验中未作为自变量的、不打算研究的变量。

无关变量主要有：

① 课题变量，指实验材料的性质、范围、难度和数量等。

② 被试变量，主要指被试本身的特征（如年龄、性别、知识和能力的发展水平、学习动机、性格、情绪等）。

③ 环境变量，指能够与实验发生联系的一切外界因素（如班级集体特点、学生家庭状况、教学条件设施、教师水平、师生关系等）。

④ 时间变量，指与实验过程有关的时间因素（如教学时间长短、实验阶段的间隔和因变量测定的时间安排等）。

⑤ 次序变量，是指实验顺序对因变量的影响（如对于同一被试者先后采用不同教学方法等）。不同教学方法运用的次序不同，本身就对被试有影响，所以就难以判断方法本身的影响。

在教育实验中，无关变量在一定程度上影响着实验结果，因而在实验中，需要对无关变量加以控制。常用方法有消除法、平衡法、抵消法等。

① 消除法是指排除或隔离无关变量。如在中小学学科教育实验中，可以使用消除法减少心理因素这种无关变量对实验结果的影响等。

② 平衡法是在我们无法使无关变量处于恒定状态时，可以尽量使实验组和对照组学生受到同等变化的无关变量的影响。如果无关变量的影响相同，则可以把因变量的变化原因归为自变量的影响，这就是平衡法。如实验班与对照班教室的环境、课时的安排、作业量的多少等。

③ 抵消法是使顺序变量对于实验组和对照组的影响彼此相同抵消。最常用的抵消法就是采用轮组实验。

（4）变量的测定

在实验研究中，实验假设最终要通过对因变量有关数据的统计分析结果来证明。因此，对因变量的测量是必不可少的重要环节。对因变量的测量包括了前测和后测。

① 前测指研究者在实验前为了了解被试的某种特质水平而进行的测验。前测可以了解被试在实验前的水平，是进行等质分组的重要依据，更用以和后测测得的水平进行比较，以确定实验因素的效果。前测可以由研究者自行编制测验题，也可以选择已有的标准化测验题。

② 后测是指研究者在施加自变量后，测定实验研究的物质的现有水平。通过测验，可以了解通过施加自变量后，被试的特质水平所产生的变化，并通过后测与前测的比较，可以得出特质在实验前后所引起的变化量，从而判断自变量与因变量之间是否存在因果关系。

后测与前测必须是同一特质的测试，且后测与前测应保持同值性，即两次测定的效度、信度、区分度应该基本一致。

（5）实验效度

教育实验效度，就是指实验设计能够回答所要研究问题的程度，是实验设计质量的评鉴标准。它包括内在效度和外在效度。

① 内在效度指实验者所操纵的自变量对因变量所造成的影响的真正程度，即因变量的变化在多大程度上来自自变量。内在效度的高低，取决于对无关变量的控制程度。

影响内在效度的因素主要包括实验设计和实验过程两大类。实验设计影响内在效度，主要是通过自变量、因变量和无关变量控制的合理程度、实验所设计的程序以及被试选择和分组方式来体现，其中最为重要的是对无关变量的控制。实验的实施过程中，实验程序是否严格按实验设计的步骤执行；

自变量和相关的实验条件是否有扩展;实验数据是否真实准确;统计方法、测量工具是否恰当有效等均制约着实验的内在效度。

② 外在效度是指实验结果的可推广程度,即实验研究结论对所研究领域的事实的概括程度。

影响外在效度的因素主要有被试变量的特征和实验研究的情景。被试变量的特征是指被试的代表性及知识、能力、个性等方面的因素;实验研究的情景是指实验条件和环境,如教学条件、教学环境等。

4.3.2 教育实验的设计

4.3.2.1 教育实验设计的基本内容

教育实验设计是研究者对整个教育实验研究所作的周密而详尽的计划和安排。它一般包括实验假设设计、实验变量设计、实验样本设计、实验组织形式设计、因变量测定指标设计、实验周期设计等。

(1) 实验假设设计

实验假设是整个实验工作的出发点和归宿。实验从制定假设入手,并以其为中心开展教育研究工作。实验的最终目的在于验证假设是否成立。实验前必须首先提出假设,并用简明扼要的文字予以表述。

(2) 实验变量设计

在教育实验设计中,对自变量的操纵、因变量的观测、无关变量的控制均应予以明确。

(3) 实验样本设计

样本的容量要恰当,并具有一定的代表性。抽样的方法一般可采用随机抽样法或分层抽样法。实验随机分组基本做到同质。

在实验前可以先对学生的学科基础知识、思维能力、学习兴趣等进行调查测验,并根据调查的结果进行编组,使实验班与对照班在学科知识方面无明显差异,让对比更加精确。

(4) 实验组织形式设计

根据实验样本设计方法、实验分组形式以及前后测的要求进行实验组织形式设计。

(5) 因变量测定指标设计

实验是否取得预期效果,最终取决于因变量的变化。在实验设计时,要有明确的评价指标,并在实验的各个阶段,按照这些指标进行观察、测验,从而推断自变量与因变量之间是否存在因果关系。

在确定评价指标时,要注意:① 评价指标与实验目的要密切相关;② 评价指标必须具有一定的客观性;③ 评价指标必须具有一定的区分度。

(6)实验周期设计

实验周期指从实验开始到实验结束所需的实验时间。实验周期的长短,要根据实验的内容和规模来确定。长则几年,短则几周,在设计中应明确实验的准备阶段、实施阶段、结束阶段的分配时间,使实验能有序进行。

4.3.2.2 教育实验设计的基本类型

教育实验设计的选择应考虑哪一种设计适合其研究,能验明研究假设;能较好地控制无关变量;能有效地观测因变量;能有助于研究成果的鉴定和推广。

(1)前实验设计的三种形式

① 单组仅后测设计。特点:只有一组被试且不是随机选择,无控制对照组,也无前测;实验中仅给予一次实验处理;有一个后测。

评价:这种实验设计没有科学发现的意义,但有实践意义,通过运用新的不同常规的实验处理(或教育措施),改进原有的教育教学工作,可用于中小学学科单项探索性尝试。这种实验缺乏对无关变量的控制,内在效度较差。

② 单组前后测设计。特点:在单组仅后测设计中,增加前测,用前后测的差大于零作为实验处理效应。

评价:此设计中,前后测的差异反映了在实验处理条件下行为变化的直接结果,能体现出实验处理的效果。在中小学学科教育实验中,这种实验设计运用较为广泛,尤其是短期实验研究。但由于这种实验仍缺乏对无关变量的控制,故内在效度不高。

③ 固定组比较设计。特点:使用了不接受实验处理的对照组,以便于与接受实验处理的实验组对应比较。实验组与对照组均不是随机选择。

评价:这种实验设计,由于没有前测,消除了前测对后测的影响,可以通过横向比较来判断自变量的有效性;使用对照组使内部效度得到了一定控制。但由于未随机分组,又没有前测,因此两组被试的差异没有控制。

(2)准实验设计

准实验设计较普遍的典型形式为不等控制组设计。其特点:有实验组和对照组,但不随机取样分组,一般在原有环境下的自然教学班进行,实验处理可随机指派,都有前后测。

评价:由于有对照组,有前后测比较,因此在一定程度上可以控制无关变量的影响,提高了研究的内部效度。在小学学科教育实验中应用最为普遍,不是随机取样分组,且前后测有相互作用。

(3)真实验设计

真实验设计有随机分配实验组对照组前后测设计与随机分配实验组对照组仅后测设计两种。

① 随机分配实验组对照组前后测设计。特点:实验组、对照组随机分组;实验组接受实验处理,对照组不给予实验处理;两组均有前后测。

评价:实验组、对照组通过随机方式选择分配,两组在统计上是相等的,可以控制无关变量的干扰;实验组的前后测比较、对照组的前后测比较以及实验组与对照组的前后测比较,能较充分地说明自变量的作用,因果关系可靠性程度高。

② 随机分配实验组对照组仅后测设计。特点:实验组、对照组随机分组;实验组接受实验处理,对照组不给予实验处理;两组仅有后测。

评价:这是一种较为常用的实验设计。能消除前测与后测、前测与自变量的交互作用,内在效度较高。

4.3.3 教育实验的实施

中小学学科教育实验一般有确定课题、建立假设,实验设计、制定方案,实施方案、搜集资料,整理资料、分析结果,撰写报告、表述成果等五个阶段。

4.3.3.1 确定课题、建立假设

实验课题的确定,就是确定研究的目标和方向。实验课题确定的方法与其他科研方法基本相同。选好课题后,必须针对研究目的,提出实验假设。教育实验假设一般来自教育教学实践中遇到的实际问题、某种教育原理的推论、以往教育研究所得到的暗示和启发、研究者本人的经验等几方面。

确定假设后,要对与课题有关的问题进行充分的调查,查阅有关资料,了解国内外研究的现状、研究方法及研究成果,探讨课题研究的理论意义和实践意义,学习掌握相关的专业理论知识,为教育实验作准备。

4.3.3.2 实验设计、制定方案

建立假设以后,要进行实验设计并拟定实验方案:

(1)问题的提出,主要考虑:① 教育现实发展的需要;② 教育理论发展的需要。

（2）实验假设和理论依据，主要考虑：① 实验假设及其内涵；② 实验的理论依据。

（3）实验目标和实验原则，主要考虑：① 实验目标；② 实验原则。

（4）实验内容和措施，主要考虑：① 实验自变量及其操作；② 实验对象的选择和分组；③ 实验的观测项和指标；④ 实验数据、资料的搜集和处理。

（5）实验的组织管理，主要考虑：① 实验时间、场所、材料、范围；② 实验参加人员及其分工；③ 实验中的规章制度。

（6）参考文献。

4.3.3.3 实施方案、搜集资料

实验方案制定好后要组织具体实施。为揭示因果关系，实验过程应及时搜集大量资料，包括定性资料和定量资料。定性的资料可以通过有关教师座谈、查阅教师的实验记录本、考查学生的书面作业和活动成果等途径获得。定量材料则通过测试获取，在整个实验过程中，测验必须有计划地进行。实验前要有基础测验，实验中要有阶段测验，实验后要有全面测验。无论哪种资料的搜集，都要围绕实验假设而展开，用事实来证实、修改实验假设。

4.3.3.4 整理资料、分析结果

在试验中或实验后，应及时对实验中获得的大量资料进行整理、统计分析。根据资料的内容、性质和特征进行整理，包括定性整理和定量整理，尤其要重视做好定量整理工作。定量整理主要是对实验测得的数据进行统计分析，包括数据的整理和数据特征的揭示；各因素、变量之间相互关系的揭示；判定样本间的差异等。通过数据的统计分析，研究者可以通过偶然性来揭示必然性，由样本推断总体。

4.3.3.5 撰写报告、表述成果

经过数据的分析、综合，如果自变量与因变量之间确实存在因果关系，则可以认为实验假设成立；如果实验结果不明显或与假设相反，就应该修正假设或放弃假设。无论实验成功与否，在一轮实验结束时，都应撰写实验报告。

通过撰写实验研究报告，可以科学地总结自己所进行的实验研究工作，反映研究的成败得失。

基本的书面结构为：① 题目；② 问题的提出；③ 实验构想；④ 实验过程（或措施）；⑤ 实验结果；⑥ 分析与讨论。

4.4 个案研究法

4.4.1 概 述

4.4.1.1 个案研究的涵义

个案研究是指分别以一个人或几个人、一个典型事例、一个群体为具体研究对象,对这些对象的某种教育现象或某种教育问题进行的研究。

个案研究是通过对单一的研究对象进行的深入具体的调查与认真仔细的分析来认识个案的现状或发展变化的过程。个案研究虽然不带有严格意义上的普遍性,但是矛盾的普遍性总是存在于特殊性之中,因而通过个案研究,可从一定程度上反映出其他个体甚至是整体上的某些特征或规律。有人称个案研究法为"解剖麻雀"。

个案研究一般要对研究对象进行一段时间甚至是较长时间的连续研究,通过个案观察、个案调查(问卷、访谈、测验)等各种途径,不断搜集研究资料。亦有人称个案研究法为"追踪研究"。这种研究方法能获得被试发展变化的第一手材料,了解被试或某一教育现象的发展情况,以弄清学生发展过程中的个性差异,真正做到因材施教,探索教育规律,开发学生智力,培养学生能力,使学生的身心得以健康发展。

个案研究的应用范围十分广泛,应用于法律、医学、精神病学、心理学、教育学、人类学、社会学、经济学、政治科学、企业管理、新闻工作以及各种咨询与指导等领域。

中(小)学学科教育领域的个案研究,主要是针对学生,特别是对于具有某学科天赋的学生和学习某学科困难的学生,或在学习过程中有特殊行为的学生。中(小)学学科教育的个案研究也可以针对某个班级、某个学校或某一种教学方法、某种教育现象等。

4.4.1.2 个案研究的现实意义

为了推进素质教育,提高基础教育的质量,必须切实贯彻面向全体,使学生全面发展的教育方针,重视开发学生的智力,培养学生的创新意识和创新能力,开发每个学生的潜能。

中(小)学学科教师在教学第一线,掌握着丰富的第一手研究资料,最有条件进行个案研究,只要有心,只要持之以恒,定能取得令人欣喜的成果。同时,中(小)学学科教师结合日常的教学工作,进行个案研究是减负增效、推进素质教育的有效措施。

4.4.1.3 个案研究的特点

（1）研究对象的个别性与典型性

因为个案研究的对象是一个人、一个机构或一个团体，也可以是一件事，这就决定了研究对象具有个别性，这是个案研究区别于其他研究的一个特点。研究对象的个别性有助于教师从事对个别学生的研究，特别是对有学科天赋的学生的研究和对学习某学科有困难的学生的研究，或对于在某一特定范围内具有典型性的某一对象（人或事）的研究。研究者通过对特殊对象的研究，运用归纳推理的办法，揭示带有普遍意义的教育规律。

（2）研究方法的多样性与综合性

中小学学科教育个案研究的内容很宽泛，涉及：

① 研究学生的个体差异；

② 研究学生学科能力的培养、对学科知识的掌握；

③ 研究教学方法对学生学业成绩的影响；

④ 研究影响学生学习某学科的外部条件；

⑤ 研究学生学习某学科的动机、情感、兴趣、习惯、性格、意志等非智力因素对学习的影响等。

个案研究法往往是观察法、调查法、实验法等多种研究方法的综合。个案研究也可以贯穿在其他的研究方法中。

（3）研究过程的深入性与全面性

个案研究的对象相对单一，只要抓住一两个典型就可以研究，在任何一个班级的学科教学中都可以找到这样的典型。但对这样的典型应在时间和空间上作多方面的、深入持久的研究。研究的时间范围可以是研究对象的过去、现在，直至追踪到将来，这是一种纵贯性的深入研究。

个案研究不仅在时间上具有纵贯性，而且研究的内容在空间上是多方位的，具有宽泛性。对一个学习某学科有困难的学生的研究，不仅要从学生的智力和学习的努力程度上进行分析，而且还应涉及研究对象的家庭、社区（居委会、邻近的娱乐场所等）以及该学生的兴趣、爱好、性格、学习方法，学生所在的班级、学校及其他任课教师、班主任等。

只有当研究的内容越全面、过程越深入，采取的教育措施才会越具有针对性，收到的教育效果才会越好。如果研究者只凭了解到的片言只语就下结论，往往难以避免主观片面性。

（4）个案研究的局限性

① 因为个案研究的"个"字的特点，使得被试范围比较狭小，且被试是研究者主观确定而非随机的。

② 个案研究大量依赖于对所研究对象的观察、描述、定性判断或解释，尚缺乏坚实的理论基础，很难避免主观性和片面性。

③ 个案研究是通过对个别的特殊的人和事的研究，导出一般性的结论，因此，其结果的代表性往往不能被人们所认同，而且个案追踪研究需要较长时间，需受试者的长期合作，部分受试者的流失也会给研究带来一定影响。

4.4.2 个案研究的步骤

个案研究的过程大致可分为确定研究的对象、搜集研究的资料、成因分析和个案指导等四个步骤。

4.4.2.1 确定对象

研究的问题是否有价值，首先是确定研究对象。在中（小）学学科教育研究中，个案研究对象有下列两类：

（1）个 人

个案研究中，大多数是对学生个体的研究，单个被试有助于教师从事个别学生的研究。个案研究对象中的个人包括智力超常儿童、有某学科天赋的儿童、学习某学科有障碍的学生、在某些方面有特殊情况的个体等。

① 对于智力超常、有某学科天赋或学科成绩出众的学生，研究的目的主要是为了了解他们的特点，探索他们成长的规律。

② 对于学习某学科有障碍的学生，研究的目的主要在于能找出其症结所在，从而对症下药，帮助他们提高学习成绩，使他们的潜能能得以发挥。

③ 对于一些有特殊情况且带有一定典型性的个体，如逃学的学生、父母离异的学生、性格孤僻的学生等，对其研究，旨在探索对这些学生进行教育的规律。

（2）教育机构或社会团体

中（小）学学科教育个案主要是学习小组（包括学科兴趣小组）、班级、学校，当然，也可以是农村、城镇、某个区域。对教育组织或社会团体的学科教育个案研究，主要是发现或描述总的趋向。

4.4.2.2 搜集资料

搜集资料是在确定研究对象后首先要做的工作。只有在积累了研究对象大量的有关资料的基础上,才可能对这些资料进行分析。

(1) 资料搜集的范围

资料搜集的范围应根据研究对象的具体情况确定。

① 对学生个体研究的资料一般应有个人的基本情况,如学生的性别、年龄、籍贯、班级、爱好、性格、智力以及奖惩情况、学业成绩、身体情况等。

② 应该有研究对象的家庭情况,如父母职业及受教育程度、家庭经济情况、家庭其他成员、父母对子女的管教方式、研究对象对家人的情感等。

③ 还需要搜集与研究对象相关的其他资料,如同学、班主任、其他任课教师,还有居住地区的文化背景、邻居、亲友的社会环境等。

类似,我们可搜集社会团体、教育组织的相关资料。

(2) 搜集资料的方法

搜集资料可以通过许多途径,通常有观察(实地观察或通过录像观察)、访谈(直接的或间接的)、测验、问卷、查阅其他有关资料等。

① 观察:最普遍的观察是观察学生的课堂行为,迄今为止,学科教育研究也应该以课堂观察为基础。实际观察时的实地记录要仔细核定时间、地点、事件发生的条件,并对记录及时归纳整理。

② 访谈:直接找研究对象谈话或访问与研究对象相关的人物,如班主任、其他科任教师、同学、家长、兄弟姐妹、邻居等。必要时还可以进行问卷调查。

③ 测验:通过有关量表测验研究个体的智商、性格等,通过单元测验、期终考试及有意识的命题测验,考察被试的认知结构。平时的学科作业或有意识的课堂提问也可以作为检查被试掌握学科知识及学科能力的依据之一。

查阅研究对象历年学业成绩以及相关的档案材料,也是搜集资料的重要途径。

为了避免研究者的主观性和片面性,保证搜集资料的客观性、全面性和准确性,我们可以采用家庭访问、观察该学生、会见教师(班主任、任课教师)的三角互证法。通过三角互证法,可以比较不同来源的信息,确定资料的真实性。

4.4.2.3 成因分析

成因分析,即以搜集的资料为依据,以正确的哲学方法为指导,去粗取精,去伪存真,由此及彼,由表及里,对个案历史的和现实的资料进行分析、综合,从而认识研究对象的整体,对研究对象做出概括性的定性解释或描述。

例如,对学习某学科有障碍的学生的研究,要注意造成学习障碍的因素很多,可能是原来的学习基础;可能是智力上或者是兴趣、情感、意志、习惯上的原因；可能是教育上的、环境上的；可能是家庭的原因，比如家庭教育的方式、家庭经济状况；还可能是身体方面的原因，比如健康原因等。成因分析可以通过"专家会诊"的方式。研究者必须在这些错综复杂的原因中，抓住主要矛盾，从而得出科学的因果关系。

当研究者试图得出某些概括性的结论，而一两个的个案研究尚无法定论时，可以再通过多个类似的个案进行深入的研究，以进一步确定近似的概括性结论。

4.4.2.4 个案指导

学科教育科研的目的在于丰富学科教育理论和探索教育规律，在于指导学科教育实践。对于广大中（小）学科教师而言，研究的目的主要在于解决学科教学中的实际问题。在成因分析的基础上，设计并施行一些积极的教育措施，对被试提出整改的要求，以促进其人、其事向健康方向发展，这就是个案研究的指导阶段。

个案指导的目的是为了帮助学生健康成长和取得学业进步，这就要求研究者把指导的注意力集中在与学生健康成长和学业进步有关的、具体的难点和关节点上。在个案指导时，特别是对学习有困难的学生的指导，应该注意以下几点：

（1）指导必须以成因分析为基础，找出需要矫正的弱点，或找出影响其学业成绩的关节点，从而确定指导方案。

（2）指导方案的制定应充分考虑到学生自身的价值，不应该由于学生年纪轻，就随意指责他们，使他们失去自信。

（3）指导方案应充分考虑到学生的个性、年龄特征和认知结构，针对被试成长和发展的个别需要，使方案具有针对性。

（4）必须考虑到被试的全部环境，班级的、学校的、家庭的和社会的各种主要因素都不能忽视。

（5）必须利用正确的教育方法。

（6）指导后对被试进行必要的追踪。

（7）应该有必要的指导记录。

4.4.3 个案研究的方法

学科教育科研是一个比较崭新的领域，目前尚缺乏一个完全适合于它的研究模式，而中（小）学学科领域的个案研究是近些年才不断得到重视的。

这就需要我们在中（小）学学科教育科研的实践中不断探索、不断创新。这里简单介绍追踪法、归因法、临床法、分析法、会诊法等几种常用的方法。

4.4.3.1 追踪法

追踪法，就是对研究对象进较长时间的、有意识的跟踪研究，揭示问题的原因，提出指导意见，观察变化趋势，发现成长规律。验证某一教育理论、实施某一教育措施、探索某一教学方法等，均可采用追踪法。追踪研究的时间短则达数月，长则达数年甚至数十年。

追踪法尤其适用于探索发展的连续性、稳定性以及早期教育对以后其他教育现象的影响等三种情况的研究。实施追踪法的一般分为确定追踪研究的课题、实施追踪研究、整理和分析收集到的各种材料、提出改进个案的建议等四个步骤。

追踪法是对相同的个案进行长期而连续性的研究，研究者能真实而直接地获得研究对象发展变化的第一手资料，能深入了解个人或某一教育现象的发展情况，弄清发展过程中个体差异现象。但追踪法也有明显的缺点。一是费时且难以实施；二是由于时间长，各种无关因素都可能介入而影响研究结果；三是由于时间太长，研究对象是否长期合作，以及研究对象的流失等都是问题。

4.4.3.2 归因法

归因法，就是根据已成的事实，追寻和探索产生这一现象的原因，这是一种执果索因的方法。如一个学生的学科成绩明显退步，这是一个客观事实，那么，这个学生为什么学科成绩明显退步呢？对这个学生学科成绩明显退步的原因进行研究，就是归因法。

实施归因法一般分为确定结果和研究的问题、假设导致这一结果的可能原因、设置比较对象、查阅有关资料进行对比、检验等五个步骤。

4.4.3.3 临床法

临床法是通过教师与研究对象面对面的谈话，直接收集研究材料的方法，也称为临床谈话或谈话调查法。这种方法不仅可以使研究对象进入研究者设计的情景，而且还能了解研究对象的思维状况及其潜在的能力。这一方法既适用于陷入困境儿童的研究，也适用于正常儿童的研究。前者旨在解决个案的问题，后者旨在由特殊个案发现儿童发展的一般规律。实施临床法的方式可以是口头谈话，即面对面地交流，也可以是书面谈话，即问卷谈话。

实施临床法一般有六个步骤：一是由教师、父母或学生本人提出需要帮助的具体行为问题或学习问题,然后观察该生的行为;二是根据该生的学习成绩、教育测量情况、同伴评价、家庭情况以及在各种环境中的表现,明确当前的情况等;三是根据该生的发展史、学校记录和家庭历史等资料,了解其历史,找出行为的一贯性;四是根据可能的假设,设置处理方案;五是根据初步处理的结果,判断假设是否正确,是否需要修改或必须完全推翻;六是为了提高研究的科学性,一般宜用实验法再加以检验。

4.4.3.4 分析法

对研究对象的有关材料进行分析,得出研究的结论,这就是分析法。研究对象的材料可以有学生的作业、试卷、日记、品德评语、学业成绩等;反映教育组织、教育机构的信息,如班级日志、工作计划、报告、总结、会议记录、统计材料、规章制度、信件、上级文件、教研活动记录等;教师方面的材料有听课笔记、教案等。这些材料,可以是书面的,也可以是录音、录像等。

值得注意的是:分析法要在充分的占有材料的基础上进行,否则,很容易出现片面性。

4.4.3.5 会诊法

会诊法就是通过参与研究者集体讨论,对研究对象的行为做出鉴定,并得出比较客观公正的结论。这种方法最适宜学科教研组或年级备课组对学生学习学科行为的个案研究。

上述几种个案研究的方法并不是孤立的,在个案研究的过程中,往往是多种方法的综合应用。

4.5 观察法

实践观察和理论思维是构成学科教育研究的两大基本要素,科学的观察方法是人们在自然的情境中,有目的、有计划地对自然现象或社会现象进行考察的一种方法。

教育是一种社会现象,观察对于认识教育现象、搜集研究第一手材料起着重要作用,也是中小学教育科研的一种最基本、最常用的方法。它贯穿于研究过程的始终,也是其他研究方法的基础。

4.5.1 观察研究的常用方法

观察分为抽样观察、追踪观察和综合观察三种。

4.5.1.1 抽样观察

抽样观察又包括时间抽样、场合抽样和阶段抽样三种。

（1）时间抽样观察法。它是专门观察和记录在特定的时间内，研究对象所发生的现象及过程的一种方法。如在对中小学生学习某学科的兴趣的观察中，可以观察课堂上学生的注意力集中地时间、学生听课的表情、做练习的态度、参加该学科课外活动的人数等，通过观察、记录和统计做出分析和判断。

（2）场合抽样观察法。它是观察者有意识地选择一个自然场合，观察研究对象行为的一种方法。如选择学校某学科课外兴趣小组开展活动的场景作为观察点，对学生在该学科小组活动时的各种各样的表现、参与的程度、活动的效果等，进行有意识的观察、记录，从某个侧面了解学生对该学科的兴趣。

（3）阶段抽样观察法。研究者只选择某一段时间对研究对象进行有重点的观察。不同阶段的观察内容、要求可以不一样，从中分析了解学生学习某学科感到困难的原因。如对学习某学科有困难的学生的观察可以分为学习的始学阶段（开学初）、期中、期末等几个阶段进行观察，不同阶段的观察内容、要求可以一样，从中分析了解学生学习该学科感到困难的原因。

在进行抽样观察时，必须注意抽样的科学性、客观性和合理性，即观察应当不带任何偏见，选择的对象具有代表性，以保证观察结果能说明总体情况。

4.5.1.2 追踪观察

追踪观察是一种长期地、系统地、全面地观察研究对象在各个阶段的发展变化过程的方法。目的在于搜集观察对象发展变化过程中的材料，以便研究其发展变化的规律性。如对某个在某学科方面较有天赋的学生的发展过程的观察，可以从课内课外、校内校外，甚至从中小学到以后发展的各个阶段去作长期的、系统的、全面的观察与记录，并根据这些资料进行分析研究，得出科学的结论。

4.5.1.3 综合观察

在教育科研中，由于客观事物都是相互联系、相互制约的，要找出事物发展的规律还必须进行综合观察。其一，是指对某一具体观察对象进行观察时，要把眼光扩展到同对象有关的各个方面、各种因素以及相互联系上；其二，是指观察某一对象时不仅仅只用一种方法，而是根据具体情况把几种观察方法有机地结合起来使用。如在某校一个年级中进行现代某学科教学法的实验研究，除了选定一个实验班与一个传统教学班作对比外，对实验班学生的该学科基础、学习该学科的兴趣、行为习惯，教师的教学水平、教学态度等与教学有关的、发生在课内外或校内外的方方面面都要进行细致的观察，有目的、有系统地采用不同的观察手段，对观察内容做出详细记录，进行全面分析，做出观察结论。

当观察达不到预期效果时，观察研究人员要有足够耐心，适当放宽观察空间，注意发现被观察者细微的行为表现或某个行为产生的孕育过程，对一切与之相关的现象都列入观察范围，以获得符合客观实际的信息资料。

4.5.2 观察研究的具体步骤和记录方法

4.5.2.1 观察的具体步骤

在课题研究中运用观察法，一般都是在自然条件下直接或间接地对学生的行为表现进行观察。具体步骤是：

（1）确定观察要达到的目的。

（2）选择被观察的典型对象。

（3）制订完整的观察计划。计划应包括：① 观察目的；② 观察的重点和范围；③ 观察提纲；④ 观察过程，包括观察所采取的方法和手段；⑤ 观察应注意的事项；⑥ 观察记录的表格、仪器设备；⑦ 人员分工；⑧ 应变措施等。

（4）实施观察计划。这是观察法的核心，首先要获准进入观察群体，尽量按计划进行观察；其次要选择最适宜的观察位置，密切注意观察范围内各种活动所引起的反应，用各种方法和手段实施观察并做好观察记录。

（5）分析观察材料，撰写研究报告。把观察研究中搜集到的所有资料编号，然后分门别类地加以分析整理，研究者依据科学研究的一般规律，按照设计的研究目的进行科学研究，撰写成研究报告。

4.5.2.2 观察的记录方法

做好观察记录是实施观察过程中一项必需的工作，应注意记录的准确性、完整性和有序性。一般有以下几种记录方法：

（1）评等法。其特点是研究者对所观察的对象所表现的特征，按所属等级进行记录。

（2）评阅法。对观察现象的出现或不出现用"是"（√）或"否"（×）来表示。

（3）频率法。观察者预先将规定好要观察的研究对象的项目印成表格，凡出现某种现象就在表格上相应的框格内画上一个"√"。

（4）连续记录法。用笔记的方法在观察现场作连续记录，也可借用录音机、录像机、摄影机等摄录现场实况。

4.5.3　观察研究的要求

（1）坚持观察的目的性与计划性。观察是一种有目的、有意识的认识活动。观察者必须事先确定观察的目的和制订出计划，并据此进行全面深入的观察。随意的观察将影响准确掌握研究对象的真实情况。

（2）坚持观察的自然性与能见性。观察必须是在自然环境中进行，观察对象必须处于自然状态中并是"能见"的，其活动才是真实、自然的。

（3）坚持观察的客观性与全面性。观察要采取实事求是的科学态度，如实反映客观情况，不带任何感情色彩。观察者要把观察对象的各种关系，全面、系统、连续、完整地记录，且观察要在重复出现的情况下进行，这样的观察才有客观性，获得的资料才具有科学意义。

（4）坚持观察的主动性与思维性。研究者不是消极的注视者，而是观察活动的积极组织者。观察过程既是感知过程也是思维过程，既要用眼睛看，更要用脑子想。要在科学理论指导下对观察到的现象进行分析思考，这样对事物的认识才能客观、深刻。

（5）坚持观察者与被观察者间的协作性。观察者要善于与被观察者建立融洽关系，消除他们对观察者的陌生感和戒备心理，使其真正处于自然状态。这将有助于研究人员获得较为真实的经验事实材料，提高观察的有效性。

（6）坚持观察记录的详细性。研究者一定要尽可能详细地记录观察材料，把尽可能多的资料收入观察笔记，避免事后因没有记录而无法分析、查对，影响整体研究。要知道许多自然发生的现象往往是不可重复的。

4.5.4　观察研究应注意的问题

在教育研究中，观察是根据课题研究的需要为解决某一问题而进行的一种科学实践，其目的在于能捕捉反映客观事实的信息。观察研究必须注意以下几个方面：

4.5.4.1　做好观察前的准备工作

（1）事先掌握观察对象的基本情况，明确观察的目的、计划、中心、范围，也就是要弄清楚观察什么、怎么观察、要解决什么问题。

（2）制订好观察计划。

（3）准备好观察记录表，有统一的速记符号，规定统一参照标准，必要时可以利用观察仪器等。

4.5.4.2　实施观察计划的具体要求

（1）要有正确的思想指导，观察尽量按计划进行。

（2）选择最佳观察位置，不影响观察对象的自然状态。

（3）善于辨别重要的和无关紧要的因素。

（4）注意抓住活动引起的各种变化，并尽量找出引起变化的原因。

（5）观察时既要注意本质性的东西，也不能忽视反常规的反应。

（6）注意观察人员的分工，对较复杂的观察可分小组进行。

4.5.4.3　及时记录与整理，注意记录的准确性、完整性、有序性

（1）如实记录，正确无误，不掺水分。

（2）全面记录，周密完整，避免随意性。

（3）详细有序，有条不紊，易读易用。

（4）借助仪器，有利于事后研究。

4.5.5　观察研究的主要特点

（1）观察研究有明确的目的性。观察是根据研究课题的需要，为解决某一问题而进行的，是自觉的而不是盲目的，是主动的而不是被动的，是按计划、有选择性地把注意力集中和保持在观察对象上，排除其他无关刺激的影响，根据研究任务来确定观察目的、范围、形式和方法。

（2）观察研究是在自然状态下的观察。观察是在自然状态条件下进行的。所谓自然状态就是指对观察对象不进行任何干预和控制的状态。在自然状态下进行观察能使观察者观察到被观察者在日常现实生活和学习等活动中真实的、典型的和一般的行为表现，从而能较客观、真实地收集到第一手资料。

（3）观察研究有系统的计划。作为研究手段的观察是按事先制定的提纲和程序，同时规定了观察的时间和内容，从大量教育现象中选择典型对象有计划进行的。

（4）观察研究是对观察对象进行直接观察。观察的对象是正在发生的事实现象，观察者和被观察对象共处于一个研究系统中，有时他们会在一起相

处一段时间，观察者通过感知对象而获得第一手资料。

（5）观察研究适用于范围大而课题小的研究。由于观察研究不过多地受观察条件的限制，观察方法灵活，因此，它可为许多课题的研究提供观察资料。

4.5.6 观察研究的适用范围

在教育研究的起始阶段，研究者希望利用相对简单的方法，搜集关于研究对象的直接材料，并从中发现问题。在确定研究课题的主攻方向时，可选用观察法。

当研究目的是描述对象在自然条件下的具体状态，或者需要对正在进行的某些过程做出描述，不允许研究人员干涉对象活动，则需运用观察法来搜集资料。

当需要获得研究对象或事态变化过程的第一手资料时，观察法就是获得这类资料的合适手段。

4.5.7 观察研究的局限性

一是易受观察者的主观因素影响；二是观察结果代表性不高；三是有些观察活动可能使观察结果失真；四是观察法只能说明"是什么""有什么"，不能说明"为什么"，主要适合于对研究对象的外部表现、外部联系的认识，而不适用于对内部本质、内在联系的研究；五是受时间和情境的制约，在研究对象人数多且分散的情况下应用比较困难；六是样本小、耗时长，对于大规模的研究或急需获得结论的研究不适宜。所以，在教育研究中，常常与其他方法结合使用来弥补不足。

4.6 文献研究法

4.6.1 文献研究法概述

在2.4节中，笔者从确定研究课题的视角论述了查阅文献资料的必要性。这里是从方法论的视角论述文献研究法的重要性。

文献研究法是根据一定的研究目的或课题，通过研究文献活动，全面地、正确地掌握所研究的问题，揭示其规律和本质属性的一种科研方法。

凡是用文字、图形、符号等手段在任何载体上，表达自人类存在以来的某学科教育知识和该学科教育研究成果的有价值的记录，都称为该学科教育文献。其包括记载该学科教育知识和研究成果的各种图书、期刊、研究报告、网络资料、会议资料、政府出版物、论文的预印本以及该学科教育专家之间讨论有关问题的谈话记录和信件等。

中小学某学科文献研究法就是要在该学科教育的文献中搜集与研究课题有关的资料，并给予鉴别和整理，在分析研究的基础上，形成对事实的科学认识。

在中小学教育研究中，文献的搜集和整理是不可缺少的一个组成部分。从选题、初步调查及论证课题、制订计划、搜集资料和分析研究资料到形成研究报告，都必须进行文献的研究，掌握科研课题已取得的成果及其他研究者取得的进展，这也是任何科研工作的必经阶段。在信息化的今天，可以从多种途径获得有关信息和资料，研究者应结合研究的问题和具体的条件，选择和确定恰当的方法和途径得到有用的文献资料。

4.6.2 文献的分类

（1）按文献的加工方式分类

根据加工程度的不同，文献资料可分为一级文献、二级文献、三级文献三个等级：

一级文献是以作者本人实践为依据撰写的原始性文献，包括专著、论文、调查报告、档案材料等。

二级文献是对原始文献加工整理以后的比较系统、条理化的检索性文献，包括书目、索引、提要和文摘等。

三级文献是在二级文献基础上对某一范围内的一级文献进行广泛、深入的分析研究之后，综合浓缩而成的参考性文献。

二级、三级文献是在对一级文献进行概括、整理和加工的基础上形成的，目的是使分散、繁杂的原始文献更加系统、概括、简明，便于读者在较短的时间里比较全面地掌握大量信息。然而，由于二级和三级文献是他人加工和浓缩的，有可能与原始资料不尽相符，因此，在查阅文献资料的时候，既要善于利用这些"拐棍"，又要注意把主要精力放在对最有参考价值的一级文献的研究上。

（2）按载体形式分类

按文献的载体形式，可以分为印刷型、缩微型、电子型和声像型等四种类型。

(3) 按来源及公开性分类

按文献的来源及公开性，可以分为正式文献和非正式文献两类。

4.6.3 文献研究的作用

对于科学研究而言，查询和利用文献资料通常是不可缺少的，作为一项基础性的工作，它贯穿科学研究的全过程，教育科研也不例外。从某种意义上讲，教育科研的全过程就是对教育科学文献的搜集、整理、使用和再创造的过程。文献研究在教育科研中的作用主要体现在以下几个方面：

(1) 有助于研究者选择和确定研究课题

通过查阅文献资料，可以提供科学研究选题的依据，了解该课题所涉及的前人或他人的主要研究成果、研究重点、研究方法、经验以及存在的问题等，以作为发现和提出问题并最后确定研究课题的依据。

科学研究本身，必须批判地继承并利用前人一切可以利用的成果，少走或不走弯路，从而找到准确的突破口，以此选定最有价值和最值得研究的前沿课题。文献资料就为科研选择和确定提供了动态的前沿背景，在很大程度上也直接影响研究工作的质量水平。

(2) 有助于避免重复性的无效劳动，提高教育科研的效益

研究者在选择研究课题时，参考已有的文献，可以避免劳而无功的重复劳动，使研究者能够将精力集中在最有意义的课题上，提高研究的效益。如果不深入查阅有关文献资料，不明了问题的历史与现状，就可能重复别人的劳动，从而导致经济和时间上的损失，使科学研究长期处于低水平的重复状态。

(3) 为科研提供科学的论证依据和研究方法

通过查阅文献并从相关研究成果中受到启发，找到课题研究的线索，使研究建立在可靠的材料基础之上，为论证研究观点提供丰富的、有说服力的科学依据。因此，查阅文献资料是跟踪和吸收国内外最新研究成果，及时了解课题研究的理论、手段和方法以及研究发展动向的有效途径。

在文献研究中，可以通过分析、对比、统计、归纳和推理等方法，发现事物的内在联系，找出事物发展的规律，从而得出某种研究结论，培养整体解决问题和探索未知领域的能力，进而提高自身的科研能力。

鉴于此，在所有的课题申请评审书中，几乎都要求从课题核心概念的界定、国内外研究现状述评、选题意义及研究价值，课题的研究目标、研究内容、研究假设和拟创新点，课题的研究思路、研究方法、技术路线和实施步骤等几个方面撰写出 3 000～4 000 字的课题设计论证（见附录4）。

4.6.4 文献的主要分布

由于创造、记录与传播的方式不同，教育文献资料的分布极为广泛且形式多样，主要分布在书籍、报刊、政府与会议文献以及学位论文等。

（1）书籍

书籍是教育科学文献中品种最多、数量最大、历史最长的一种情报源，包括名著要籍、专著、教科书、资料性工具书以及科普读物等。

（2）报刊

报刊包括报纸和期刊。报刊作为连续性出版物，传递信息迅速，能及时反映教育领域研究的新动态，是教育研究者查阅文献的主要来源。多数报刊可以通过中国知网检索。

（3）政府、会议文献

政府文献是指官方的教育政策法规类的指令性文件，是了解一个国家教育方针政策、规章制度等重要信息的来源，是全面了解教育状况和制度沿革及发展演变的有用资料。政府文献可分为公开资料、内部资料和机密资料等三种，应该区别对待。

会议文献包括在各种学术会议上宣读、交流的论文、报告、讨论记录、会议记录等文献资料，是当代学术界进行学术交流的重要形式之一。学术会议文献多数是未公开发表的资料，往往反映了某一科学领域内的最新研究动向和研究成果，代表国内外的最新学术发展水平，是进行科学研究的重要资料来源之一。

（4）学位论文

学位论文是高等院校的大学生、研究生和各种在职人员申请学位时撰写的学术论文，是带有一定独创性的重要的一级学术性文献资料。

4.6.5 文献的搜集

搜集文献资料是教育科研的基础工作。可以说，中小学某学科教育科研的过程是一个不断搜集文献资料的过程。掌握文献搜集的方法对于从事教育科研的中小学教师来说，显得尤为重要。

4.6.5.1 确定搜集范围

任何一项课题研究所涉及的资料面都是十分广泛的，如果无目的地去搜集，无疑将花费很多时间，浪费精力。因此，一旦确定研究课题，首先需要确定搜集资料的范围。

确定资料搜集范围,要从两方面考虑:一是资料的广度,即尽可能占有涉及课题研究内容的多角度的资料;二是资料的浓度,即所搜集的资料不但要有一定的数量,而且要有一定质量,要有典型意义。

中小学学科教育科研的文献资料,包括各类书籍、各类期刊,如中国教育报、各地的教育报、教育信息报、教师报、学术性会议资料、论文集等。在因特网上可以查到许多中小学学科教育科研方面的资料。

4.6.5.2 查阅文献资料的方法

(1)快读(浏览)。根据研究课题所需要搜集的资料范围,列出有关文章、书籍、刊物、报纸的名录,做好索引卡片,并快速阅读这些文献资料,同时,利用这些资料进行追溯查找。

(2)慢读。快读只能获得研究所需的宏观信息。在快读基础上对于重要部分及关键问题要慢读,边读边思考,吸收其中有用的信息。

(3)研读。在慢读后,对研究课题有重要价值的的内容要做记录,做成读书卡片。卡片积累多了,不定期地翻阅、清理、调整、分析,就常常会有新的发现,"好记性不如烂笔头"。

4.6.5.3 文献检索的基本方法

文献检索的方法多种多样,不同的方法有不同的特点和不同的适用范围。常用的有顺查法、逆查法、引文查找法和综合查找法等。

4.6.5.4 文献搜集途径

搜集资料的途径一般有订购、借阅、制作、下载等。

4.6.6 文献的分析研究

4.6.6.1 资料的整理

(1)资料整理的步骤

对搜集到的资料进行整理,一般要经过四步:

一是汇总。把搜集到的分散、零乱的资料汇集到一起,以便进行分析。

二是核对。由于资料的来源、时间、方法不一样,因此资料汇总后,还需进行检查核对,以保证资料的准确无误。在核对时,要注意:

① 完整性,即资料是否齐全,如发现有缺漏,则应该抓紧时间补充搜集。

② 一致性，即资料是否有相互矛盾处，是否与课题研究内容相吻合。

③ 可靠性。资料的出处是否可信，资料所反映的内容是否准确。要通过比较、鉴别，剔除不可靠的资料。

三是筛选。把所需要的、有典型意义的资料挑选出来，留作重点分析研究。

四是分类。对搜集到的所有资料，都要进行分类，以便于下一步的分析，也便于保存、积累。

（2）资料整理的方法

常见的资料整理方法主要有：

① 索引。将所搜集到的资料编制成目录索引，有利于查找。索引是一种十分简略的概览性工具，内容包括资料的名称、时间、出处等。

② 卡片。重要的资料，应该制作成卡片。卡片的内容一般有三种：

a. 摘录。将文献资料的重要内容一字不漏地抄下来，以便今后直接引用。

b. 摘要。即将有关内容以概述的形式记下来，一般是原话的重新组合，不是感想和随笔。

c. 提纲。用纲要的形式，摘下原文的层次及主要内容。

③ 剪贴。有些资料可以直接从报刊上剪贴下来，以减轻记录抄写的负担。

④ 卷宗。有些资料文字量比较多，可采用建立卷宗的办法进行整理。

不论使用哪种方法，都必须做到便于分类、排列、查找，否则，就丧失了搜集资料的意义。

4.6.6.2 资料的分析

资料分析是在资料整理的基础上，依据课题任务，运用整理过的资料去揭示事物的因果关系，从而形成对事实本身的科学认识。

对于搜集到的资料，应运用马克思主义的哲学观点和教育科研理论，经过理性思考和理论分析，去粗取精，去伪存真，由此及彼，由表及里，形成对研究问题的科学认识，而这种理论分析的方法需要对搜集到的文献资料进行归纳、演绎、比较、分析和综合。对于搜集到的数据资料则应运用数学的方法进行定量分析。

定量分析就是运用数学方法对搜集到的研究资料进行处理，以了解研究对象的量的特征和变化态势，从而揭示内在规律的分析。在分析研究资料时，教师必须善于把定性分析的方法和定量分析的方法有机地结合起来。在教育研究中，定量分析的方法很多，如经典数学分析方法、概率和数理统计分析方法、模糊数学分析方法等，但应用最为广泛的则是教育统计分析。

最后，在对搜集到的资料进行整理、分析的基础上，撰写论文或报告。

4.7 行动研究法

4.7.1 行动研究法概述

4.7.1.1 行动研究法的涵义

教育行动研究法是指由教育工作者和研究者共同参与，从教育工作中寻找课题，在实际教育工作中进行研究，使研究成果为教育工作者理解、掌握和实施，从而解决教育实际问题的研究方法。行动研究是行动（即实践活动）和研究的结合。因此，行动研究可概括为为行动而研究、对行动的研究和在行动中研究。

行动研究中的"行动"指的是教育工作者的实践活动，"研究"主要指科研人员对教育规律的探索。长期以来，"行动"与"研究"处于分离状态：教育科研人员不大接触教育教学实践，凭假设搞研究，科研成果往往缺乏应用性，教育研究难以满足教育发展的需要；实际工作者凭热情开展研究，由于缺乏理论性和科学性，得不到科研人员的及时帮助，研究工作往往难以取得理想的结果。

把"行动"和"研究"两者结合起来表达为"行动研究"是在20世纪30年代的事情，50年代介绍到教育界之后便广泛应用于教育行政管理、课程、教学研究之中，70年代在世界范围内掀起运用热潮。

4.7.1.2 行动研究法的特点

首先，它是"行动"和"研究"相结合的。在行动中了解问题，提出解决问题的方法，在行动中修正方案，提出改进意见，直到问题解决。其次，它旨在改进工作质量，重点在于解决教育、教学工作中的实际问题。再次，它十分灵活，允许在"行动"过程中根据实际情况，对原计划做出修改、调整，而不拘泥于形式。

行动研究对于教师研究自身的教学实践具有重要意义。就课程实施而言，它是关于教师教什么与教师期待什么的联结，正是实施本身亟待教师的反思和行动，这正是行动研究的基本理念。

我国第八次课程改革虽自1999年便已启动，但有关资料显示，在不同地方不同学校推广和深化的程度却截然不同。如，教师虽总是声称自己在实施新课程，但事实上只是在新课程的名义下重操旧业，或者借用新课程的话语使其过去的教学"合理化"，而没有发生任何形式的转变。任何种类的新课程事实上都只是一个建议,教师并不是在执行课程,而是在解释课程。行动研究促使教师不断反思,并传达给教师一个声音:一旦你确实行动了,改变就会发生。所以行动研究与课程实施有很密切的关系。

4.7.1.3 行动研究法的类型

教育行动研究大体有两种:一是独立进行的教育行动研究;二是联合性的教育行动研究。这两种研究又可分为单个教师的教育行动研究、协作性的教育行动研究和学校范围内的联合教育行动研究等三个层次。

4.7.1.4 行动研究法的适用范围

教育行动研究法是一种适用于小范围内教育改革的探索性的研究方法,其目的不在于建立理论、揭示规律,而是针对教育活动和教育实践中的问题,在行动研究中不断地探索、改进和解决教育实际问题。

4.7.2 行动研究的基本性质与优点

4.7.2.1 行动研究的基本性质

行动研究本质上是一种反思性实践,它能有效促进教师乃至整个学校的正面发展,这主要是基于行动研究具有以下六个方面的基本性质。

(1) 实践性。行动研究能聚焦于教育领域实际问题的解决。

(2) 参与性。行动研究能充分调动教师、校长、学生、外部专家、有关机构、社区等各个方面的力量,共同参与到同一项目之中。

(3) 试探性。研究过程往往充满不确定因素,可能的解决方案往往是不断试验的结果。

(4) 解释性。意义是参与者各方集体建构的,研究处于解释与再解释的持续过程之中。

(5) 批判性。参与者作为自我评判的变革主体,对各式具体问题保持批判的态度。

(6) 赋权性。所有参与者都为研究过程做出贡献,并最终获益。

4.7.2.2 行动研究的优点

行动研究有以下四个方面的优点:

(1) 适应性与灵活性。行动研究简便易行,较适合于没有接受过严格教育测量和教育实验训练的中小学教师采用。容许边行动边调整方案,不断修改，经过实际会诊，增加或取消子目标。实验条件的控制比较松缓，注重实际的教育环境，有利于在复杂的教育研究领域内进行。

（2）评价的全过程性与反馈的及时性。行动研究强调评价的全程性，即诊断性评价、形成性评价、总结性评价贯穿这个研究过程。反馈的及时性表现在两个方面：一是及时反馈总结，使教育实践与科学研究处于动态结合与反馈之中；二是一旦发现较为肯定的结果，便立即反馈到教育实践之中。

（3）较强的实践性与参与性。教育研究与教育实践紧密联系，参与性体现在典型的行动研究之中。

（4）多种研究方法的综合使用。较成功的行动研究往往汇集和发挥多种研究方法的作用；理想的行动研究应是多种科学研究方法灵活与合理的结合。

4.7.3　行动研究的双重序列

在研究中，教师和专家虽然都参与到行动研究的过程之中，但他们对行动研究的认识和期待往往是不同的。教师所从事的探究活动属于第一序列，聚焦于发现课堂教学中的实际问题，并发展成可能的教学策略；而研究团队或专家所扮演的角色是支持和推动教师成为反思性实践者的促进人士，他们所做的工作属于第二序列。

基本上，正是教师群体本身促进了学校内部的改革，但教师对行动研究并不熟悉，对课程理论亦所知甚少，由此构成了专家的介入。这些专家可以帮助教师识别并界定问题，协助教师发展各种资料收集的技巧，提供及时的反馈，并促进教师的持续反省等。但专家的任务毕竟属于第二序列，行动研究的核心主体是教师，只有充分发挥教师的主体性力量，才能保障行动研究的成功。

4.7.4　行动研究应遵循的伦理法则

课程改革是一个系统工程，只有理顺内部各参与者之间的复杂关系，才能真正有效发挥课程改革的功效。

由于行动研究一直鼓励团队成员精诚合作，而实际上参与者之间的关系错综复杂，稍微处理不慎，行动研究的效果就会受到很大的影响。因此，伦理问题对行动研究非常重要。可以这样说，行动研究正是一场由伦理关怀所启动的改革历程。所以，有"行动研究即道德科学"之说。

行动研究的伦理可界定为五个不同的维度：

（1）伦理即希望。参与者有志于通过行动研究造就一个更有利于孩子成长的环境。

（2）伦理即关怀。行动研究的参与者之间须学会彼此关怀，乐于做积极的倾听者，才能形成一个稳定的合作团体。

（3）伦理即开放。在行动研究中，参与者的利益诉求多元化，对情景的认识也各有不同，唯有尊重彼此差异，各持开放的心态，才能促进变革的发生。行动研究的过程是一个复杂系统，充满不可预见性，参与者须随时保持开放的心态，才能维持对话的继续进行。

（4）伦理即责任。凡是行动皆有后果，每一个参与行动研究的人员都须对其他人采取负责任的态度，谨慎迈出自己的行动步伐。

（5）伦理即协商。行动研究过程中每一个步骤的设计及执行，都需要参与者之间的多次协商乃至妥协，因此每一个人皆应有愿与他人合作的意识。

4.7.5 行动研究法的一般程序与操作要领

行动研究是一个螺旋式上升的发展过程，每一个螺旋发展圈包括"计划—实施—观察—反思"四个相互联系、相互依赖的基本环节。

4.7.5.1 计 划

计划是行动研究的第一个环节，它包括了对问题的分析与解决问题的设想。

计划始于对问题的意识和分析。中小学学科教师在教学第一线碰到的问题很多，但要面对。

（1）要善于捕捉有研究价值的问题，然后进一步分析问题的性质和范围、问题存在的原因。

（2）要善于分析制约解决问题的重要因素。

（3）要善于分析本人及学校教师是否具有解决该问题的知识和能力。

对解决问题的设想，要根据对问题的分析，考虑创造什么条件，采取什么方法解决问题。

4.7.5.2 实 施

实施就是针对存在的问题，按预定的计划，有目的地采用实际步骤。实施的过程就是贯彻计划和解决问题的过程。

4.7.5.3 观 察

观察贯穿于搜集资料、监察行动的全过程中。观察的内容：一是行动背景因素及其制约方式；二是行动过程；三是行动结果。

观察的方法，可采用：

（1）文字描述或录音、录像等现代化技术。

（2）直接观察，间接的调查访问；课内观察，课外观察。应采用多角度、全方位的观察，以保证观察的客观性。

4.7.5.4 反思

反思即就行动的效果进行思考，并在此基础上计划下一步的行动。反思包括：

（1）整理和描述，即对观察、感受到的与制订计划、实施计划有关的各种现象加以归纳整理，勾画出行动过程和结果；

（2）评价与解释，即对行动的过程和结果做出判断，对有关现象和原因做出分析解释，找出计划和结果的不一致性，从而决定基本设想、总体计划和下一步行动计划是否需要修正，应做哪些修正。如问题的界定是否明确，研究的计划有否疏漏，资料的搜集是否详细、无误等。

4.7.6 行动研究法在中小学学科教学中的应用

行动研究是教师研究自己的教育教学实际，建立自己的教育教学理念，以改进并提高教育教学质量，进行教育改革，实现专业化发展的重要手段。所以，中小学教师在学科教学的行动研究中应做到以下几个方面：

（1）要有意培养自己对教育问题的敏感性

教师要有意识培养和发展对教育问题的敏感性，敏于其所看、所听、所闻，通过化熟悉为新奇、主动制造问题而非被动接受问题、逆向看问题等途径深入思考其意义。

（2）熟悉行动研究的基本技巧

教师可利用教学活动来共同探讨、分享心得，参阅教育研究基本书目、用心体会，或分组研讨某篇研究报告，或请原作者来分享经验等方式熟悉研究的基本概念或技巧。

（3）随时搜集资料并认真思考

行动研究的资料是多元的，所听、所闻、所思、所感等都是资料，要用心搜集，要尽可能使用第一手资料。因此，要勤动笔，用心观察，随时发问，努力记录，缜密思考，就此展开行动研究。

（4）扩充参与研究的渠道

行动研究最好组成小组，共同研究，共享经验，促进成长。中小学教师要实际参与教育研究，才能提升行动研究的能力。因此，可通过一系列途径扩充参与渠道，使其身历其境，亲身体验：

一是与大学教授、学者、专家实施合作研究，参与研究计划或项目，磨练技巧，相互成长。

二是申请教育部、省、市教育科研项目，实施小组研究或独立研究。

三是出版研究成果，申请资助或奖励。

四是参与各类研讨会、座谈会、学术会等，发表论文或吸收经验等。

五是在学校或其他单位提供的发表园地上发表研究成果等。

（5）教师角色的反思与批判

行动研究需要自我评价，要在研究过程中不断检验、修正、改进。教师集研究者、观察者、访问者、分析者等各种角色于一身，不仅要做技术性的反思，更要做实际性、批判性的反思，才能将研究置于整体的教育情境脉络中加以诠释。

目前，有关专家提出，"以理论学习为先导，以课题研究为主线，以教学实践为重点"和"校本培训"模式，将"研究"与"行动"紧密结合起来。随着教育改革的深入发展，越来越多的中小学教师积极投身到教育研究行列，教育科研工作者纷纷深入第一线。教育科研阵地前移，教育理论下嫁，使教育理论与教育实践越来越紧密地结合起来，行动研究呈现出勃勃生机。

4.8 测量法

4.8.1 测量法的意义和作用

4.8.1.1 测量法的意义

广义地说，测量是按照法则给事物指派数字。教育测量就是按照某种法则对被测对象的属性进行量的测定，用一组数据来表明学生通过作业或活动在智能、兴趣、个性发展及思想品德等方面所能达到的程度。测量具有三个要素：

（1）测量的对象及其特征，如学生的兴趣、智能等。

（2）测量的手段，即测量的工具及使用这些工具的某些法则等。

（3）测量的结果。

测量也是一种评价方式，通过客观的过程用量化的方式表明测量的结果，对研究对象的属性做出价值的判断，不受个人情绪或偏见的影响。在应用测量法时，一般采用测量量表或测量工具进行测量，如书面测验就是一种形式。但学习是个复杂的过程，单凭一两次测验的结果还不能对学生做出准确的评判，应对学生学习有个全面了解，然后再做出准确的评定。

4.8.1.2 测量在教育科研中的作用

测量在教育科研中的作用，可以从以下几个方面来反映：

（1）反馈作用。测量可以对教学过程做出即时评价，是检查教育和改进教学方法的良好工具。教育是一个连续性的长期过程，对教与学双方都需要通过获得反馈，及时了解情况，做出补救。教师可以根据反馈情况，做出诊断与调整；学生可以根据反馈情况，进一步自律。如要了解某教师的课堂教学效果，课后可用一份相关内容的测试题对学生进行测试，从测量的结果可分析出课堂教学效果的好坏、学生存在的问题，及时提出改进措施。

（2）评价作用。测量可以对各种教育现象做出客观的分析和科学评价，是对师生教与学情况做出的客观测定，是评价教学水平和学生成绩的主要依据，是教育管理和选拔人才的重要手段。这对教育管理部门研究政策和制定规划起着重要作用。同时，测量作为教育管理的重要手段，各种测量已被广泛应用，各级各类学校通过测量学生的学习成绩，鉴别学生智能和素质，从中择优录取各类人才。

（3）激励作用。测量可以对前一阶段教学效果做出测定，从而对教师的教育实践与研究以及对学生的学习都具有巨大的激励作用，能增强师生的精神动力，使成绩优异者获得成功的喜悦，进而奋发向上；使成绩不良者克服盲目骄傲的情绪，更加清醒地认识自己，争取下一阶段的成功。

（4）导向作用。一次良好的测验，尤其是国家级的测验，客观上起着指挥棒的作用，它引导教育者和学习者进一步明确教学目标、重点和难点，克服教学实践与教学研究中的偏差和弊病，使教育实践与研究沿着正确的方向前进。

总之，测量是教育研究的有效方法。教育研究的方法很多，但几乎所有的方法都离不开测量，任何一种新的理论、新的教材和教法不经过测量鉴别其效果，都无法科学地评判其价值。如当前中小学教育中讲得最多的减轻学生负担、改革现行评价制度、提倡创新教育、"留守儿童"教育等，对这些问题的研究都需要测量，即使对学生实行"等级制评价"或"星级制评价"或"综合评价"等都需要测量，否则只能泛泛而谈，无法得出可靠的科学依据。

4.8.2 测量的种类

4.8.2.1 按测量对象的属性分类

（1）学业测验，指以测量学生学业成绩为目的的测验。平时进行的旨在测量学生掌握知识和技能程度的学科测试即属此类。

（2）能力测验，指以测量学生能力为目的的测验，根据所测得的分数预测被试学生接受训练后在知识或技能上达到的程度及将来可能达到的程度。能力测试可分为：

① 一般能力测试，如智力测试，测量学生的一般的能力。

② 特殊能力测试，即在智力测试的基础上测量学生某方面的特殊智能。

③ 综合能力测试，即测量学生多方面的潜能，不但能测试学生能力的高低，还能预测学生在能力上的偏向等。

（3）人格测验。测量学生除智力以外的人际关系、兴趣、性格等心理特征，如学生学习某学科的兴趣态度的测试等。

4.8.2.2 按测量目的分类

（1）诊断性测验，指在教学活动的一定阶段为了解学生的知识基础和情感发展状态等所进行的测验。通常称为摸底测试。

（2）形成性测验。目的在于了解学生在教育过程中知识、技能、思想品德等方面的形成情况。如通过单元测试及时反馈信息，便于及时采取教学措施，改进教学工作。

（3）终结性测验。通常指在学期或一门课程结束时进行的测验。目的是为了解学生对这门学科知识掌握的情况，或在本学期中思想品德、心理素质等情况，评价教师的教学，甚至这门课程的编制等。

4.8.2.3 按测验结果的参照系分类

（1）常模参照测验，指在较大群体范围内取样的基础上，参照被测群体的实际水平解释分数的测验。群体的平均分数一般能反映群体的水平，称为常模。以常模为参照系将被试者的成绩与他人的成绩进行比较，从而决定被试成绩在某个总体中的相对地位，以便选拔或甄别。这种测验常用于大团体测验。这里要注意常模取样应有代表性，即样本是随机取样。

（2）标准参照测验。将被试分数与预先制定好的标准进行对照，旨在检测学生是否达到预期目标以及达标的程度。这种测验是以掌握规定的课程或技能所必须具备的一定水平的能力为绝对标准，通常由教师预先确定。

选择常模参照或标准参照测验在很大程度上取决于研究者所要获得信息的性质，以及所要做出的决策内容。

测量的种类比较多，如按测量的对象分类，可分为团体测验和个别测验；如按测量材料分类，可分为文字测验和非文字测验等。总之，测量的各种分类方法都不是绝对的，一种测验按不同的分类标准往往可归入不同的测验类型之中。

4.8.2.4 其他分类

按测量的方式来分类,可分为专题性测验、综合性测验和交际性测验;按答案的手段来分类,又可分为口头测验、书面测验和操作测验,等等。总之,测量的方法不一,种类颇多。各种测量之间并无高低、优劣之分,关键在于如何根据研究的目的选择适宜的测量方式。

4.8.3 良好的测量必须具备的基本条件

良好的测量必须具备效度和信度两个基本条件。

4.8.3.1 效 度

效度是关于测量的准确性和有效性的指标,也是测量的结果与所要达到的目标两者之间的符合程度。根据测验的目的,可以把效度分为内容效度、结构效度和效标效度。

(1) 内容效度,是指题目内容的代表性,即测试题在多大程度上概括了所要测量的整个内容。测试题的内容与学科内容一致性程度越高,内容效度也就越高。

(2) 结构效度,是指测量结果能够说明理论的某种结构或特征的程度。

(3) 效标效度,又称效标关联效度,是指测验结果与预测结果的相关效度。校标,就是借以参照的效度标准,一般是大纲与教材。

内容效度与结构效度一般没有适当的计算方法,效标效度一般用积差相关系数表示。当效度指标在 0.6 以上时,一般认为是有效测验。要提高效度,必须注意以下几点:

(1) 要控制系统误差,即控制测验过程的误差。

(2) 要精心编制测试题。

(3) 妥善组织测验。

4.8.3.2 信 度

信度,是指测验结果的可靠性程度,亦即实际测验得分与真实水平相关的程度。可从题量适当、难度适中、内容集中、时间充分、评分客观等几个方面来提高测验信度。

信度的表征主要有稳定性系数、等值性系数和内部一致性系数等。

(1) 稳定性系数，即用同一测题对相同学生在（时距适当的）不同时间内进行两次测验，求出实得分数的相关系数。此法被称为"重测法"或"再测法"。

(2) 等值性系数，即用（题型、题量、难度、区分度等方面都大致相同的）两个等值而具体内容不同的测题，在尽可能短的时间内对相同应试者施行两次测验所得的分数，求出的相关系数。此法被称为"复份法"或"复本法"。

(3) 内部一致性系数，是求同一次测验的奇数测题与偶数测题这两部分得分的相关系数。此法被称为"奇偶法"或"折半法"。

4.8.4 测量的方法

教育测量是对教育对象的学识水平和内在素质的测量，根据不同对象和要求，选择不同方法进行命题、施测和评价，可减少误差，真实反映学生的实际知识和能力。常用的测量方法有：

4.8.4.1 标准客观测验

针对传统考试方法存在的题量少、覆盖率低、评分误差较大、重结果不重过程等缺点，标准客观测验则要求从试卷的编制、施测过程、评分计分到解释分数等都要实行标准化。编制一份好的试卷是获得良好效果的前提，必须掌握以下几个原则：

(1) 有明确的目的性，测题类型应与测验目的相适应。

(2) 内容取样有代表性，试题覆盖面大，内容安排比例适当，能反映出学科重点内容。

(3) 测题要有适当的难度和区分度，即难度适中，分布适宜，测验结果具有可靠性和有效性。

(4) 语言文字简明扼要，题目表述准确，措词适当，避免学生对试题的误解。

(5) 测验要易于实践，易于评分和统计分析。

4.8.4.2 论文式测验

主试根据教材要点编拟试题，由学生以论文方式阐明所要回答的问题。这种测试适用于测量学生主动组织知识材料、整理论据、评价和表达观念的能力、有利于学生独立构思和创造性思维的发展，通过测试可了解学生对问题的敏锐性和论述问题的逻辑性。只是这类试题量少，内容取样缺乏代表性，信度、效度较差，评分较主观，因而对于论文式测验，要全面考虑学科知识内容，选择与教学目的密切相关的命题。评卷时对试题可采取分析评分法或相对评分法，即对试题的内容、组织逻辑性、表达程度等制定明确的评分标准，根据评分标准评出成绩，或根据学生答卷的相互比较进行评分。

除此以外，还有投身法、自陈量表法、综合判别法等。测量的方法很多，不管用哪一种方法测量，误差都在所难免。误差的产生可能是由于难以控制的偶然因素，也可能是由于某种原因的影响使测量的变量系统发生变化而产生误差，如测题的取样问题、施测环境不良或受测者本身紧张、疲劳等因素。因此，可用多次测验所得分数来估计学生的能力水平，减少误差带来的影响。

5 教育科研成果的表述技巧与评价

将研究过程和结果形成文字就是对教育科研成果的表述。教育科研成果的表述，直接影响着教育科研成果的交流和运用。中小学教育科研成果的表述是多种多样的。这里简单介绍撰写教育科研论文与结题报告的技巧和教育科研成果的评价。

5.1 有效撰写教育科研论文的技巧

5.1.1 学会有效积累资料

撰写教育研究论文是一项带有探索性和创造条件的教育科研活动，需要借鉴他人的研究成果，了解他人的研究情况，并从中吸取经验教训，获得有益的启示，需要了解撰写教育科研论文的可能性与价值。

积累材料能为撰写教育研究论文、分析问题，证明论点提出论据。写好论文，重要的是注重"摆事实，讲道理"。事实就是材料，道理就是观点。

归纳起来，积累资料大致有三种情况：

一是对平时教育教学中那些有价值的经验、体会的观察与积累（包括零思碎想的教学笔记和日记等）；

二是对开展教育科研活动的各个方面原始材料的搜集，如各种测试、评价材料，学生讲稿，各种活动设计等；

三是课外阅读。在课外阅读中应注意以下几个问题：

（1）集中目标，精心积累。在当代知识爆炸的时代，学海浩瀚，书山茫茫，但人生有限。看书学习，积累资料不能四面出击。应该根据自己的专业特点、学习优势、兴趣爱好有选择地积累，特别是要围绕个人研究方向积累资料。

（2）多法并用，广泛积累。为了有效地围绕研究主题积累资料，必须注重多种方法同时使用。储存资料的方法主要有如下几种：

① 藏书法——即资料主要来源于各种图书和杂志。

② 笔记法——即读书要消化并留有痕迹。读书时在书上圈点、批注，或把自己的心得体会写下来，这就是笔记法。

③ 摘要法——即在广泛阅读涉猎各方面的知识时，把有价值的资料摘录下来。

④ 拆剪法——拆是将书刊上认为有用的材料拆散下来，根据自己的需要，编成活页材料，分类储存。剪是将有价值的材料从报刊上剪下来，分门别类地粘贴在本子上。

⑤ 复印法——把阅读时认为有用的资料复印下来保存。

⑥ 下载法——即把同自己研究方向密切相关的认为有用的资料从中国知网上下载下来，便于参考。

（3）适时吸收，转为己有。对资料的使用要重视适时吸收、消化理解、融会贯通，把它纳入到自己的知识体系之中，为我所用。

5.1.2　学会坚持理性指导

开展教育科研和撰写教育研究论文最大的特点就是科学性。要能充分体现教育研究成果的科学性，就必须坚持理性的指导。理性指导主要是指科学理论的指导。

教师的科学理论学习可以从两个方面考虑：

一是马列主义基本理论。马列主义是关于世界观、方法论的一门科学，它是自人类社会以来，最进步、最科学的世界观。开展教育科研，无论是进行课题设计，确定研究方法，还是论文写作，都有一个运用辩证唯物主义思想来分析问题、解决问题的问题。

二是教育科学基本理论。这是教师开展教育科研和撰写教育研究论文的基础。首先，有利于教育研究的选题。教育学、心理学等教育理论是教育的原理，是揭示教育规律的。教师借助这些理论来观察、分析教育教学中的现象，就会心中有数，发现许多单凭老经验所认识不到的东西。其次，有利于教学研究和教改实验。优秀的教育研究论文往往来自优化的教学研究，或教学改革实验，而这些研究或实验又要根据教育理论来指导进行。再次，有利于撰写论文中论证问题。教育研究论文要有论。有论就要讲道理，以理服人。而这一种道理运用教育理论来分析论证教育问题是理所当然的。最后，有利于消除论文中的概念障碍。教师无论阅读教育刊物上的文章，还是自己撰写论文，都涉及一系列专业的概念问题。如果学习了教育科学基本理论，就会掌握这些专业的概念，无论是阅读教育刊物，还是撰写论文就方便多了。

由此可见，撰写教育研究论文必须坚持理论指导，并能结合撰写论文学习教育理论，走"读书—思考—实践—创作"的教育研究之路。坚持把读书与思考、读书与实践、读书与写作结合起来，相得益彰。这样，带着问题去学习，就可以搞清一个问题，扩展一部分知识，开辟一个领域，创造一点成果（写成论文发表）。撰写教育研究论文既是研究成果的积累，又是学习教育理论的最好方法。

5.1.3 学会在实践中写作

要做到"多读、多思、多做、多写"，读是搜集，思是加工，做是实践，写是总结。写作能力只有在进行写作训练的实践中才能形成和提高。这如同只有在游泳中才能学会游泳一样。

一个人的写作能力不是"听"出来的，也不是"看"出来的，而是"写"出来的。写作知识本身不是写作能力，不从事写作实践，永远写不出文章来，永远学不会写文章。所以，教师要想写好论文，除了要学习和掌握必要的写作知识外，更要重视写作的实践。把学习写作与写作实践结合起来。不断地学不断地练，写作能力才能提高。教师在实践中学会撰写论文，主要应从以下几个方面入手：

（1）学会模仿写作。为了减少盲目的尝试，尽快地入门，除了读一些有关写论文知识的书外，更重要的是学会选一些优秀论文读一读，从中借鉴，学会模仿。

模仿、借鉴与抄袭有质的区别。它不是机械的模仿、摄影般的抄录，它要求作者为原作的构思、立意、技法、语言等内容和形式作最恰当的利用，创造性地吸收，为生动准确地表现新的素材和主观意图服务。借鉴可以是长期的，模仿只能是暂时的。

（2）学会列论文提纲。撰写论文之前拟订提纲，有很多好处。它可以借列提纲的机会整理思路；同时，写文章有了整体线索，使文章框架眉清目秀，段落分明，主题明确。

提纲就是提纲，切忌为写提纲而写提纲，把提纲写得很细很细，成为框框。在撰写论文中既要列提纲，又不要被提纲所束缚。

（3）要力戒"眼高手低"。所谓"眼高手低"，就是在草拟文稿时，眼睛对自己要求得高，但是往往手下写出的东西和自己的愿望、要求相差很远。这样，要求越高，写得越不如意，进而抵触情绪越大。要克服一步登天的想法。只有精神上放松，才能畅所欲言，写得流畅通达。

"眼高手低"现象的产生还与科研神秘感有关。把写论文看成是高不可攀，提笔如千斤，于是产生"怯手"现象。要在战略上藐视它，树立信心，有勇气，这样就能写好。同时，"眼高手低"现象还与写作时文字上太苛求有关。为了使写作思路畅通，避免"卡壳"现象，不妨学会快速将思考好的内容写下来，而不在字斟句酌上下功夫，待草稿写好后再反复琢磨、修改，以保证思路畅通无阻。

（4）学会一气呵成。一次深层的思考，灵感的降临，总是依赖于持续不断的思考过程。所以撰写论文过程应养成一气呵成、趁热打铁的习惯。经过一番思考，思路已打开，灵感已降临，切不可中断。吃饭可以迟一点，睡觉可以晚一点，一鼓作气，将草稿拟出来。否则，灵感稍纵即逝，待事过境迁，再捡起来，无论从效率和质量上都不如一气呵成好。要做到一气呵成地写好论文，往往是有条件的，它必须是在充分思考的基础上进行的。

5.2 有效撰写结题报告的技巧

结题报告是一种专门用于科研课题结题验收的实用性报告。它是研究者在课题研究结束后对科研课题研究过程和研究成果（可以包括正反两方面的结果和经验）进行客观、全面、实事求是的描述，是课题研究所有材料中最主要的材料，也是科研课题结题验收的主要依据。所有立项课题，最终都要面临结题验收的问题。因此，写好结题报告，既是迎接结题验收的需要，更是通过撰写结题报告，进一步条理和升华研究成果，明确后续工作或努力方向的需要。

一篇规范的、好的结题报告，一般需要回答好三个问题：一是"为什么要选择这项课题进行研究"，即这项课题是在怎样的背景下提出来的，研究这项课题有什么理论意义和现实意义。二是"这项课题是怎样进行研究的"，要着重讲清研究的理论依据、目标、内容、方法、步骤，讲清研究的主要过程。三是"课题研究取得哪些研究成果"，研究成果包括实践成果和理论成果。

5.2.1 结题报告要符合规范的基本格式

结题报告规范的基本格式一般由三大部分组成：

5.2.1.1 简介部分

（1）内容摘要（一般不超过500字）。
（2）主题词。
（3）内容结构图（不是必要）。

5.2.1.2 主体部分

（1）研究背景：研究目的—研究意义—国内外研究现状、水平和发展趋势—文献综述—理论依据。

（2）研究内容：研究任务与目标、研究假设、核心概念的界定。

（3）研究过程：研究设计、研究对象、研究方法、技术路线。

（4）主要研究成果（这是主体部分的主体）：任务与目标达成情况、研究发现或结论。

（5）分析和讨论：针对研究的缺陷，提出需要改进的事项；根据研究进展，提出尚需进一步研究的问题，根据研究结论获得的启示等。

5.2.1.3 附录部分

（1）引文出处。

（2）参考文献。

（3）插图列表、表格列表等。

5.2.1.4 撰写规范格式的结题报告的注意点

一是结题报告应符合上述基本格式的要求，但在具体写法上可灵活掌握，不拘一格，不要写成回答问题的形式。单一问题的结题报告可在 8 000～10 000 字左右完成，复杂问题或重大问题的结题报告在字数要求上应该更多一些，也可用写书的形式完成。

二是要求写清研究的技术路线。这是近年来课题研究的新要求。技术路线是指申请者对要达到研究目标准备采取的技术手段、具体步骤及解决关键性问题的方法等在内的研究途径。合理的技术路线可保证顺利地实现既定目标。技术路线是指进行研究的具体程序的操作步骤，应尽可能详尽，每一步骤的关键点要阐述清楚并具有可操作性。如有可能，可以使用流程图或示意图加以说明，以达到一目了然的效果。也可做成树形图，按照研究流程来写，一般包括研究对象、方法、拟解决的问题。

三是引文、参考文献应是比较权威的。

5.2.2 要取好课题名称

5.2.2.1 好的课题名称的要求

一个好的课题名称，要符合准确、规范、简洁、醒目的要求。

（1）准确，就是能囊括研究范围、对象、内容、方法，题目内容最好涉及两个变量。例如，《某省义务教育攻坚经费短缺问题及对策研究》，范围是某省，对象是义务教育经费，内容是短缺问题及对策，研究方法没有限定，短缺问题和对策均是变量。又如，《某省各级各类学校中长期教师需求预测研

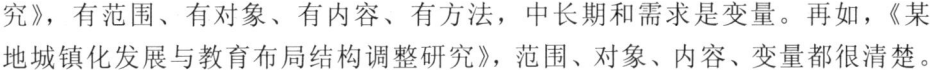

究》，有范围、有对象、有内容、有方法，中长期和需求是变量。再如，《某地城镇化发展与教育布局结构调整研究》，范围、对象、内容、变量都很清楚。

（2）规范，就是所用的词语、句型规范、科学，所以似是而非的词不能用，口号方式、结论式的句型不能用。如《贵州仡佬族教育史》《明清黔南民族教育发展史略》等，如果是作为著作的书名还不错，但作为课题的名称，却不十分恰当，因为课题就是我们要解决的问题，这个问题正在探讨，正准备进行研究，不能有结论性的口气。《让评课促进广大青年教师专业化发展》这种口号方式的题目也不像课题研究的题目。《"导练式"课堂教学模式》让人感觉是在介绍一种教学模式，而不是进行课题研究。又如《"英侗汉"三语教学+多媒体辅助教学=侗族地区英语课堂的成功》实验研究，就不十分科学。

（3）简洁，就是名称不能太长，能不要的字尽量不要，一般不要超过20个字。如《对数学课堂教学更具有效性的思考——"关注学生学习"是提高"课堂教学有效性"的重要环节》，正标题与副标题基本意思重复，显得累赘。

（4）醒目，就是课题研究的切口适宜、新颖，使人一看就对课题留下深刻的印象。如《结构与选材促进小学作文"快""乐"起来（探索研究）》，又如《"热闹"背后的"冷"思考》《让思想品德教学有"味"》《"镇人"必败，"人正"则成》等就有这样的特点。

题目是结题报告思想的浓缩和灵魂的体现。它不仅表明研究者所要研究的主要目的、内容和对象，而且还规范了研究的范围、思路和方法。题目字数不多，看起来似乎是个小问题，但实际上很多研究者在申报课题时，题目就先天不足，往往不准确、不恰当，从而影响了结题报告的形象与质量。这就是俗话说的"只会生孩子，不会起名字"。

5.2.2.2 题目不合适的具体表现

题目不合适的具体表现有如下几个方面：

一是题目太大。题目缺乏必要的限制与界定，涉及范围太大，这样由于研究者有限的学识与功底，物力、财力和时间的限制，是短时间内无法完成的。如，《西部地区义务教育的质量提高战略研究》《民族地区新课标要求下的高中英语创新写作实验》等是一个学校、一个教师所无法完成的，结果造成要么文章空泛无物，要么文章内容单一狭窄，局限在一个小小的范围内。

二是多个主题。一个题目表述两个甚至多个中心，造成报告根本无法正常进行论述，严重影响报告质量。如，《民族地区的多元化与民族团结教育研究——民族民间及传统德育资源保护、开发与利用研究》《民族地区班级管理及培育学生优秀品质的研究》等就是这种情形。

三是表述不清。有些报告题目既未界定研究目标，也未说明研究内容，题目模糊不清，使人不知所云。如，《"双主快究"教学法的实验与研究》《心会跟爱一起走——提高教师综合素质及成长的经验研究》等就具有这种表现。

四是题目繁琐冗长。有些报告题目动辄几十余字，既未展示所要表述内容的确切含义，又给人一种啰唆的感觉。如，上面提到的《对数学课堂教学更具有效性的思考——"关注学生学习"是提高"课堂教学有效性"的重要环节》就是这种情况。

五是题目文学色彩太浓。一些报告题目充满着某种感情色彩或理想愿望，像散文而不像论文，无法看出具体要研究的对象或内容。如，《给留守儿童一个家》《亲近母语，阅读为先，日有所诵》等就带有文学色彩。

由于课题的名称在立项时已经确定了，未经批准是不能随意更改的。对于不恰当的课题名称，一是申请更改；二是加副标题限制，如《西部民族地区双语教学实施策略研究——某地实施双语教学案例剖析》《某省少数民族中学生心理韧性调查研究——以苗族、布依族等为例》等；三是加正标题点题，如《突破制约瓶颈，实现贵州九年义务教育历史性的飞跃——贵州省实施"普九"攻坚计划经费短缺问题及对策研究》等。

5.2.3　要对研究的背景做进一步深化研究和阐述

关于研究的背景，即为什么要进行本课题的研究，许多结题报告都是把立项申请报告上这一部分的内容照抄照搬下来，没有新意和新的突破。实际上，阐述清楚为什么要进行本课题的研究，本身就是重要的研究内容，是不能马虎的。

关于课题所依据的理论，就不能用一两句话简单交代。如《某高级中学实施素质教育的行动研究报告》，如果从研究大量的中外著名学者关于素质教育论述的文献（如顾明远的《素质教育理论探讨》，靳玉乐、田继万的《教学改革论》，萨格的《行动研究与学校发展》等）来概括"素质教育"的内涵、特点、教学体系等与课题研究相关理论观点，并用这些理论观点武装课题组成员，就会给课题的行动研究指明方向。把这些简明扼要的理论观点扩散到学校每一个教职工，就会大大提高学校实施素质教育的科学性、自觉性和行动的品位。对素质教育理论的研究和概括，是本课题的重要研究成果之一。

5.2.4　要对课题的核心概念进行界定

在教育科学研究中，由于学派林立、观点各异，所以有许多名词术语往往会出现"仁者见仁，智者见智"的现象。为了避免由于一些关键性名词概念上的歧义，造成科研管理者和教师在评审、研究过程中产生认识上、观念上的不统一，避免由于这些歧义造成他人对研究成果在理解和接受上的分歧，有必要在结题报告中，对研究所涉及的重要概念、名词下一个比较明确的定义。如《新课程背景下教学目标的二次达成》，就需要对"二次达成"等下定义、做界定。

又如，《高中语文开放型双线阅读结构的构建》，可对课题界定为："构建开放型双线阅读结构"是指高中语文教师根据现代教育理论和某区域高中语文教育现状，研究过渡时期高中语文教育特点，调查学校高中生语文能力现状，结合学生具体特点，根据语文能力教学目标进行"高中语文课内阅读"的教学实施策略研究和"高中语文课外阅读"的指导实施策略研究，分别制定两者的阅读能力目标，并同时将其转化为教学指导目标，以实现"课内指导性技术性阅读"和"课外个性化主体性阅读"的滚动性发展、整体性发展、渗透性发展、促进性发展，形成相互影响的双条阅读线同时并进的结构模式的比较系统的运作策略（包括教学设计策略、教学实施策略、网络媒体辅助策略、学生学习策略等）。

5.2.5　要在研究过程的表述中体现研究方法

许多结题报告对课题所运用的研究方法，是高度笼统的几句话，这是不妥当的。如在《研究方法的主要特色与创新性》中，仅仅简单地罗列了几种研究方法，且对方法的创新未作任何介绍，像"实施提高法""反思研究法"显得是杜撰出来的研究方法。

例如，《在中小学某课程中进行优秀民族民间某文化保护与传承教育的实验研究》，可结合研究过程来阐述研究方法：本课题虽是立足于学校教育中的某学科，但它涉及的民族民间文化内容以及文化学、课程学、民族政策法规等方面的知识内容都比较广泛，有别于一般意义上单纯的学科课题研究，具有较强的综合性。另外，课题研究人员多是中小学的　线教师，纯理论研究不是他们的长项，所以本课题的研究方法强调综合性与灵活性，以行动研究为主，同时综合运用调查法、文献法、实验法、检测法和比较法等方法，然后再说明在研究中是怎样应用这些方法的。

5.2.6　要特别突出研究成果的创新亮点

创新性是教育科研的生命和灵魂。创新性指研究的教育问题是别人没有提出的，或者是有人提出但没有解决或没有完全解决的。一些研究者由于缺乏交流和沟通，研究同一个问题的很多，而且研究内容和观点雷同，缺乏创新。例如，留守儿童教育问题成为研究的热门问题，如果只是从网上下载诸如留守儿童学习差、性格缺陷、亲情缺失、心理障碍等作为留守儿童的代名词，就缺乏具体调查和分析。

5.2.7 要重点撰写课题研究成果

课题研究成果这个部分是整篇结题报告中最为重要的部分。一个结题报告写得好不好，是否能全面、准确地反映课题研究的基本情况，使课题研究成果具有推广价值和借鉴价值，就看这部分的具体内容写得如何。一般说来，这部分的文字内容所占的篇幅，要占整篇结题报告的一半左右。

课题研究成果部分的内容的表述，要注意两个问题：

第一，不要只讲实践成果，不讲理论成果。一个结题报告的研究成果，应当包括理论成果和实践成果两个部分。不少的结题报告，是这样陈述研究成果的：我们通过研究，开设了几节公开课、观摩课，发表了多少篇论文，获得哪一级奖，在报刊和那些汇编上发表了几篇文章，有多少学生参加什么竞赛获得了哪些奖项等。或者是，通过研究，学生的学习成绩和学习能力获得了哪些提高，教师的科研水平得到了哪些提高等。这些仅属于实践成果。一篇结题报告，单单这样陈述，是远远不够的。因为这样的陈述，别人无法从你们的研究成果中学习到什么，这样的研究成果没有什么借鉴和推广价值。具有借鉴价值和推广价值的，往往体现在理论成果部分。有人可能认为，其课题研究没有什么理论成果。其实不然。这里所说的理论成果，就是我们通过研究得到的新观点、新认识，或者新的策略、新的教学模式等。如，某一研究阅读教学的课题的研究目标如果确定为：通过研究，建构具有主体性、开放性、实效性、体验性、创造性的自主探究、激励成功的阅读教学新模式，研究探讨该模式应遵循的基本原则、基本操作程序和常用操作程序以及操作该程序的有效展开和运作的基本教学策略。那么，在"研究成果"中，具体陈述所建构的新模式，以及基本原则、操作程序、基本教学策略等，就是研究的理论成果，这样的研究成果才有借鉴和参考的价值。

第二，研究成果的陈述不能过于简略。有些课题在研究过程中，撰写出多篇学术论文，这些学术论文，就是课题研究的部分主要成果，不能仅仅作为报告的附件，或者在报告中列一张表就作为研究成果了，而是要将这些论文的主要观点提炼、归纳到报告中去。如果一个课题分为几个子课题来研究，在结题报告的成果表述中，也要将这几个子课题研究的成果进行提炼、归纳。同时也应注意这些子课题的研究成果必须体现所确定的研究目标。

总之，脚踏实地地做好研究，是写好结题报告的基础，把结题报告写好，是研究工作的继续，是研究真正成功，真正结题的标志。

5.3 中小学教育科研成果的评价

中小学教育科研成果是教师在教学过程中，对教学实践中的一些重大问题进行探讨和研究，经过一定的科研活动取得的对社会有一定价值的成果。对其评价是按照一定的标准，通过规定的程序和科学可行的方法，就学术价值、应用价值等进行的评判和鉴定。

5.3.1 中小学教育科研成果评价的意义

教育科研成果的评价是教育科研工作必不可少的一个环节，无论对于研究者本人、科研管理部门，还是整个社会都是非常必要的。

对科研成果的评价，有利于提高研究者自身的科研水平和素质，有利于教育科研管理部门的科学决策与指导，有利于成果的社会价值和社会效益的实现。

5.3.2 中小学教育科研成果评价的内容

中小学教育科研成果评价的内容主要包括目标、内容、成果及效益的评价等四个部分。

（1）教育科研目标的评价

教育科研目标是指研究所要达到的目标。教育科研活动是教师针对教学实践中的某一问题进行的探讨和研究，在研究之初或选题之初总会有一定的理论假设或构想，也就是对研究所要解决的问题或取得的成果的设想，这就是研究所要达到的目标。研究者总是试图在现有研究成果、文献资料或实践经验等的基础上归纳、提炼或推断出新的观点、论断或解决问题的方案，或在新的假设构想指导下通过实验进行检验、验证。因此对研究成果进行评价时，首先应包括目标评价。

目标评价具体指对科研的选题、立意的科学性、可行性、新颖性、创造性以及课题的学术价值、社会价值、经济价值和思想价值、新的理论观点的完备性、可靠性、内在的逻辑性等进行评估。一般在进行科学研究或申报课题时,都要先对课题进行可行性论证,教育科研成果的目标评价可据此来完成。

(2) 教育科研过程的评价

对教育科研过程的评价主要是评价教育科研活动从准备到落实再到总结各个阶段的实施情况,考察研究课题确定的适合性、研究设计的科学性、资料数据和搜集整理的有效性、研究结论形成的正确性等。

(3) 教育科研成果的评价

教育科研成果一般有理论性、应用性和开发性研究成果等三种类型。对这些研究成果的判定与评价就是对教育科研成果的评价。无论对哪种科研成果的评价,首先要甄别和认定有无科学性、是否具有科研成果的基本条件;其次要评定其理论性、学术性、创造性、实践性、效益性的大小高低。其中重要的一点是对不同类型研究成果的评价侧重点有所不同,主要体现在评价指标的设立及其权重上。一般的,对于理论性研究成果应把重点放在评价其学术性和理论的创新性上,而对于应用性研究成果应侧重于实践性和效益性上,对于开发性研究成果应把重点放在成果的创新性和实践价值上。

(4) 教育科研效益的评价

按照经济学的说法,效益就是投入与产出之间的比例。投入与产出的比例小,表示效益低或无效益;投入与产出的比例大,则表示效益较高。对于教育科研效益的评价,就是考察投入的人力、物力、财力与成果之间的关系,即一个课题研究过程中投入研究的师资水平、生源状况和物质资料及花费的人力、物力与最终的研究成果之间的比例关系。因此,在一个研究课题完成之后,还要对其投入与产出、条件与结果、起点与落点间进行比较,评价出产出的效益的高低。

总之,对整个教育科研成果的评价,要坚持实事求是、全面考虑、综合比较的原则。

5.3.3 中小学教育科研成果评价的标准

教育科研成果的高效、低效、无效、负效还是失败,对其衡量与评价,总是依据一套科学、可行的评价标准。否则,无统一考核项目和评定标准,评价人员将无所遵循,每一个人从自己的角度看问题,一般难以统一,不能形成结论性意见。因此,对科研成果进行评价,一般地主要依据以下几个标准:

5.3.3.1 重要性与难易程度

该项标准是从教育科研工作的意义以及工作量的大小来评价的,具体表现为课题研究的重要性与难易程度。

（1）重要性，是指课题研究的问题是否为理论或方法上的重要问题或前沿问题，或时间上亟待解决的问题等。

（2）难易程度，是指研究领域的深度与广度，资料获取及分析处理的复杂程度等。

5.3.3.2 先进性

先进性是教育科研成果学术价值的重要体现，表现为研究的意义、研究的创新性以及在省内外、国内外的研究地位等，主要包括设计水平与创新性。

（1）设计水平是指课题研究设计合理，并在此基础上用巧妙的设计思路，较好地解决了所要研究的问题，即省时、省力、省费用。

（2）中小学教育科研的主要目的在于发现教育教学中的问题，提出解决问题的合理建议或方案，因此，研究课题内容一定要新颖，研究过程要有创新。具体包括理论上的突破、方法上的突破和实践上的创新等。

① 理论上的突破，是指发现了新规律、新现象、新事实；提出了教育领域的新理论、新思想、新观点、新概念、新事实等；纠正了原有概念、理论的错误，对原有的理论进行了补充和纠正。

② 方法上的突破，是指提出了教育领域的新方法，或将其他科学的方法成功地移植到教育领域；或纠正了原有方法的错误，对原有方法做出了科学的改进和发展。

③ 实践上的创新，是指提出了教育实践的新建议、新规划、新方法；或发现了教育实践中存在的问题、现象等。

5.3.3.3 科学性

教育科研成果的科学性是指其反映了客观规律的正确程度，主要包括目的明确与方案合理、方法得当、资料正确与结论可靠以及成果表述科学等四个方面。

（1）目标明确，方案合理。清晰明确的研究目标，是保证一项研究活动顺利进行的前提条件。只有在此基础上，制定科学合理的研究方案、周密可行的研究计划，才能保证研究过程的科学性和正确性，进而保证研究结论的正确性。

（2）方法得当。正确运用研究方法和手段，是进行科学研究的基本要求，是取得科学结论的重要保证。因此，对教育科研成果的评价，应该考虑研究方法和研究手段，分析整个研究过程所采用的方法、技术是否合理恰当，操作是否合乎要求等。

（3）资料正确，结论可靠。结论是体现科研成果的最主要的标志。研究方案和方法为科研成果的正确可靠提供了必要的保证，但是要确保结论正确，还必须考察研究资料是否准确翔实、资料处理是否得当、资料分析是否合理、最终成果揭示的规律或得出的结论是否能令人信服、能否在一定条件下重复检验等。

（4）成果表述科学。最终成果的表述首先要结构正确，如题目是否清晰、摘要是否准确简洁、概念和名词术语的界定是否准确、附录格式是否统一规范等；其次要看表述的逻辑性是否强，全文有无前后矛盾，文字是否流畅通顺、措辞是否准确等。

5.3.3.4 成果的效用

成果的效用主要指理论价值与应用价值。

（1）理论价值，主要用于评价基础理论的研究成果对学科建设中理论体系构建的作用。

（2）应用价值，主要应用于评价应用性研究成果。其主要体现在应用实效与应用潜力两个方面。

应用实效是指成果对国家、部门、地区或学校教育决策产生的影响，被教育行政部门或学校采用的情况。

应用潜力主要涉及成果的推广问题。例如，是否适于推广、适应范围以及潜在效益等。

不同类型、不同领域的研究成果很难有一个公认的、比较全面的、科学性很强的教育科研成果评价标准。一般要求依据研究课题的特点，根据具体情况确立切实可行又行之有效的评价指标体系，从微观上对教育科研成果进行评定。

教育科研成果评价指标体系，是微观的评价标准，是成果评价指标的具体化。它将不同等级、不同层次、不同方面的指标群，根据评价目的和指标之间的联系使之系统化，每一类型研究的质量水平分为几个等级，形成一个完整的评价方案。对教育科研成果的评价，既要考虑其自身的科学性、理论性和应用性，同时也要考表达科研成果的论文写作水平，即论文的可读性。因此在进行具体评价时，应该给予全面考虑。下面的评价表（见表 5.1 和表 5.2）可供参考。

5 教育科研成果的表述技巧与评价

表 5.1 教育科研成果评价表（1）

一级指标	二级指标	权重	主要观测点	评定等级 优	良	中	差
确立课题	课题选择	0.1	1. 选题的科学性				
			2. 立题的新颖性				
	课题价值	0.1	3. 研究课题的学术价值				
			4. 研究课题的现实意义				
			5. 课题的发展前景				
科学论文成果表述	题目	0.1	6. 清晰、简明				
			7. 概括性强				
	摘要与关键词	0.1	8. 能概括全文主要内容				
			9. 简洁、不超过300字				
			10. 准确、易于理解				
			11. 关键词恰当				
	绪论部分	0.1	12. 涉及范围适当				
			13. 紧扣研究问题与目的				
			14. 观点阐述清楚				
			15. 理论概念、名词术语的界定清楚				
	研究方法	0.1	16. 取样适当、设计合理				
			17. 操作定义合理				
			18. 无关变量控制适宜				
			19. 测量工具可靠				
			20. 统计方法恰当合理				
			21. 叙述详细而合理				
	研究结果	0.1	22. 包含所有有关的重要结果				
			23. 有效地使用图表				
			24. 统计处理得当、计算无误				
			25. 说明统计结果的含义				
科学论文成果表述	讨论过程	0.1	26. 紧密联系主题、前后呼应				
			27. 合理分析研究结果、分析合乎逻辑				
			28. 说明结果对理论与结果的贡献				
			29. 客观分析局限、指出未来研究方向				
	结论部分	0.1	30. 基于研究结果、理由充分，无主观偏见				
			31. 针对提出的问题				
			32. 阐述简练				
	参考文献	0.1	33. 注释格式规范、准确无误				
			34. 各项信息齐全、周到无遗漏				

说明：优为95分以上；良为80～94分；中为65～79分；差为64分以下。 综合得分

表 5.2　教育科研成果评价表（2）

评价指标	权重	主要观察点	评价等级			
			A	B	C	D
科学性	0.25	1. 选题符合客观实际，理论依据正确				
		2. 研究方案周密				
		3. 研究方法科学				
		4. 研究资料可靠				
		5. 论证、推理合乎逻辑				
创新性	0.25	6. 提出新理论、观点、概念，论证成立				
		7. 对已有理论做出新的解释、论证，使原有理论深化				
		8. 探索出事物的新规律，深化了理论认识				
		9. 纠正原有理论、概念原理的错误				
		10. 对学术界争鸣的问题发现了新资料、提出了新见解，使问题有所突破，并得到学术界的认可				
		11. 填补某项科学空白，具有国内、国际意义				
学术性	0.2	12. 具有比较完备的理论体系和概念系统				
		13. 对已有知识进行了充实，使之条理化、系统化				
		14. 对事物之间的关系进行了较深入的分析，初步说明了事物的本质，得出某些新结论				
		15. 对已有的研究方法或技术有所突破				
实践性与应用性	0.2	16. 研究成果为有关教育部门决策与管理提供参考依据，具有很高的使用价值				
		17. 研究成果形成了可操作方法，实用性强，具有一定的推广价值				
		18. 省内外、国内外学术界同行反映强烈，具有较高的引用率				
规范性	0.1	19. 文字准确、精炼、深入浅出、通俗易懂				
		20. 主题明确，重点突出；结构严谨，层次分明；推理清楚，论证充分				
说明：A 为 95 分以上；B 为 80~94 分；C 为 65~79 分；D 为 64 分以下。				综合得分		

5.3.4 教育科研成果的评价方法

教育科研成果的评价标准只是评价的依据,要成功地评价一项成果,还必须使用相应的科学方法,将评价标准付诸实践。有关学者总结近年来教育科研成果评价的做法与经验,归纳出定性评价法与模糊评价法等两类常用方法。

(1) 定性评价法。采用这种方法的基本步骤是:参加评价的每位专家都依据评价标准独立对研究成果进行逐项分析,或划定登记或写好简要评语,然后再进行集中评价。集中评价时每位专家先依次说明自己对研究成果的分项和整体评价等级或评语,然后集体讨论、统一认识。在此基础上,由评价委员会主任或评价组组长归纳全体专家的意见,做出初步鉴定意见。然后再集体讨论修改,确定评价意见。

(2) 模糊评价法。模糊评价法又称定量评价法。定性评价法比较简捷迅速,直接利用定性语言给出评价意见。其优点是省时省力,而不足之处是难以做到准确。因此,有关学者探索在定性描述之前先进行定量分析,即在评价前先根据有关情况对评价体系中的各项指标赋予权重,对每项指标的评定按照四个或五个或更多的一些等级赋予分值。在具体评价过程中每位专家对成果的各项指标按等级记分。在进行数据处理时,先统计每位专家的评分,再统计全员评分。全员评分即对该项研究成果的定量评价结果。在此基础上,再利用定性语言进行全面评价。

以上两种方法各有长处和不足。评价经验丰富的评价组宜采用定性评价法,而评价经验不足的评价组宜采用模糊评价法。

6 教育统计分析简介

教育统计分析，常指针对有关教育问题收集到的相关数据资料进行整理归类并进行解释的过程。凡资料是以数据形式呈现，需要与数字打交道的，统计分析便必不可少。教育统计分析方法常与实验、观察、测量、调查所得结果相联系，为研究做出正确的结论提供科学的途径和方法，是研究者从事科学研究的必备工具之一。教育统计分析具体包括描述分析与推断分析。

6.1 描述分析

描述分析是指对研究的现象进行数据方面的概括，称之为特征数，其目的在于揭示现象的集中、离散特征及现象与现象之间联系的紧密程度。常用的特征数有集中量数和差异量数以及标准分数两类。

6.1.1 集中量数和差异量数

集中量数和差异量数分别表示数据分布的集中趋势和离散趋势的数量特征。

6.1.1.1 算术平均数

算术平均数是集中量数的常用数，它是衡量数据的集中趋势的统计量，是一组性质相同的数值的代表数。算术平均数（简称均数）的定义是：一组数据的观测值的和除以该组数据的总个数所得的商。用 $\overline{X}$ 表示样本均数。

用公式表示：
$$\overline{X} = \frac{\sum_{i=1}^{n} X_i}{n} \tag{6-1}$$

其中，$\sum_{i=1}^{n} X_i = X_1 + X_2 + \cdots + X_n$，$X_i$ 为第 i 个数据的观测值（$i=1, 2, \cdots, n$），n 为该组数据的总个数。总体均数用 μ 表示。

例如：甲组 5 个学生的数学成绩分别为 100 分、99 分、60 分、21 分、20 分，乙组 5 个学生分别为 65 分、63 分、60 分、57 分、55 分。则

$$\overline{X}_{甲} = \frac{100+99+60+21+20}{5} = 60 \text{（分）}$$

$$\overline{X}_乙 = \frac{65+63+60+27+55}{5} = 60 \text{（分）}$$

显然，$\overline{X}_甲 = \overline{X}_乙 = 60$分，即甲乙两组的均数都是60，但每组各个学生之间都存在一定的差异。乙组各学生间的差异较小，数值比较集中；而甲组的差异较大，数值比较分散。因此，仅以均数作为一组数据的代表值，还不足以表示数据的全部信息，还应该表示出一组数据的差异（或离散）程度。

6.1.1.2 标准差

标准差是差异量数的常用数，它是衡量一组数据差异（离散）程度的统计量。标准差的定义是：一组数据的每个观察值与其算术平均数之差的平方和除以该组数据的总个数所得的商的算术平方根。用 S 表示样本标准差（S^2 表示样本方差）。

用公式表示：
$$S = \sqrt{\frac{\sum_{i=1}^{n}(X_i - \overline{X})^2}{n}} \tag{6-2}$$

总体标准差与方差依次用 σ 与 σ^2 表示。

一般地，标准差越大，说明这组数据偏离其均数的程度就越大，内部差异就越明显；标准差越小，则说明这组数据偏离其均数的程度就越小，内部差异就越小；标准差为零，则说明数据都相等。因此，标准差的大小反映了均数的代表性程度。均数的代表性程度随标准差的增大而减小。

根据公式（6-2），可算出前例甲组的标准差 $S_甲 = 35.3$，乙组的标准差 $S_乙 = 3.7$，这表明：甲组学生之间差异严重，而乙组的差异不大。虽然这两组数据的均数都是60，但乙组的60，其标准差较小且仅3.7，说明乙组数据内部差异较小，分布均匀，能代表该组数据，具有典型意义；而甲组的标准差高达35.3，说明甲组数据内部差异显著，分布不均，已失去典型性。

标准差是带有与原观察值相同单位的名数，称为绝对差异量。这种差异量不能用来比较两种单位不同、或单位相同而平均数相差较大的资料。若要做这类的比较，必须用相对差异量来进行。

6.1.1.3 差异系数

差异系数是一组数据的标准差与其算数平均数的百分比，是一个无单位的相对数，是相对差异量。用 CV 表示。

用公式表示：
$$CV = \frac{S}{\overline{X}} \times 100\% \tag{6-3}$$

显然，差异系数越大，则离散程度越大；差异系数越小，则离散程度越小。如表 6.1 所示。

表 6.1　某校同一年级四个班级在某次测验中的统计

	一班	二班	三班	四班
$\bar{X}$	62.3	51.9	59.7	58.4
S	8.9	15.8	12.6	9.4
CV	14.3	30.4	21.1	16.0

从上表可知：$CV_1 < CV_4 < CV_3 < CV_2$。因此，相对地说，一班的质量最好，因为该班均数最高，而标准差最小；而二班的质量最差，因为该班均数最低，而标准差又最大。

对于三班和四班，从表面上看，因为 $CV_4 < CV_3$，四班的质量要高于三班；但从发展来看，可以认为三班大有潜力可挖，因为三班的均数略高于四班，这说明三班的平均水平略高于四班。但三班的标准差 12.6，要高于四班的标准差 9.4，这又说明三班的差异程度较四班严重。因此，三班只要加强对学困生的关注，成绩就将会大幅度提高。

上例说明，在分析几个班级教学质量时，不仅要看差异系数 CV，通过 CV 静态地比较教学状态，而且还得把各班的均数、标准差与差异系数综合分析，动态地区别各班的教学发展状况。

根据实践经验与理论分析，衡量班级分化的标准是：若某班成绩的 $CV \leqslant 9\%$，可认为无分化现象；若 $CV \geqslant 20\%$，则分化严重；若 $9\% < CV < 20\%$，则有分化趋势。

在衡量学生德智体美劳发展情况时，测得的结果一般应是 $5\% \leqslant CV \leqslant 35\%$。当 $CV > 35\%$ 时，就可怀疑所求得的均数是否失去了意义；当 $CV < 5\%$ 时，则可怀疑均数与标准差是否计算有误等。

6.1.2　标准分数

在教育测量后得到的分数，一般称为原始分，通常以百分制表示。原始分不能直接表达其相对价值，因为原始分有两大缺陷。一是不能反映各分数在总体中的地位，同样是 80 分，在总体中既可能是名列前茅，也可能是名附榜尾。二是不同的测验、不同的学科因其测量的要求、评价的标准不同，其分数具有不同的价值。难以简单相加求其和。因此，仅用原始分的总分来判别学习成绩的好坏，显然是不科学的，也是不公正的。为了解决原始分的不可比性，常常用标准分来衡量。

标准分是以标准差为单位来度量每个观察值（考分）与均数（平均分）之间的离差的，标准分用 Z 表示。

用公式表示：$Z = \dfrac{X_i - \overline{X}}{S}$ （6-4）

在呈正态分布的总体中，标准分具有可加性和可比性。一般说来，标准分数大，表明成绩好；标准分数小，表明成绩差。

例如，某次考试，甲得分96分，乙得分64分，若此次该班成绩的均数 $\overline{X} = 82.2$ 分，标准差 $S = 9.01$ 分，则标准分 $Z_甲 = \dfrac{96 - 82.2}{9.01} = 1.53$（分），$Z_乙 = \dfrac{64 - 82.2}{9.01} = -2.02$（分）。$Z_甲 = 1.53$ 分说明甲在班级平均水平以上 1.53 个标准差；而 $Z_乙 = -2.02$ 分则说明乙在班级平均水平以下 2.02 个标准差。

又如，某生在开学时的一次测验中得分 85 分，此次该班的成绩的均数 $\overline{X} = 75$ 分，标准差 $S = 8$ 分，则标准分 $Z_初 = \dfrac{85 - 75}{8} = 1.25$（分）；期末时，该生的同科测验得分为 90 分，此次该班的成绩的均数 $\overline{X} = 80$ 分，标准差 $S = 10$ 分，则标准分 $Z_末 = \dfrac{90 - 80}{10} = 1.0$（分）。显然，该生的相对水平是退步了，也就是说，尽管该生期末测验的成绩提高了，但该生在班级中的相对位置却落后了。

再如表 6.2 所示。从表中，虽然可以看出乙生两科原始总分为 173 分，高于甲得 169 分，但不能得出乙比甲好的结论。因为这是两次不同的考试，语文的得分与数学的得分是两个不同价值的"分"，不能相加。要比较其学习水平，只能比较标准分的总和。事实上，甲生标准总分是 2.89 分，高于乙的 2.71 分。因此应该得出与通常看法相反的结论：甲比乙成绩好。

表 6.2　甲、乙两生期中考试成绩分析

	语文		数学		总分	
	原始分	标准分	原始分	标准分	原始分	标准分
甲	77	0.56	92	2.33	169	2.89
乙	83	1.04	90	1.67	173	2.71
班均数 $\overline{X}$	70		85			
标准差 S	12.5		3.0			

6.2　推断分析

在进行教育研究时，我们往往要从样本数字特征（统计量）来推测总体的数字特征（参数）。常用的方法有参数估计与统计检验两种。

6.2.1 参数估计

参数估计包括点估计和区间估计两种。

6.2.1.1 点估计

用某一样本统计量的值来估计相应总体参数的值叫总体参数的点估计。如从某市初中三年级的数学水平测试中随机抽取 500 个学生的成绩,算出平均分 $\overline{X}=75$ 分,则这个 75 分就是该市初中三年级数学水平测试总体平均分数的估计值。

评价点估计量好坏的标准通常有一致性、无偏性和有效性等三个。离开了这些标准,估计量的好坏就毫无意义。

6.2.1.2 区间估计

在教育研究中,区间估计更为常用。所谓区间估计是指在正态分布情况下,通过样本(容量 $n>30$)统计量给出总体参数在置信水平为 $1-\alpha(0<\alpha<1)$ 的置信区间,使得总体参数在置信区间内取值时,用样本对应的统计量估计总体参数的置信水平为 $1-\alpha$。如 $P(\theta_1<\theta<\theta_2)=1-\alpha$ 表示 $\theta\in(\theta_1,\theta_2)$ 的可靠性是 $1-\alpha$。$\theta_2-\theta_1$ 是置信区间 (θ_1,θ_2) 的长度。

显然,置信区间越短,估计就越精确。

(1)单个总体 $N(\mu,\sigma^2)$ 的置信区间

① 均数 μ 的置信区间。

设总体 $X\sim N(\mu,\sigma^2)$,则均数 μ 的估计有 σ^2 已知与未知两种情形。

σ^2 已知而 μ 未知时,由于 $\overline{X}$ 是 μ 的无偏估计,且 $U=\dfrac{\overline{X}-\mu}{\sigma/\sqrt{n}}\sim N(0,1)$,而 $N(0,1)$ 分布是对称的,所以等尾置信区间是最短的置信区间。对于确定的 α,查正态分布表(见附录6之附表1)确定 U_α,使得 $P(|U|<U_\alpha)=1-\alpha$,即 $\Phi(U_\alpha)=1-\dfrac{\alpha}{2}$,于是

$$P\left(\overline{X}-\dfrac{\sigma}{\sqrt{n}}U_\alpha<\mu<\overline{X}+\dfrac{\sigma}{\sqrt{n}}U_\alpha\right)=1-\alpha$$

因此,μ 的一个置信水平为 $1-\alpha$ 的置信区间为:

$$\left(\overline{X}-\dfrac{\sigma}{\sqrt{n}}U_\alpha,\ \overline{X}+\dfrac{\sigma}{\sqrt{n}}U_\alpha\right) \tag{6-5}$$

简记为
$$\left(\overline{X} \pm \frac{\sigma}{\sqrt{n}} U_\alpha\right) \quad (6\text{-}6)$$

σ^2 未知时，S^2 是 σ^2 的无偏估计，由于 $T = \dfrac{\overline{X} - \mu}{S/\sqrt{n}} \sim t(n-1)$，而 t 也是对称分布，并且，当 n 充分大时类似于标准正态分布，所以等尾置信区间是最短的置信区间。对于确定的 α，查 t 分布表（见附录6之附表2）以确定 $t_\alpha(n-1)$，使得 $P(|T| < t_\alpha(n-1)) = 1 - \alpha$，即 $P(T > t_\alpha(n-1)) = \dfrac{\alpha}{2}$，于是

$$P\left(\overline{X} - \frac{S}{\sqrt{n}} t_\alpha(n-1) < \mu < \overline{X} + \frac{S}{\sqrt{n}} t_\alpha(n-1)\right) = 1 - \alpha$$

因此，μ 的一个置信水平为 $1-\alpha$ 的置信区间为：

$$\left(\overline{X} - \frac{S}{\sqrt{n}} t_\alpha(n-1), \ \overline{X} + \frac{S}{\sqrt{n}} t_\alpha(n-1)\right) \quad (6\text{-}7)$$

简记为
$$\left(\overline{X} \pm \frac{S}{\sqrt{n}} t_\alpha(n-1)\right) \quad (6\text{-}8)$$

其中 $S_{\overline{X}} = \dfrac{\sigma}{\sqrt{n}}$（或 $S_{\overline{X}} = \dfrac{S}{\sqrt{n}}$）称为平均数标准误。

例如，从某县高中二年级数学会考中抽取 70 份试卷，算出平均分 $\overline{X} = 71.4$ 分，标准差 $S = 11.3$ 分，以 95% 的置信水平估计该县高中二年级该次数学会考的平均分。

容易算出，平均数标准误 $S_{\overline{X}} = \dfrac{S}{\sqrt{n}} = \dfrac{11.3}{\sqrt{70}} = 1.35$。因为本例样本容量较大，从样本均数抽样分布的规律可知，大样本均数的抽样分布服从正态分布。通过查正态分布表（此时 $\alpha = 0.05$，$\Phi(U_\alpha) = 1 - \dfrac{\alpha}{2} = 0.975$）可知，有 95% 的正确把握，所得样本平均数 $\overline{X}$ 与总体平均数 μ 相差不超过 $\pm 1.96 S_{\overline{X}}$，就是说，总体平均数 μ 被包含在 $\overline{X} \pm 1.96 S_{\overline{X}}$ 的区间内，且可靠性为 95%，因此，本例的答案为：由抽样并以 95% 的信度估计全县高中二年级此次数学会考的总平均分在 $68.75(71.4 - 1.96 \times 1.35)$ 分与 $74.05(71.4 + 1.96 \times 1.35)$ 分之间，即 $\mu \in (68.75, 74.05)$。

在实际问题中，总体方差 σ^2 未知的情况居多，所以区间(6-8)较区间(6-6)有更大的实用价值。

② 方差 σ^2 的置信区间。

关于 σ^2 的置信区间也可以分为 μ 已知与未知两种情况。但在实际问题中，σ^2 未知而 μ 已知是十分罕见的，所以在此只给出在 μ 未知的条件下 σ^2 的置信区间。

当 μ 未知时，由于 S^2 是 σ^2 的无偏估计，由于 $\chi^2 = \dfrac{(n-1)S^2}{\sigma^2} \sim \chi^2(n-1)$，而 χ^2 分布不是对称的分布，寻找最短的置信区间很难实现，所以仍然采用等尾置信区间。对于确定的 α，查 $\chi^2(n-1)$ 分布表（见附录 6 之附表 3）以确定 $\chi^2_{\frac{\alpha}{2}}(n-1)$ 与 $\chi^2_{1-\frac{\alpha}{2}}(n-1)$，使得 $P\left(\chi^2 \geq \chi^2_{\frac{\alpha}{2}}(n-1)\right) = \dfrac{\alpha}{2}$，$P\left(\chi^2 \leq \chi^2_{1-\frac{\alpha}{2}}(n-1)\right) = \dfrac{\alpha}{2}$ 即 $P\left(\chi^2 > \chi^2_{1-\frac{\alpha}{2}}(n-1)\right) = 1 - \dfrac{\alpha}{2}$，于是

$$P\left(\chi^2_{1-\frac{\alpha}{2}}(n-1) < \chi^2(n-1) < \chi^2_{\frac{\alpha}{2}}(n-1)\right) = 1 - \alpha$$

$$P\left(\frac{(n-1)S^2}{\chi^2_{\frac{\alpha}{2}}(n-1)} < \sigma^2 < \frac{(n-1)S^2}{\chi^2_{1-\frac{\alpha}{2}}(n-1)}\right) = 1 - \alpha$$

因此，方差 σ^2 的一个置信水平为 $1-\alpha$ 的置信区间为：

$$\left(\frac{(n-1)S^2}{\chi^2_{\frac{\alpha}{2}}(n-1)}, \frac{(n-1)S^2}{\chi^2_{1-\frac{\alpha}{2}}(n-1)}\right) \tag{6-9}$$

标准差 σ 的一个置信水平为 $1-\alpha$ 的置信区间为：

$$\left(\frac{\sqrt{(n-1)}S}{\sqrt{\chi^2_{\frac{\alpha}{2}}(n-1)}}, \frac{\sqrt{(n-1)}S}{\sqrt{\chi^2_{1-\frac{\alpha}{2}}(n-1)}}\right) \tag{6-10}$$

如上例中，以 95%的置信水平估计该县高中二年级该次数学会考的标准差 σ。

在此，$\alpha = 0.05$，$\dfrac{\alpha}{2} = 0.025$，$1 - \dfrac{\alpha}{2} = 0.975$，$n - 1 = 69$，查表得

$$\chi^2_{0.025}(69) \approx \frac{1}{2}(Z_{0.025} + \sqrt{2 \times 69 - 1})^2 = \frac{1}{2}(2.81 + 11.70)^2 = 105.27$$

$$\chi^2_{0.975}(69) \approx \frac{1}{2}(Z_{0.975} + \sqrt{2 \times 69 - 1})^2 = \frac{1}{2}(0.03 + 11.70)^2 = 68.80$$

又 $S=11.3$,由(6-10)式得标准差 σ 的一个置信水平为 0.95 的置信区间为(9.15,11.32)。

(2)两个正态总体下的置信区间

设 $X_1,X_2,\cdots,X_{n_1}$ 是来自总体 $N(\mu_1,\sigma_1^2)$ 的样本,$Y_1,Y_2,\cdots,Y_{n_2}$ 是来自总体 $N(\mu_2,\sigma_2^2)$ 的样本,且两个样本独立。其样本均数依次为 $\overline{X},\overline{Y}$,样本方差分别为 S_1^2,S_2^2。

① 两个总体均数差 $\mu_1-\mu_2$ 的置信区间。

σ_1^2,σ_2^2 已知的情形:

由于 $U=\dfrac{\overline{X}-\overline{Y}-(\mu_1-\mu_2)}{\sqrt{\dfrac{\sigma_1^2}{n_1}+\dfrac{\sigma_2^2}{n_2}}}\sim N(0,1)$,则 $\mu_1-\mu_2$ 一个置信水平为 $1-\alpha$ 的置信区间为:

$$\left(\overline{X}-\overline{Y}\pm U_\alpha\sqrt{\dfrac{\sigma_1^2}{n_1}+\dfrac{\sigma_2^2}{n_2}}\right) \quad (6\text{-}11)$$

$\sigma_1^2=\sigma_2^2=\sigma^2$,但 σ^2 未知的情形:

若置信水平为 $1-\alpha$,令 $S_\omega=\sqrt{\dfrac{(n_1-1)S_1^2+(n_2-1)S_2^2}{n_1+n_2-2}\cdot\dfrac{n_1+n_2}{n_1 n_2}}$,则由于 $T=\dfrac{\overline{X}-\overline{Y}-(\mu_1-\mu_2)}{S_\omega}\sim t(n_1+n_2-2)$,$\mu_1-\mu_2$ 一个的置信区间为:

$$(\overline{X}-\overline{Y}\pm S_\omega t_\alpha(n_1+n_2-2)) \quad (6\text{-}12)$$

② 两个总体方差比 $\dfrac{\sigma_1^2}{\sigma_2^2}$ 的置信区间。

同样,这里只给出总体均数 μ_1,μ_2 未知情形下的置信区间。

由于 $F=\dfrac{\dfrac{S_1^2}{\sigma_1^2}}{\dfrac{S_2^2}{\sigma_2^2}}=\dfrac{\dfrac{S_1^2}{S_2^2}}{\dfrac{\sigma_1^2}{\sigma_2^2}}\sim F(n_1-1,\ n_2-1)$,所以 $\dfrac{\sigma_1^2}{\sigma_2^2}$ 的一个置信水平为 $1-\alpha$ 的置信区间为:

$$\left(\dfrac{S_1^2}{S_2^2}\dfrac{1}{F_{\frac{\alpha}{2}}(n_1-1,\ n_2-1)},\ \dfrac{S_1^2}{S_2^2}\dfrac{1}{F_{1-\frac{\alpha}{2}}(n_1-1,\ n_2-1)}\right) \quad (6\text{-}13)$$

现将上述正态分布参数的置信区间总结于表 6.3。

表 6.3　正态分布参数的置信区间

待估参数	条件		置信区间	自由度
μ	σ^2 已知	$X \sim N(\mu,\sigma^2)$, $X_1, X_2, \cdots, X_n$。	$\left(\overline{X} \pm \dfrac{\sigma}{\sqrt{n}} U_\alpha\right)$	
	σ^2 未知		$\left(\overline{X} \pm \dfrac{S}{\sqrt{n}} t_\alpha\right)$	$n-1$
σ^2			$\left(\dfrac{(n-1)S^2}{\chi^2_{\frac{\alpha}{2}}},\ \dfrac{(n-1)S^2}{\chi^2_{1-\frac{\alpha}{2}}}\right)$	$n-1$
$\mu_1 - \mu_2$	σ_1^2, σ_2^2 已知	$X \sim N(\mu_1, \sigma_1^2)$, $X_1, X_2, \cdots, X_{n_1}$; $Y \sim N(\mu_2, \sigma_2^2)$, $Y_1, Y_2, \cdots, Y_{n_2}$。	$\left(\overline{X} - \overline{Y} \pm U_\alpha \sqrt{\dfrac{\sigma_1^2}{n_1} + \dfrac{\sigma_2^2}{n_2}}\right)$	
	$\sigma_1^2 = \sigma_2^2 = \sigma^2$ 未知		$(\overline{X} - \overline{Y} \pm S_\omega t_\alpha)$	$n_1 + n_2 - 2$
$\dfrac{\sigma_1^2}{\sigma_2^2}$			$\left(\dfrac{S_1^2}{S_2^2}\dfrac{1}{F_{\frac{\alpha}{2}}},\ \dfrac{S_1^2}{S_2^2}\dfrac{1}{F_{1-\frac{\alpha}{2}}}\right)$	(n_1-1, n_2-1)

6.2.2　统计检验

在教育研究中分析调查研究和实验研究结果时，仅对统计资料作一种数量化的描述还不够，常常需要进行统计检验，以进一步检验统计量之间是否有差异。所以，统计检验又称为差异检验。

统计检验的基本思路是用反证法来检验我们所要获得的结论。在统计检验时，先提出"虚无假设"或"零假设"（用 H_0 表示）与"备择假设"（用 H_1 表示，意指在虚无假设被拒绝后可供选择的假设)，并计算出"虚无假设"成立的概率（即可能性，用 P 表示），即首先，假设两个统计量无显著性差异，并计算其成立的概率 P。然后按照检验法则，做出在决策 H_0 与 H_1 两者之间接受其一。通过检验，若 P 很小，则根据概率论中的小概率事件在一次试验中不可能发生的原理，应该拒绝虚无假设 H_0，且说明两个统计量之间有显著差异而接受 H_1，标志着两个统计量来自不同的总体；若 P 不是很小，则接受虚无假设 H_0，且说明两个统计量无显著差异，它们之间存在的误差是由抽样误差或偶然因素引起的。其次要规定差异显著性界限或显著性水平（用 α 表示），即事先规定在什么界限或水平内是属于差异不显著，在什么界限或水平以外是属于差异显著。在教育统计学中常以小概率 α=0.05 和 α=0.01 作为显著性水平。如果，我们在 α=0.05（或 0.01）的水平上对假设进行检验的话，那么，只要样本统计量的值抽样分布上出现的概率 P 等于或小于 0.05（或 0.01），即样本统计量的值落入了拒绝区域，就认为小概率事件发生了，应拒绝虚无假设 H_0。显著性水平越低（α 值越大），越容易拒绝虚无假设，推断的可靠性越小；显著性水平越高（α 值越小），越不容易拒绝虚无假设，推断的可靠性越大。

差异检验的水平，一般有四级：
$P \leqslant 0.001$，为差异非常显著；
$P \leqslant 0.01$，为差异十分显著；
$P \leqslant 0.05$，为差异显著；
$P > 0.05$，为差异不显著。

统计检验的方法很多，有 U 检验、t 检验、χ^2 检验和 F 检验等。在运用检验方法时，首先要区分两种不同情况：一是统计数的差异来自大样本还是小样本；二是两样本是独立样本还是相关联样本。在此，我们主要讨论在独立样本情况下常用的统计检验：U 检验、t 检验、χ^2 检验和 F 检验。

6.2.2.1　U 检验

U 检验是总体方差 σ^2 已知的情况下用正态分布的理论来推论差异发生的概率，以此来比较两个平均数的差异是否显著。U 检验适用于样本 $n>30$ 且为计量资料的数据检验。考察对象不同，U 检验的公式也不同。

（1）σ^2 已知时单个总体均数 μ 的 U 检验

设 $X_1, X_2, \cdots, X_n$ 是来自总体 $N(\mu, \sigma^2)$ 的样本，其均数为 $\bar{X}$。考察对象是总体方差 σ^2 为已知的总体均数 μ 与 μ_0 的关系时，公式为：

$$U = \frac{\bar{X} - \mu_0}{\sigma / \sqrt{n}} \tag{6-14}$$

检验 μ 与 μ_0（或 $\bar{X}$ 与 μ_0）的差异显著性，可按以下步骤进行：
① 提出虚无假设 H_0（如 μ 与 μ_0，或 $\bar{X}$ 与 μ_0 没有差异，等）；
② 求 U 值；
③ 决定显著水平 α、查 U 分布表（见附录 6 之附表 1）、划定临界区；
④ 做出统计推断：
统计推断为（在显著水平为 α 的情况下）：
a. 双边检验：当 H_0 为 $\mu = \mu_0$（或 $\bar{X} = \mu_0$）时，如果有 $|U| \geqslant U_\alpha$，则拒绝

H_0 而接受 H_1：$\mu \neq \mu_0$（或 $\overline{X} \neq \mu_0$），其中，$P(|U| \geq U_\alpha) = \alpha$，即 $\Phi(U_\alpha) = 1 - \dfrac{\alpha}{2}$。

b. 右单边检验：当 H_0 为 $\mu \leq \mu_0$（或 $\overline{X} \leq \mu_0$）时，如果有 $U \geq U_{2\alpha}$，则拒绝 H_0 而接受 H_1：$\mu > \mu_0$（或 $\overline{X} > \mu_0$），其中，$P(U \geq U_{2\alpha}) = \alpha$，即 $P(|U| \geq U_{2\alpha}) = 2\alpha$，于是 $\Phi(U_{2\alpha}) = 1 - \alpha$。

c. 左单边检验：当 H_0 为 $\mu \geq \mu_0$（或 $\overline{X} \geq \mu_0$）时，如果有 $U \leq -U_{2\alpha}$，则拒绝 H_0 而接受 H_1：$\mu < \mu_0$（或 $\overline{X} < \mu_0$），其中，$P(U \leq -U_{2\alpha}) = \alpha$，即 $P(|U| \geq U_{2\alpha}) = 2\alpha$，于是 $\Phi(U_{2\alpha}) = 1 - \alpha$。

显然，对于同一个显著水平 α，有 $U_{2\alpha} < U_\alpha$，即 $\Phi(U_{2\alpha}) < \Phi(U_\alpha)$，所以，使用双边检验更易拒绝 H_0；使用单边检验更易接受 H_0，但是单边检验能说明谁比谁优：若 $U \geq U_{2\alpha}$，则 $\mu > \mu_0$（或 $\overline{X} > \mu_0$）；若 $U \leq -U_{2\alpha}$，则 $\mu < \mu_0$（或 $\overline{X} < \mu_0$）。

因此，通常用双边检验求出 U_α 后给出统计推断。若还需作出谁优于谁的决断时，再结合单边检验给出统计推断。

例如，某区一次数学会考，区均分 $\mu_0 = 80$ 分，某校 49 名考生均分 $\overline{X} = 90$ 分，标准差 $\sigma = 20$，考察该校考生此次数学会考成绩与区水平的差异性（此时，由于 $n = 49$，可以认为 n 充分大，且 $\mu = \mu_0 = 80$，要考察 $\overline{X}$ 与 μ 的关系）。

检验的具体步骤为：

① 提出虚无假设 H_0：

假设该校 49 名考生与全区平均水平无差异（用双边检验）；

② 求 U 值：

$$U = \frac{\overline{X} - \mu}{\sigma / \sqrt{n}} = \frac{90 - 80}{20 / \sqrt{49}} = 3.5$$

③ 决定显著水平、查 U 分布表、划定临界区：

设显著性水平为 $\alpha = 0.001$，则 $\Phi(U_\alpha) = 1 - \dfrac{\alpha}{2} = 0.9995$。查 U 分布表得对应的临界值为 $U_{0.001} = 3.295$；

④ 做出统计推断：

因为 $U = 3.5 > U_{0.001} = 3.295$，所以 $P < 0.001$。差异非常显著，应拒绝虚无假设 H_0。所以，可认为该校此次数学会考均分，非常显著地高于全区平均分。

（2）σ_1^2 与 σ_2^2 都已知时两个总体均数差 $\mu_1 - \mu_2$ 的 U 检验

设 $X_1, X_2, \cdots, X_{n_1}$ 是来自总体 $N(\mu_1, \sigma_1^2)$ 的样本，$Y_1, Y_2, \cdots, Y_{n_2}$ 是来自总体 $N(\mu_2, \sigma_2^2)$ 的样本，且两个样本独立，其样本均数依次为 $\overline{X}, \overline{Y}$，总体方差 σ_1^2 与

σ_2^2 都已知。

在教育实验或教育调查的时候，两组不是同样的对象，两个样本彼此独立，没有任何关系存在。所以，当考察对象是总体方差 σ_1^2 与 σ_2^2 都已知的双样本时，公式为：

$$U = \frac{\overline{X} - \overline{Y}}{\sqrt{\sigma_1^2/n_1 + \sigma_2^2/n_2}} \tag{6-15}$$

检验这两组的平均数的差异显著性，可按以下步骤进行：

① 提出虚无假设 H_0（如两组平均数没有差异，等）；

② 分别求出这两组平均数的标准差：

$$S_{\overline{X_1}} = \frac{\sigma_1}{\sqrt{n_1}}, \quad S_{\overline{X_2}} = \frac{\sigma_2}{\sqrt{n_2}};$$

③ 求两个平均数之差的标准差：

$$S_{\overline{D}} = \sqrt{\frac{\sigma_1^2}{n_1} + \frac{\sigma_2^2}{n_2}} \tag{6-16}$$

④ 求 U 值：$U = \dfrac{\overline{X} - \overline{Y}}{S_{\overline{D}}}$；

⑤ 决定显著水平 α，查 U 分布表和划定临界区；

⑥ 统计推断：

a. 双边检验：当 H_0 为 $\mu_1 = \mu_2$（或 $\overline{X} = \overline{Y}$）时，如果有 $|U| \geqslant U_\alpha$，则拒绝 H_0 而接受 H_1：$\mu_1 \neq \mu_2$（或 $\overline{X} \neq \overline{Y}$），其中，$P(|U| \geqslant U_\alpha) = \alpha$，即 $\Phi(U_\alpha) = 1 - \dfrac{\alpha}{2}$；

b. 右单边检验：当 H_0 为 $\mu_1 \leqslant \mu_2$（或 $\overline{X} \leqslant \overline{Y}$）时，如果有 $U \geqslant U_{2\alpha}$，则拒绝 H_0 而接受 H_1：$\mu_1 > \mu_2$（或 $\overline{X} > \overline{Y}$），其中，$P(U \geqslant U_{2\alpha}) = \alpha$，即 $P(|U| \geqslant U_{2\alpha}) = 2\alpha$，于是 $\Phi(U_{2\alpha}) = 1 - \alpha$；

c. 左单边检验：当 H_0 为 $\mu_1 \geqslant \mu_2$（或 $\overline{X} \geqslant \overline{Y}$）时，如果有 $U \leqslant -U_{2\alpha}$，则拒绝 H_0 而接受 H_1：$\mu_1 < \mu_2$（或 $\overline{X} < \overline{Y}$），其中，$P(U \leqslant -U_{2\alpha}) = \alpha$，即 $P(|U| \geqslant U_{2\alpha}) = 2\alpha$，于是 $\Phi(U_{2\alpha}) = 1 - \alpha$。

显然，对于同一个显著水平 α，有 $U_{2\alpha} < U_\alpha$，即 $\Phi(U_{2\alpha}) < \Phi(U_\alpha)$，所以，使用双边检验更易拒绝 H_0；使用单边检验更易接受 H_0，但是单边检验能说明谁比谁优：若 $U \geqslant U_{2\alpha}$，则 $\mu_1 > \mu_2$（或 $\overline{X} > \overline{Y}$）；若 $U \leqslant -U_{2\alpha}$，则 $\mu_1 < \mu_2$（或 $\overline{X} < \overline{Y}$）。

因此，通常用双边检验求出 U_α 后给出统计推断。若还需作出谁优于谁的决断时，再结合单边检验给出统计推断。

某校二年级期末数学测试成绩如表 6.4 所示，考察此次测试中男、女生的数学成绩的差异性。

表 6.4 某校二年级期末数学测试成绩

性别	人数 n	均数 $\bar{X}$	标准差 σ
男	$n_1 = 85$	$\bar{X}_1 = 76$	$\sigma_1 = 7.2$
女	$n_2 = 82$	$\bar{X}_2 = 79$	$\sigma_2 = 6.2$

检验步骤为：

① 提出虚无假设 H_0：

假设男、女生此次期末数学测试成绩无显著差异（用双边检验）；

② 分别求出男、女生平均分数的标准误：

$$S_{\bar{X}_1} = \frac{\sigma_1}{\sqrt{n_1}} = \frac{7.2}{\sqrt{85}} = 0.781，\quad S_{\bar{X}_2} = \frac{\sigma_2}{\sqrt{n_2}} = \frac{6.2}{\sqrt{82}} = 0.685$$

③ 求两个平均数之差的标准误：

$$S_{\bar{D}} = \sqrt{\frac{\sigma_1^2}{n_1} + \frac{\sigma_2^2}{n_2}} = \sqrt{S_{\bar{X}_1}^2 + S_{\bar{X}_2}^2} = \sqrt{0.781^2 + 0.685^2} = \sqrt{1.0792} = 1.039$$

④ 求 U 值：

$$U = \frac{\bar{X} - \bar{Y}}{S_{\bar{D}}} = \frac{76 - 79}{1.039} = -2.887$$

⑤ 决定显著水平、查 U 分布表、划定临界区：

设显著性水平为 $a = 0.01$，则 $\Phi(U_\alpha) = 1 - \frac{a}{2} = 0.995$。查 U 分布表得对应的临界值为 $U_{0.01} = 2.575$；

⑥ 做出统计推断：

因为 $U = -2.887 < -U_{0.01} = -2.575$，所以 $P < 0.01$。差异十分显著，应拒绝虚无假设 H_0。即该校二年级男、女生期末数学测试成绩有十分显著的差异。数学成绩女生优于男生（$\mu_1 < \mu_2$）。

6.2.2.2 t 检验

当研究总体方差 σ^2 未知的样本小于 30 时（即 $n < 30$），就不能用 U 检验，而要用 t 检验。也就是说，t 检验适用于小样本的平均数差异分析。此时，注

意到 S^2 是 σ^2 的无偏估计，所以用 S 代替 σ。

进行 t 检验，涉及"自由度"。所谓"自由度"，是指能用来估计表现总体的某方面性质的变量值独立自由变化的数目，用 df 表示。好比有 4 个人结伴旅游，下火车后带的东西没有地方存放，只好留下 1 人照看行李，其余 3 人可以自由活动。这时，自由活动只能在 $4-1=3$ 的范围进行，所以自由度是 3。但是，自由度并非都是 $n-1$，它随着受限制的因子个数的变化而变化。比如，要检验两个班级学生成绩差异时，由于每班都有一个受限制的参数，所以，就会出现自由度 $df=n-2$ 的情况。

（1）σ^2 未知知时单个总体均数 μ 的 t 检验

设 $X_1, X_2, \cdots, X_n$ 是来自总体 $N(\mu, \sigma^2)$ 的样本，其均数为 $\overline{X}$。考察对象是总体方差 σ^2 为未知的总体均数 μ 与 μ_0（为已知的常量）的关系时，检验统计量公式为：

$$t = \frac{\overline{X} - \mu_0}{S_{\overline{X}}} = \frac{\overline{X} - \mu_0}{S/\sqrt{n}} \tag{6-17}$$

此时，自由度 $df = n-1$。

检验 μ 与 μ_0（或 $\overline{X}$ 与 μ_0）的差异显著性，可按以下步骤进行：

① 提出虚无假设 H_0（如 μ 与 μ_0，或 $\overline{X}$ 与 μ_0 没有差异，等）；

② 求 t 值；

③ 决定显著水平 α、查 t 分布表（见附录 6 之附表 2）、划定临界区；

④ 做出统计推断：

统计推断为（在显著水平为 α 的情况下）：

a. 双边检验：当 H_0 为 $\mu = \mu_0$（或 $\overline{X} = \mu_0$）时，如果有 $|t| \geq t_\alpha$，则拒绝 H_0 而接受 H_1：$\mu \neq \mu_0$（或 $\overline{X} \neq \mu_0$），其中，$P(|t| \geq t_\alpha) = \alpha$，即 $\Phi(U_\alpha) = 1 - \frac{\alpha}{2}$；

b. 右单边检验：当 H_0 为 $\mu \leq \mu_0$（或 $\overline{X} \leq \mu_0$）时，如果有 $t \geq t_{2\alpha}$，则拒绝 H_0 而接受 H_1：$\mu > \mu_0$（或 $\overline{X} > \mu_0$），其中，$P(t \geq t_{2\alpha}) = \alpha$，即 $P(|t| \geq t_{2\alpha}) = 2\alpha$，于是 $\Phi(U_{2\alpha}) = 1 - \alpha$；

c. 左单边检验：当 H_0 为 $\mu \geq \mu_0$（或 $\overline{X} \geq \mu_0$）时，如果有 $t \leq -t_{2\alpha}$，则拒绝 H_0 而接受 H_1：$\mu < \mu_0$（或 $\overline{X} < \mu_0$），其中，$P(t \leq -t_{2\alpha}) = \alpha$，即 $P(|t| \leq -t_{2\alpha}) = 2\alpha$，于是 $\Phi(U_{2\alpha}) = 1 - \alpha$。

例如，据大规模测量得知，某城市 8 岁男孩的平均体重为 $\mu_0 = 21$ 公斤。现测得某校 16 个 8 岁男孩的平均体重为 $\overline{X} = 20$ 公斤，标准差 $S = 2.2$，考察这 16 个男孩的平均体重与该城市的标准的差异性。

① 提出虚无假设 H_0：两者之差仅属于随机误差；
② 求 t 的值：
根据公式（6-17），有

$$t = \frac{\overline{X} - \mu_0}{S_{\overline{X}}} = \frac{\overline{X} - \mu_0}{S/\sqrt{n}} = \frac{20 - 21}{2.2/\sqrt{16}} = -1.818$$

③ 查 t 分布表：
取 $\alpha = 0.05$，根据自由度 $df = 16 - 1 = 15$，查 t 分布表得，$t_{0.05}(15) = 2.131$。
④ 做出统计推断：
由于 $t = -1.874 > -t_{0.05}(15) = -2.131$，则 $P > 0.05$，表明应该接受虚无假设 H_0，即两者之差异仅属于随机误差而已。

（2）两个正态总体均数差 $\mu_1 - \mu_2$ 的 t 检验

我们可以用 t 检验来对具有相同方差的两个正态总体均数差 $\mu_1 - \mu_2$ 进行检验。设 $X_1, X_2, \cdots, X_{n_1}$ 是来自总体 $N(\mu_1, \sigma^2)$ 的样本，$Y_1, Y_2, \cdots, Y_{n_2}$ 是来自总体 $N(\mu_2, \sigma^2)$ 的样本，且两个样本独立。其样本均数依次为 $\overline{X}, \overline{Y}$，样本方差分别为 S_1^2, S_2^2，μ_1, μ_2, σ^2 均未知。

由于考察对象是总体方差 $\sigma_1^2 = \sigma_2^2 = \sigma^2$ 未知的两个独立的样本，这时公式为：

$$t = \frac{\overline{X} - \overline{Y}}{S_{\overline{D}}} = \frac{\overline{X} - \overline{Y}}{\sqrt{\frac{(n_1 - 1)S_1^2 + (n_2 - 1)S_2^2}{n_1 + n_2 - 2}\left(\frac{1}{n_1} + \frac{1}{n_2}\right)}} \quad (6\text{-}18)$$

其中，$\overline{X}$ 与 $\overline{Y}$ 和 S_1 与 S_2 分别为两个独立样本的平均数和标准差，n_1、n_2 分别为两个独立样本的容量，自由度 $df = n_1 + n_2 - 2$。

所以，当两个平均数来自独立小样本时，其差异的显著性的检验可按以下步骤进行：
① 提出虚无假设 H_0；
② 求两个平均数差的标准误：

$$S_{\overline{D}} = \sqrt{\frac{(n_1 - 1)S_1^2 + (n_2 - 1)S_2^2}{n_1 + n_2 - 2} \cdot \frac{n_1 + n_2}{n_1 n_2}} \quad (6\text{-}19)$$

③ 求 t 的值：$t = \dfrac{\overline{X} - \overline{Y}}{S_{\overline{D}}}$；
④ 决定显著水平 α，查 t 分布表（见附录6之附表2）和划定临界区；

⑤ 做出统计推断：

a. 双边检验：当 H_0 为 $\mu_1 = \mu_2$（或 $\overline{X} = \overline{Y}$）时，拒绝域为 $|t| \geq t_\alpha(n_1 + n_2 - 2)$，即如果有 $|t| \geq t_\alpha$，则拒绝 H_0 而接受 H_1：$\mu_1 \neq \mu_2$（或 $\overline{X} \neq \overline{Y}$），其中，$P(|T| \geq t_\alpha) = \alpha$，即 $\Phi(t_\alpha) = 1 - \dfrac{\alpha}{2}$；

b. 右单边检验：当 H_0 为 $\mu_1 \leq \mu_2$（或 $\overline{X} \leq \overline{Y}$）时，拒绝域为 $t \geq t_{2\alpha}(n_1 + n_2 - 2)$，即如果有 $t \geq t_{2\alpha}$，则拒绝 H_0 而接受 H_1：$\mu_1 > \mu_2$（或 $\overline{X} > \overline{Y}$），其中，$P(t \geq t_{2\alpha}) = \alpha$，即 $P(|t| \geq t_{2\alpha}) = 2\alpha$，于是 $\Phi(t_{2\alpha}) = 1 - \alpha$；

c. 左单边检验：当 H_0 为 $\mu_1 \geq \mu_2$（或 $\overline{X} \geq \overline{Y}$）时，拒绝域为 $t \leq -t_{2\alpha}(n_1 + n_2 - 2)$，即如果有 $t \leq -t_{2\alpha}$，则拒绝 H_0 而接受 H_1：$\mu_1 < \mu_2$（或 $\overline{X} < \overline{Y}$），其中，$P(t \leq -t_{2\alpha}) = \alpha$，即 $P(|t| \geq t_{2\alpha}) = 2\alpha$，于是 $\Phi(t_{2\alpha}) = 1 - \alpha$。

因此，通常用双边检验求出 t_α 后给出统计推断。若还需做出谁优于谁的决断时，再结合单边检验给出统计推断。

由 t 分布的对称性，我们有

$$t_{1-\alpha}(n) = -t_\alpha(n) \tag{6-20}$$

同时，当 n 充分大时，常用正态近似表示。即

$$t_\alpha(n) \approx U_\alpha \tag{6-21}$$

通常，如果求得的 $t < t_{0.05}(df)$，则 $P > 0.05$，应接受虚无假设 H_0，差异不显著；若 $t \geq t_{0.05}(df)$，则 $P \leq 0.05$，则应拒绝虚无假设 H_0，差异显著；如若 $t \geq t_{0.01}(df)$，则 $P \leq 0.01$，则应拒绝虚无假设 H_0，差异非常显著。

例如，某校某项改革在实验班和对照班各 12 人中实施，改革前后测试的有关数据如表 6.5 所示，试评价这项改革的效果。

表 6.5 某校某项改革前后数据对比

班别	人数 n	改革前		改革后	
		均数 $\overline{X}$	标准差 S	均数 $\overline{X}$	标准差 S
实验班	$n_1 = 12$	$\overline{X_1} = 62$	$S_1 = 5.47$	$\overline{X_3} = 68$	$S_3 = 5.28$
对照班	$n_2 = 12$	$\overline{X_2} = 62.5$	$S_2 = 4.57$	$\overline{X_4} = 62$	$S_4 = 6.10$

评价这项改革是否有显著成效果，要从两方面比较：一是改革实验前两个班的情况是否相仿（应该要求这两个班的均数差异至少不够显著）；二是改革实验后两个班的均数是否有显著差异。若改革前差异不大，而改革后差异显著，则可认为效果的提高来源于改革。

实验前：① 虚无假设 H_0：两个班成绩无差异；

② 求 t 的值：

据上表及公式（6-18），并注意到 $n_1 = n_2 = n = 12$，于是有

$$t = \frac{\overline{X}_1 - \overline{X}_2}{\sqrt{\frac{S_1^2 + S_2^2}{n}}} = \frac{62 - 62.5}{\sqrt{\frac{5.47^2 + 4.57^2}{12}}} = -0.243$$

③ 查 t 分布表：

取 $\alpha = 0.1$，根据自由度 $df = n_1 + n_2 - 2 = 22$，查 t 值表得，$t_{0.1}(22) = 1.717$。

④ 作出统计推断：

由于 $t = -0.243 > -t_{0.1}(22) = -1.717$，则 $P > 0.1$，表明应该接受虚无假设 H_0，即两个班差异不显著，原基础相当。

实验后：① 虚无假设 H_0：两个班成绩无差异；

② 求 t 的值：

根据上表及公式（6-18），并注意到 $n_1 = n_2 = n = 12$，于是有

$$t = \frac{\overline{X}_3 - \overline{X}_4}{\sqrt{\frac{S_1^2 + S_2^2}{n}}} = \frac{68 - 62}{\sqrt{\frac{5.28^2 + 6.10^2}{12}}} = 2.5763$$

③ 查 t 分布表：

取 $\alpha = 0.05$，根据自由度 $df = n_1 + n_2 - 2 = 22$，查 t 值表得，$t_{0.05}(22) = 2.074$。

④ 做出统计推断：

由于 $t = 2.5763 > t_{0.05}(22) = 2.074$，则 $P < 0.05$，表明应拒绝虚无假设 H_0，即两个班平均成绩有显著差异，实验班显著优于对照班（$\mu_3 > \mu_4$）。

综合上述实验前后的两次检验，应该认为该项教学改革是有显著成效的。

6.2.2.3 χ^2 检验

U、t 检验，对象是计量数据方面的资料。在教育研究中常常出现属于品质方面的计数资料。对计数资料的检验，就要用 χ^2 检验。

χ^2 检验是对单个正态总体方差的检验：设总体 $X \sim N(\mu, \sigma^2)$，而 μ 与 σ^2 均未知，$X_1, X_2, \cdots, X_n$ 是来自 X 的样本。σ_0^2 为已知的常数，要求在显著水平 α 下，以 χ^2 为统计量对 σ^2 与 σ_0^2 的关系进行检验。χ^2 的计算公式为：

$$\chi^2 = \frac{(n-1)S^2}{\sigma_0^2} \tag{6-22}$$

其中，S^2 是 σ^2 的无偏估计。

所以 χ^2 检验也是一种假设检验。在"虚无假设" H_0 下，计算 χ^2 值；然

后与一定的检验水平（即概率的临界 χ^2 值）比较（可查 χ^2 分布表，见附录 6 之附表 3），再确定是否接受"虚无假设"H_0。

因此，χ^2 的检验步骤为：

① 提出虚无假设 H_0；

② 计算 χ^2 的值，然后与一定检验水平 α 即临界 χ^2 值比较（查 χ^2 分布表，方法同查 t 分布表）；

③ 做出统计推断：

双边检验：当 H_0 为 $\sigma^2 = \sigma_0^2$ 时，由于 $P\left(\chi^2 \geq \chi_{\frac{\alpha}{2}}^2\right) = \frac{\alpha}{2}$，$P\left(\chi^2 \leq \chi_{1-\frac{\alpha}{2}}^2\right) = \frac{\alpha}{2}$，从而得到检验的拒绝域为 $\chi^2 \geq \chi_{\frac{\alpha}{2}}^2(n-1)$ 或 $\chi^2 \leq \chi_{1-\frac{\alpha}{2}}^2(n-1)$；

右单边检验：当 H_0 为 $\sigma^2 \leq \sigma_0^2$ 时，由于 $P(\chi^2 \geq \chi_\alpha^2) = \alpha$，从而得到检验的拒绝域为 $\chi^2 \geq \chi_\alpha^2(n-1)$；

左单边检验：当 H_0 为 $\sigma^2 \geq \sigma_0^2$ 时，由于 $P(\chi^2 \leq \chi_{1-\alpha}^2) = \alpha$ 拒绝域为 $\chi^2 \leq \chi_{1-\alpha}^2(n-1)$。

在这里，当 n 充分大（$n > 40$）时，近似地有

$$\chi_\alpha^2(n) \approx \frac{1}{2}\left(u_\alpha + \sqrt{2n-1}\right)^2 \tag{6-23}$$

由于 χ^2 检验是实得次数（观察次数）与理论次数（期望次数）偏离程度的差异显著性检验。它是用来比较实际调查或实际观察次数与理论次数（即期望次数）差异的最有效的方法之一，与研究样本的多少无关。常用下列公式计算：

$$\chi^2 = \sum \frac{(f_0 - f_e)^2}{f_e} \tag{6-24}$$

其中 f_0 为实际观察所得频数；f_e 为按某一假设所期望的频数，自由度为 df。

χ^2 检验分单项表检验与多项表检验两类。当研究对象只按一种分类标准划分时，用单项表检验；当研究对象按两种及两种以上分类标准划分时，可用多项表检验。

（1）单项表的 χ^2 检验

例如，为了解毕业班学生学习负担的现状，在一个有 50 名学生的班级调查，要求他们就学习负担轻重发表意见，结果如表 6.6 所示：

表 6.6 调查结果

意见	过重	适当	较轻
人数	25	15	10

据此，能否认为毕业班学生的意见是以负担过重为主？

为了回答这一个问题，我们作一个拟合性的 χ^2 检验：

① 提出虚无假设 H_0：三种意见无明显差异；

② 计算 χ^2 的值：在假设 H_0 的情况下，三种意见的人数应该都为 $f_e = \frac{50}{3} = 16.6$，见表 6.7。

表 6.7 频率表

意见	过重	适当	较轻
实际频率	25	15	10
期望频率	16.6	16.6	16.6

根据公式（6-24），有

$$\chi^2 = \sum \frac{(f_0 - f_e)^2}{f_e} = 7.03$$

由于意见共有三类，所以自由度 df = 3−1 = 2。查 χ^2 数值表，得

$$\chi^2_{0.05}(2) = 5.99$$

③ 作出统计推断：

因为 $\chi^2 = 7.03 > \chi^2_{0.05}(2) = 5.99$，所以 $P < 0.05$。这表明，应该拒绝假设 H_0，因而学生的三种意见存在差异，应该以学习负担过重的意见为主。

（2）多项表的 χ^2 检验

如，在基础相当的两个班级，以一个班作为实验班，实验某种教学措施。一段时间后，两班均进行效果测试，按优、良、中、差四等分类统计人数。测试结果如表 6.8 所示，考察该项教学措施实验后的显著性：

表 6.8 测试结果

类别	优	良	中	差	Σ
实验班	16（12）	20（15.5）	12（17.5）	2（5）	50（n_{r_1}）
对照班	8（12）	11（15.5）	23（17.5）	8（5）	50（n_{r_2}）
Σ	24（n_{c_1}）	31（n_{c_2}）	35（n_{c_3}）	10（n_{c_4}）	N=100

表中括号外的数为实际频数 f_0，括号内的数为理论频率 f_e，其计算公式为：

$$f_e = \frac{n_r \times n_c}{N} \qquad (6\text{-}25)$$

其中，n_r 为行总频数，n_c 为列总频数，N 为总频数。

提出虚无假设 H_0：假设该项教学措施实施后无显著差异。

将上表中相关数据代入 χ^2 检验公式（6-24），得

$$\chi^2 = \frac{(16-12)^2}{12} + \frac{(20-15.5)^2}{15.5} + \frac{(12-17.5)^2}{17.5} + \frac{(2-5)^2}{5} + \frac{(8-12)^2}{12} +$$

$$\frac{(11-15.5)^2}{15.5} + \frac{(23-17.5)^2}{17.5} + \frac{(8-5)^2}{5} = 12.34$$

自由度 $df = (r-1) \times (c-1) = (2-1) \times (4-1) = 3$，其中，$r$、$c$ 分别为表中的行、列数。

查 χ^2 分布表，得 $\chi^2_{0.01}(3) = 11.3$。

由于 $\chi^2 = 12.34 > \chi^2_{0.01}(3) = 11.3$，所以 $P < 0.01$，表明差异显著，应拒绝虚无假设 H_0，即这项实验措施有显著效果。

χ^2 检验不仅结论较可靠，而且还可以作"连带源析离"，对有关情况作进一步较细致的分析。

例如，上例分析结果是对两个整班的全体学生而言，是一个综合性的分析。但一种教学措施，对不同类型的学生的效应往往是不相同的。因此，可以进一步分析：这种教学措施，对不同类型的学生所产生的效应。

首先在总体中对较好（优、良）学生进行分析，见表 6.9。

表 6.9 对较好学生测试结果

类型	优	良	Σ
实验班	16（15.7）	20（20.3）	36
对照班	8（8.3）	11（10.7）	19
Σ	24	31	$N=55$

提出虚无假设 H_0：假设该项教学措施实施后对较好的学生无显著差异。

将表中相关数据代入 χ^2 检验公式（6-24），得

$$\chi^2 = \frac{(16-15.7)^2}{15.7} + \frac{(20-20.3)^2}{20.3} + \frac{(8-8.3)^2}{8.3} + \frac{(11-10.7)^2}{10.7} = 0.029$$

$df = (2-1)(2-1) = 1$，查 χ^2 分布表，得 $\chi^2_{0.1}(1) = 2.71$。

由于 $\chi^2 = 0.029 < \chi^2_{0.1}(1) = 2.71$，所以 $P > 0.1$，表明差异不显著，应接受虚无假设 H_0，即这项教学措施，对较好的学生没有什么效果。

其次，在总体中对中等学生进行分析，见表 6.10。

表 6.10　对中等以上学生测试结果

类型	较好	中等	Σ
实验班	16+20=36（29.3）	12（18.7）	48
对照班	8+11=19（25.7）	23（16.3）	42
Σ	55	35	N=90

提出虚无假设 H_0：假设该项教学措施实施后对中等学生无显著差异。

计算 $\chi^2 = 8.31$；查 χ^2 分布表，得 $\chi^2_{0.01}(1) = 6.63$。

由 $\chi^2 = 8.31 > \chi^2_{0.01}(1) = 6.63$，知 $P < 0.01$，表明差异十分显著，应拒绝虚无假设 H_0，即这项教学措施，对中等的学生有十分显著的效果。

最后，在总体中对学困生进行分析，见表 6.11。

表 6.11　对学困生测试结果

类型	中等以上	差	Σ
实验班	16+20+12=48（45）	2（5）	50
对照班	8+11+23=42（45）	8（5）	50
Σ	90	10	N=100

提出虚无假设 H_0：假设该项教学措施实施后对学困生无显著差异。

计算 $\chi^2 = 4$；查 χ^2 分布表，得 $\chi^2_{0.05}(1) = 3.841$。

由 $\chi^2 = 4 > \chi^2_{0.05}(1) = 3.841$，知 $P < 0.05$，表明差异显著，应拒绝虚无假设 H_0，即这项教学措施，对学困生有显著的效果。

6.2.2.4　F 检验

在检验两个正态总体的方差比时要用 F 检验。

设 $X_1, X_2, \cdots, X_m$ 是来自总体 $N(\mu_1, \sigma_1^2)$ 的样本，$Y_1, Y_2, \cdots, Y_n$ 是来自总体 $N(\mu_2, \sigma_2^2)$ 的样本，且两个样本独立。其样本方差分别为 S_1^2, S_2^2，且设 $\mu_1, \mu_2, \sigma_1^2, \sigma_2^2$ 均为未知。要求在显著水平 α 下，以 F 为统计量对 σ_1^2 与 σ_2^2 的关系进行检验。F 的计算公式为：

$$F = \frac{S_1^2}{S_2^2} \tag{6-26}$$

同样，F 检验也是一种假设检验。在"虚无假设" H_0 下，计算 F 值；然后与一定的检验水平（即概率的临界 F 值）比较（可查 F 分布表，见附录 6 之附表 4），再确定是否接受"虚无假设" H_0。

因此，F 的检验步骤为：

① 提出虚无假设 H_0;
② 计算 F 的值;
③ 然后与一定检验水平 α 即临界 F 值比较（查 F 分布表）;
④ 作出统计推断:

a. 双边检验: 当 H_0 为 $\sigma_1^2 = \sigma_2^2$ 时, 由于 $P\left(F \geq F_{\frac{\alpha}{2}}\right) = \frac{\alpha}{2}$, $P\left(F \leq F_{1-\frac{\alpha}{2}}\right) = \frac{\alpha}{2}$, 即 $P\left(F > F_{1-\frac{\alpha}{2}}\right) = 1 - \frac{\alpha}{2}$, 从而得到检验的拒绝域为 $F \geq F_{\frac{\alpha}{2}}(m-1, n-1)$ 或 $F \leq F_{1-\frac{\alpha}{2}}(m-1, n-1)$。

b. 右单边检验: 当 H_0 为 $\sigma_1^2 \leq \sigma_2^2$ 时, 由于 $P(F \geq F_\alpha) = \alpha$, 则 $P(F < F_\alpha) = 1 - \alpha$, 故拒绝域为 $F \geq F_\alpha(m-1, n-1)$;

c. 左单边检验: 当 H_0 为 $\sigma_1^2 \geq \sigma_2^2$ 时, 由于 $P(F \leq F_{1-\alpha}) = \alpha$, 则 $P(F > F_\alpha) = 1 - \alpha$, 故拒绝域为 $F \leq F_{1-\alpha}(m-1, n-1)$。

在此, 还有公式:

$$F_{1-\alpha}(m,n) = \frac{1}{F_\alpha(n,m)} \tag{6-27}$$

例如, 某市高二数学期末实行会考。今从该市甲、乙两校高二学生中各抽去若干人, 其数学会考成绩如表 6.12:

表 6.12 数学会考成绩

甲校	70	81	61	96	62	81	76	93	81	62	47	
乙校	70	80	65	73	86	87	77	75	82	81	79	74	83

试考察甲、乙两校高二数学成绩的稳定程度（$\alpha = 0.05$）。

设甲校学生成绩的方差为 σ_1^2, 乙校学生成绩的方差为 σ_2^2, 则本例需要检验的假设是: $H_0: \sigma_1^2 = \sigma_2^2$ （$H_1: \sigma_1^2 \neq \sigma_2^2$）。

我们采用 F 检验中的双边检验:

① 提出虚无假设:

$$H_0: \sigma_1^2 = \sigma_2^2 \text{ （} H_1: \sigma_1^2 \neq \sigma_2^2 \text{）}$$

② 计算 F 的观察值:

由所给数据可计算出 $S_1^2 = 219.65$, $S_2^2 = 40.31$, 则 F 的观察值为 $F = \dfrac{S_1^2}{S_2^2} \approx 5.45$。

③ 与一定检验水平 α 即临界 F 值比较:

$m = 11, n = 13$, 对于 $\alpha = 0.05$, 查 F 分布表（见附录 6 之附表 4）得

$F_{0.025}(10,12) = 3.37$，所以 $F = 5.45 > F_{0.025}(10,12) = 3.37$。

④ 作出统计推断：

由于 $F = 5.45 > F_{0.025}(10,12) = 3.37$，故应该拒绝虚无假设 H_0 而接受 H_1：$\sigma_1^2 \neq \sigma_2^2$；同时，由单边检验立知，应该拒绝 $\sigma_1^2 \leq \sigma_2^2$。

综合之，有 $\sigma_1^2 > \sigma_2^2$。故此次会考中，甲校学生的成绩明显不如乙校稳定。

现将上述正态分布参数的检验总结于表 6.13。

表 6.13 正态分布参数检验表

检验名称	条件		H_0	检验函数	拒绝域	自由度
U 检验	σ^2 已知	正态	$\mu = \mu_0$	$u = \dfrac{\overline{X} - \mu_0}{\dfrac{\sigma}{\sqrt{n}}}$	$\lvert u \rvert \geq u_\alpha$	
			$\mu \leq \mu_0$		$u \geq u_{2\alpha}$	
			$\mu \geq \mu_0$		$u \leq -u_{2\alpha}$	
	σ_1^2, σ_2^2 已知	正态	$\mu_1 = \mu_2$	$u = \dfrac{\overline{X}_1 - \overline{X}_2}{S_{\overline{D}}}$	$\lvert u \rvert \geq u_\alpha$	
			$\mu_1 \leq \mu_2$		$u \geq u_{2\alpha}$	
			$\mu_1 \geq \mu_2$		$u \leq -u_{2\alpha}$	
T 检验	σ^2 未知	正态	$\mu = \mu_0$	$t = \dfrac{\overline{X} - \mu_0}{\dfrac{S}{\sqrt{n}}}$	$\lvert t \rvert \geq t_\alpha$	$n - 1$
			$\mu \leq \mu_0$		$t \geq t_{2\alpha}$	
			$\mu \geq \mu_0$		$t \leq -t_{2\alpha}$	
	$\sigma_1^2 = \sigma_2^2 = \sigma^2$ 未知	正态	$\mu_1 = \mu_2$	$t = \dfrac{\overline{X}_1 - \overline{X}_2}{S_\omega}$	$\lvert t \rvert \geq t_\alpha$	$n_1 + n_2 - 2$
			$\mu_1 \leq \mu_2$		$t \geq t_{2\alpha}$	
			$\mu_1 \geq \mu_2$		$t \leq -t_{2\alpha}$	
χ^2 检验	μ 未知	正态	$\sigma^2 = \sigma_0^2$	$\chi^2 = \dfrac{(n-1)S^2}{\sigma_0^2}$	$\chi^2 \geq \chi^2_{\frac{\alpha}{2}}$ 或 $\chi^2 \leq \chi^2_{1-\frac{\alpha}{2}}$	$n - 1$
			$\sigma^2 \leq \sigma_0^2$		$\chi^2 \geq \chi^2_\alpha$	
			$\sigma^2 \geq \sigma_0^2$		$\chi^2 \leq \chi^2_{1-\alpha}$	
F 检验	μ_1, μ_2 未知	正态	$\sigma_1^2 = \sigma_2^2$	$F = \dfrac{S_1^2}{S_2^2}$	$F \geq F_{\frac{\alpha}{2}}$ 或 $F \leq F_{1-\frac{\alpha}{2}}$	$(n_1 - 1, n_2 - 1)$
			$\sigma_1^2 \leq \sigma_2^2$		$F \geq F_\alpha$	
			$\sigma_1^2 \geq \sigma_2^2$		$F \leq F_{1-\alpha}$	

至于更详细的有关样本的数据分析，有兴趣者可以参阅有关教育统计学或概率与统计等书籍的相关章节的内容。这里不再赘述。

7 模糊综合评判简介

自 1965 年美国 Zadeh 提出模糊集（或 Fuzzy 集）的概念以来，虽然不到半个世纪的时间，但是模糊数学的理论已渗透到许多重要的数学领域，并在国防、科技、军事、卫生、教育、工农业生产等方面得到有效的应用。模糊系统与数学发展之快、应用之广，充分说明模糊系统与数学具有很强的生命力和广泛的应用价值。

模糊综合评判是近些年我国数学工作者和教育工作者把模糊数学应用于教育评价而形成的一种方法。由于这种方法所需数学知识较多，所以在这里需要对有关数学的有关基础知识作简要介绍。

7.1 数学的有关基础知识

模糊数学的基本概念是模糊集合，为了理解和掌握模糊集合，首先需要理解普通集合的含义。

7.1.1 普通集合

7.1.1.1 普通集合的含义

一般地，凡是具有某种性质的、确定的、互异的、无顺序关系的（具体的或抽象的）对象的全体称为集合（简称为集），集合中的对象称为该集合中的元素。

集合的元素可以是任何事物，数学中研究的集合甚至可以是不包含任何元素的空集，一个集合中的各个元素是可以相互区分开的，组成一个集合的各个元素在该集合中是无次序的，任一事物是否属于一个集合是确定的。就是说，对于给定的集合，它的元素必须是确定的、互不相同的、无序的。也就是说，给定一个集合，任何一个元素在不在这个集合中是确定的，并且集合中的元素互不相同，也没有顺序关系。

通常用大写拉丁字母 $A, B, C, \cdots$ 表示集合，用小写拉丁字母 $a, b, c, \cdots$ 表示集合中的元素。如果 a 是集合 A 的元素，则称 a 属于 A，记作 $a \in A$；如果 a 不是集合 A 的元素，则称 a 不属于 A，记作 $a \notin A$。

7.1.1.2 普通集合的表示方法

普通集合的表示方法有列举法、描述法、文图法等三种。

（1）列举法。把集合中的每一个元素（有限个或可数个）一一列举出来，并用花括号"{ }"括起来表示集合的方法称为列举法。例如，一个教研室有张、王、李、赵四位老师，设这个教研室的教师的集合为 A，则 A={张、王、李、赵}；设小于 10 的所有自然数组成的集合为 B，则 B={0, 1, 2, 3, 4, 5, 6, 7, 8, 9}；等等。

（2）描述法。用集合所含元素的共同特征表示集合的方法称为描述法。具体方法是：在花括号内直接写出这个集合中元素所具有的共同特征，或先写上表示这个集合元素的一般符号及取值（或变化）范围，再画一条竖线，在竖线后面写出这个集合中元素所具有的共同特征。例如，A 为某教研室教师的集合，则可写作：A={某教研室的教师}，或 A={x|某教研室的教师}；又如，B 是 0 与 5 之间并且包含 0 与 5 的所有实数的集合，则可写作：B={0 与 5 之间并且包含 0 与 5 的所有实数}，或 B={$x \in R | 0 \leqslant x \leqslant 5$}；等等。

（3）文图法。将集合的元素写在某一图形（通常是椭圆形、方形、或圆形）里来表示集合的方法称为文图法。如下图表示集合 A、B、C，等等。

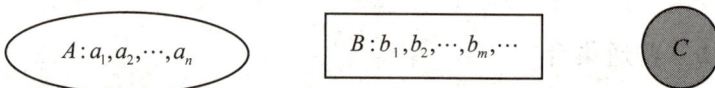

7.1.1.3 普通集合的特征

普通集合具有这样的特点：对于某一个具体事物来说，要么属于这个集合，要么不属于这个集合。如对于集合 A={$x | 0 \leqslant x \leqslant 6$} 来说，任意一个实数，要么属于 A，要么不属于 A，两者必居其一，且只居其一。普通集合的这种特征可以概括为"非此即彼"。这种特征用数学符号来表述，其形式为：
$\mu_A(x) = \begin{cases} 1, & x \in A; \\ 0, & x \notin A. \end{cases}$ $\mu_A(x)$ 称为集合 A 的特征函数。用普通语言来表述就是：对于集合 A 中的 x 来说，可以用两个数（1 或 0）来表示，当 x 属于 A 时即为 1，当 x 不属于 A 时即为 0。

普通集合的上述特征决定了它在应用上的局限性。事实上，有很多事物并非"非此即彼"，例如，"学习好""晴天""老教师""高个子"等，都不是"非此即彼"的事物。事物界限分明者可以称为明晰事物，而上述各事物其概念的外延都是不分明的，这类事物就称为模糊（或明晰）事物。

7.1.2 模糊集合

对于明晰事物是用精确的方法来描述,所以用集合来描述。其特征函数是:$\mu_A(x) = \begin{cases} 1, & x \in A; \\ 0, & x \notin A. \end{cases}$

对于模糊事物就用不精确的方法来描述。描述模糊事物的方法虽然不精确,但是它可以把模糊事物数量化。办法就是对于模糊状态用隶属度来表示。例如,"高个子"这个概念是模糊的。在我国,身高 1.85 米大家都认为是高个子,这时可以说是百分之百的高个子,其隶属度就是 1;身高 1.80 米基本上可以算作"高个子",其隶属度可以规定为 0.9;而身高 1.50 米大家可以承认不是高个子,其隶属度就是 0。如此,对于"高个子"这一概念我们用 0 和 1 之间的数把它描述出来,表示属于"高个子"这一概念的程度的数值就是隶属度。

完整的描述模糊现象需要用模糊集合。在论域 X 中,每个元素 x 都指定了一个实数 $\mu_A(x) \in [0, 1]$,这就是在论域 X 上定义了一个模糊集合 $\tilde{A}$。

$\tilde{A}$ 是表示模糊集合的符号,其意思就是集合 A 是个模糊集。

如果一个模糊集能写成下述形式,这个模糊集就算给出了:$\tilde{A} = \{(x, \mu_{\tilde{A}}(x)) | \forall x \in X\}$。其中 $\mu_{\tilde{A}}(x)$ 称为 $\tilde{A}$ 的隶属函数,x 所对应的每一个数值叫做隶属度。所以这个式子实际上是表示模糊集合 A 是这样的一个集合,它对于论域 X 中的任意一个元素 x 都有一个隶属度 $\mu_{\tilde{A}}(x)$。由此可见,确定一个模糊集的关键在于给定集合中每个元素的隶属度。

当论域 X 是有限时,即 $X = \{x_1, x_2, \cdots, x_n\}$,$X$ 上的模糊集可表示为:$\tilde{A} = \{\mu_{\tilde{A}}(x_1)/x_1, \mu_{\tilde{A}}(x_2)/x_2, \cdots, \mu_{\tilde{A}}(x_n)/x_n\}$ 或者 $\tilde{A} = \mu_{\tilde{A}}(x_1)/x_1 + \mu_{\tilde{A}}(x_2)/x_2 + \cdots + \mu_{\tilde{A}}(x_n)/x_n$。

必须指出,这里的"/"与"+"并不表示分数线与加法,$\mu_{\tilde{A}}(x_1)/x_1$ 表示模糊集合中与元素 x_1 对应的隶属度是 $\mu_{\tilde{A}}(x_1)$。

例如,设论域 X 是有四个学生组成的集合:$X = \{张、王、李、赵\}$,"掌握英语"是论域 X 上的一个模糊集 $\tilde{A}$,则这个模糊集可表示为:$\tilde{A} = \{0.9/张, 0.5/王, 0.93/李, 0.4/赵\}$ 或者 $\tilde{A} = 0.9/张 + 0.5/王 + 0.93/李 + 0.4/赵$。

这里的"0.9/张""0.5/王"等表示张姓学生掌握英语的程度是 0.9,王姓学生掌握英语的程度是 0.5,等。

7.1.3 普通矩阵

在模糊综合评判中还常用到矩阵的概念与运算。

7.1.3.1 矩阵的概念

所谓矩阵是指如下形式的数表：

$$A_{m\times n}=(a_{ij})_{m\times n}=\begin{pmatrix}a_{11}&a_{12}&\cdots&a_{1n}\\a_{21}&a_{22}&\cdots&a_{2n}\\\cdots&\cdots&\cdots&\cdots\\a_{m1}&a_{m2}&\cdots&a_{mn}\end{pmatrix}_{m\times n}$$

式中，a_{11} a_{12} $\cdots$ a_{1n}，$\cdots$，a_{m1} a_{m2} $\cdots$ a_{mn} 称为第 1 行、$\cdots$、第 m 行；a_{11} a_{21} $\cdots$ a_{m1}，$\cdots$，a_{1n} a_{2n} $\cdots$ a_{mn} 称为第 1 列、$\cdots$、第 n 列。$A_{m\times n}=(a_{ij})_{m\times n}$ 称为 $m\times n$ 阶矩阵。当 $m=n$ 时，称 $A_{n\times n}=(a_{ij})_{n\times n}$ 为 n 阶方阵。

如果把矩阵 $A_{m\times n}$ 的所有行（或列）依次作为列（或行），则得到一个 $n\times m$ 阶的矩阵 $B_{n\times m}$，并称之为矩阵 $A_{m\times n}$ 的转置矩阵，记为 $(A_{m\times n})^T$，即 $B_{n\times m}=(A_{m\times n})^T$。

如果一个矩阵只有一行（或列），则称这个矩阵为行（或列）矩阵。

7.1.3.2 矩阵的加（减）运算

设

$$A_{m\times n}=(a_{ij})_{m\times n}=\begin{pmatrix}a_{11}&a_{12}&\cdots&a_{1n}\\a_{21}&a_{22}&\cdots&a_{2n}\\\cdots&\cdots&\cdots&\cdots\\a_{m1}&a_{m2}&\cdots&a_{mn}\end{pmatrix}_{m\times n}$$

$$B_{m\times n}=(b_{ij})_{m\times n}=\begin{pmatrix}b_{11}&b_{12}&\cdots&b_{1n}\\b_{21}&b_{22}&\cdots&b_{2n}\\\cdots&\cdots&\cdots&\cdots\\b_{m1}&b_{m2}&\cdots&b_{mn}\end{pmatrix}_{m\times n}$$

则

$$A\pm B=(a_{ij}\pm b_{ij})_{m\times n}=\begin{pmatrix}a_{11}\pm b_{11}&a_{12}\pm b_{12}&\cdots&a_{1n}\pm b_{1n}\\a_{21}\pm b_{21}&a_{22}\pm b_{22}&\cdots&a_{2n}\pm b_{2n}\\\cdots&\cdots&\cdots&\cdots\\a_{m1}\pm b_{m1}&a_{m2}\pm b_{m2}&\cdots&a_{mn}\pm b_{mn}\end{pmatrix}_{m\times n}$$

这就是说，两个矩阵只有当行数和列数分别相等时才能进行加（减）运算，并且矩阵 A 中的第 i 行第 j 列元素与矩阵 B 中对应的同行同列元素相加（减）后的结果即是和（差）矩阵的第 i 行第 j 列元素。

例如，$A=\begin{pmatrix}2&7&3\\3&9&4\\1&5&3\end{pmatrix}$，$B=\begin{pmatrix}1&2&1\\3&2&3\\1&2&3\end{pmatrix}$，则 $A+B=\begin{pmatrix}3&9&4\\6&11&7\\2&7&6\end{pmatrix}$，$A-B=\begin{pmatrix}1&5&2\\0&7&1\\0&3&0\end{pmatrix}$。

7.1.3.3 矩阵的乘法运算

设

$$A_{r\times s}=(a_{ij})_{r\times s}=\begin{pmatrix} a_{11} & a_{12} & \cdots & a_{1s} \\ a_{21} & a_{22} & \cdots & a_{2s} \\ \cdots & \cdots & \cdots & \cdots \\ a_{r1} & a_{r2} & \cdots & a_{rs} \end{pmatrix}_{r\times s}$$

$$B_{s\times t}=(b_{ij})_{s\times t}=\begin{pmatrix} b_{11} & b_{12} & \cdots & b_{1t} \\ b_{21} & b_{22} & \cdots & b_{2t} \\ \cdots & \cdots & \cdots & \cdots \\ b_{s1} & b_{s2} & \cdots & b_{st} \end{pmatrix}_{s\times t}$$

则 $A\times B=C_{r\times t}=(c_{ij})_{r\times t}$，其中 $c_{ij}=\sum_{k=1}^{s}(a_{ik}\times b_{kj})$ 表示乘积矩阵 C 中的第 i 行第 j 列元素 c_{ij} 等于矩阵 A 中的第 i 行的元素与矩阵 B 中的第 j 列的对应元素的乘积之和。一般地，$A\times B \neq B\times A$。

这就是说，矩阵 A 与矩阵 B 相乘，必须是矩阵 A 的列数与矩阵 B 行数相等，并且乘积矩阵中的第 i 行第 j 列元素等于矩阵 A 中的第 i 行的元素与矩阵 B 中的第 j 列的对应元素的乘积之和。

例如，设 $A=\begin{pmatrix} 2 & 5 & 1 \\ 3 & 1 & 4 \end{pmatrix}$，$B=\begin{pmatrix} 1 & 2 & 1 \\ 3 & 1 & 0 \\ 2 & 1 & 1 \end{pmatrix}$，则

$$A\times B=C=\begin{pmatrix} 2\times 1+5\times 3+1\times 2 & 2\times 2+5\times 1+1\times 1 & 2\times 1+5\times 0+1\times 1 \\ 3\times 1+1\times 3+4\times 2 & 3\times 2+1\times 1+4\times 1 & 3\times 1+1\times 0+4\times 1 \end{pmatrix}$$

$$=\begin{pmatrix} 19 & 10 & 3 \\ 14 & 11 & 7 \end{pmatrix}$$

7.2 模糊综合评判的数学模型（一）

我们先举一个实例来说明模糊综合评判数学模型的建立。

7.2.1 模糊综合评判的实例

7.2.1.1 评判因素集合的确定

如果要对教师的教学工作进行综合评判，这时不止要看其上课情况，还需看其备课、批改作业、课后辅导等情况。要考察的几个方面称为评价因素。

设评价因素的集合为 U，则 U={备课，上课，批改作业，课后辅导}。

7.2.1.2 评判等级的确定

在评价时，假设对每项工作都分很好、较好、一般、较差四个等级，设评价等级的集合为 V，则 V={很好，较好，一般，较差}。

7.2.1.3 模糊综合评判矩阵的确定

再设有若干人参加评价，由于每个人的看法不同，对于同一个教师的备课认为很好者占 40%，认为较好者占 50%，认为一般者占 10%，认为较差者没有，如此可得一个数列：0.4，0.5，0.1，0。

类似地，对于上课方面的评价也可得到一个数列。假设这个数列是：0.6，0.3，0.1，0。

对于批改作业方面的评价所得的数列是：0.1，0.2，0.6，0.1。

对于课后辅导方面的评价所得的数列是：0.1，02，0.5，0.2。

把这些数值列出一个表，即得因素评价表（见表 7.1）。

表 7.1　因素评价表

隶属度＼等级＼因素	很好	较好	一般	较差
备课	0.4	0.5	0.1	0
上课	0.6	0.3	0.1	0
批改作业	0.1	0.2	0.6	0.1
课后辅导	0.1	0.2	0.5	0.2

这个表反映了教学评价因素与评价等级之间的关系，这个关系是用隶属度来表示的，称之为模糊关系。

把表中的数值抽取出来，写成的矩阵称为模糊（综合评判）矩阵。设这个矩阵为 R，则

$$R = \begin{pmatrix} 0.4 & 0.5 & 0.1 & 0 \\ 0.6 & 0.3 & 0.1 & 0 \\ 0.1 & 0.2 & 0.6 & 0.1 \\ 0.1 & 0.2 & 0.5 & 0.2 \end{pmatrix}$$

7.2.1.4 评判因素权重的确定

如果不考虑备课、上课、批改作业、课后辅导在教学中的地位，则把矩

阵 R 中各列上的数值加起来，其结果就是被评教师在教学各个等级上的隶属度。但是对于教学工作中的备课、上课、批改作业和课后辅导不能等量齐观，应区别其轻重，因而应赋予其权重，权重实际上也是隶属度。作为权重的隶属度，其和为 1，所以这里的权重都是纯小数。权重的确定是十分重要而又较为复杂的问题。权重的确定实际上就是把评价标准的重点放在何处，因此应该在进行评价之前就予以确定。权重可以通过统计的方法来确定，其实质是遵从多数人的意见。另外，也可以由权威人士来确定。现在假设权重的分配为：备课 0.2、上课 0.6、批改作业 0.1、课后辅导 0.1，则这个权重分配就构成一个一行四列的矩阵，设为 A，则 $A = (0.2\ \ 0.6\ \ 0.1\ \ 0.1)$。

7.2.1.5 综合评判结果的求出

如果设对某教师的教学工作进行综合评价的矩阵是 B，则 $B = A \otimes R$，即

$$B = (0.2\ \ 0.6\ \ 0.1\ \ 0.1) \otimes \begin{pmatrix} 0.4 & 0.5 & 0.1 & 0 \\ 0.6 & 0.3 & 0.1 & 0 \\ 0.1 & 0.2 & 0.6 & 0.1 \\ 0.1 & 0.2 & 0.5 & 0.2 \end{pmatrix}$$

由于 A 与 R 都是模糊矩阵，所以综合评价矩阵 B 是两个模糊矩阵的乘积。模糊矩阵的乘法（$\otimes$）是把第一个矩阵的每一行与第二个矩阵的每一列通过规则进行运算后作为乘积的元素。一般规则为：对于两个对应元素取小，然后再在所得的结果中取大。当然，如果条件允许，也可以采用普通矩阵的求法。

在本例中，应用上述规则求第一行第一个元素就是对于 0.2 与 0.4、0.6 与 0.6、0.1 与 0.1、0.1 与 0.1 分别取小依次得 0.2、0.6、0.1、0.1，然后在 0.2、0.6、0.1、0.1 中取大者得 0.6 为所求。这个过程可以写作

$$(0.2 \wedge 0.4) \vee (0.6 \wedge 0.6) \vee (0.1 \wedge 0.1) \vee (0.1 \wedge 0.1) = 0.6$$

其余的如法炮制，因而

$$B = (0.6\ \ 0.3\ \ 0.1\ \ 0.1)$$

矩阵 B 表示，从运算结果得知，认为该教师教学工作属于"很好""较好""一般""较差"各等级的程度依次为 0.6、0.3、0.1、0.1。

如果设对"很好""较好""一般""较差"各等级的赋分为 95、85、65、50，等级赋分的矩阵为 P，评价结果为 C，则 $P = (95\ \ 85\ \ 65\ \ 50)^T$，且 $C = B \cdot P = (A \otimes R) \cdot P$。即

$$C = (0.6\ \ 0.3\ \ 0.1\ \ 0.1) \cdot (95\ \ 85\ \ 65\ \ 50)^T = 94$$

这里用普通矩阵的乘法规则，即取对应元素之积之和作为乘积的元素。因而

$$C = 0.6 \times 95 + 0.3 \times 85 + 0.1 \times 65 + 0.1 \times 50 = 94$$

这说明该教师的综合评分是 94 分。如果把 95 分看作 90~100 的组中值，则该教师是属于"很好"这一等级。

在上面求出的综合评判矩阵 $B = (0.6 \ 0.3 \ 0.1 \ 0.1)$，由于 $0.6+0.3+0.1+0.1 = 1.1 \neq 1$，所以 B 没有归一化。有时要求对 B 作归一化处理，设将 B 作归一化处理得 B^*，则 $B^* = (0.55 \ 0.27 \ 0.09 \ 0.09)$。如果仍然用上述的赋分矩阵 $P = (95 \ 85 \ 65 \ 50)^T$，则此时，同一教师的综合评价分为 $C^* = (0.55 \ 0.27 \ 0.09 \ 0.09) \cdot (95 \ 85 \ 65 \ 50)^T = 85.55$。这说明，此时该教师的综合评判分是 85.55。如果把 85 分看作 80~90 的组中值，则该教师就属于"较好"这一等级。

显然，将 B 作归一化处理与否，其综合评判分有差异。但是，是否要将 B 作归一化处理，在同一次评价中要一致并且要在评价之前确定。当然，对 B 作归一化处理要好些。

上述方法就是模糊综合评判法。用数学语言来叙述就是模糊综合评判法的数学模型。

7.2.2 模糊综合评判的数学模型（一）

7.2.2.1 评判因素与评判等级的确定

一般地，如果我们要对某事物进行评价。设有 s 名评价者，记为 $E_k(k=1,2,\cdots,s)$；被评价对象为 T，有 m 个评价因素，记为 $u_i(i=1,2,\cdots,m)$；每个评价因素有 n 个定性的评价等级，记为 $v_j(j=1,2,\cdots,n)$。

7.2.2.2 评判矩阵的确定

每个评价者 E_k，对于被评者 T，就评价因素 u_i，从 n 个评价等级 v_j 中确定一个且只确定一个等级。设确定因素 u_i 为等级 v_j 的人数是 $r_{ij}^*(i=1,2,\cdots,m; j=1,2,\cdots,n)$，于是，可得到一个频数统计表（见表 7.2）：

表 7.2 频数统计表

因素\频数\等级	v_1	v_2	...	v_j	...	v_n
u_1	r_{11}^*	r_{12}^*	...	r_{1j}^*	...	r_{1n}^*
u_2	r_{21}^*	r_{22}^*	...	r_{2j}^*	...	r_{2n}^*

续表 7.2

等级 频数 因素	v_1	v_2	⋯	v_j	⋯	v_n
⋯	⋯	⋯	⋯	⋯	⋯	⋯
u_i	r_{i1}^*	r_{i2}^*	⋯	r_{ij}^*	⋯	r_{in}^*
⋯	⋯	⋯	⋯	⋯	⋯	⋯
u_m	r_{m1}^*	r_{m2}^*	⋯	r_{mj}^*	⋯	r_{mn}^*

对于表中的每一个频数 r_{ij}^* 都除以 s，则得到相应的频率（实际上就是全体评价者对于被评者 T 在第 i 个评价因素 u_i 上评价为第 j 个等级 v_j 的人数比例），记为 r_{ij}，即 $r_{ij}=r_{ij}^*/s$。则得评判矩阵 R，即

$$R = \begin{pmatrix} r_{11} & r_{12} & \cdots & r_{1j} & \cdots & r_{1n} \\ r_{21} & r_{22} & \cdots & r_{2j} & \cdots & r_{2n} \\ \cdots & \cdots & \cdots & \cdots & \cdots & \cdots \\ r_{i1} & r_{i2} & \cdots & r_{ij} & \cdots & r_{in} \\ \cdots & \cdots & \cdots & \cdots & \cdots & \cdots \\ r_{m1} & r_{m2} & \cdots & r_{mj} & \cdots & r_{mn} \end{pmatrix} \tag{7-1}$$

7.2.2.3 评判因素权重的确定与评判结果的求出

一般来说，因素集合 $U=\{u_1,u_2,\cdots,u_m\}$ 中每个因素在综合评价时的比重是不同的。设评价中因素 u_i 的权重为 $\alpha_i \geq 0$（$i=1,2,\cdots,m$；且 $\sum_{i=1}^{m}\alpha_i=1$），则得模糊集合

$$\tilde{A} = \alpha_1/u_1 + \alpha_2/u_2 + \cdots + \alpha_m/u_m \tag{7-2}$$

取 $A=(\alpha_1 \quad \alpha_2 \quad \cdots \quad \alpha_m)$，再设对于被评者 T 的综合评价矩阵为 B，则

$$B = A \otimes R = (\alpha_1 \quad \alpha_2 \quad \cdots \quad \alpha_m) \otimes \begin{pmatrix} r_{11} & r_{12} & \cdots & r_{1n} \\ r_{21} & r_{22} & \cdots & r_{2n} \\ \cdots & \cdots & \cdots & \cdots \\ r_{m1} & r_{m2} & \cdots & r_{mn} \end{pmatrix}$$

$$= \left(\bigvee_{i=1}^{m}(\alpha_i \wedge r_{i1}) \quad \bigvee_{i=1}^{m}(\alpha_i \wedge r_{i2}) \quad \cdots \quad \bigvee_{i=1}^{m}(\alpha_i \wedge r_{in}) \right)$$

即 $B = A \otimes R = (b_1 \quad b_2 \quad \cdots \quad b_n)$ \hfill (7-3)

其中，$b_j = \bigvee_{i=1}^{m}(\alpha_i \wedge r_{ij})$。

为了定量地综合地表示评价的结果，可以对等级因素赋分，设赋分之后得到矩阵为 $P = (P_1 \quad P_2 \quad \cdots \quad P_n)^T$，则综合评价的结果为 $C = B \cdot P$，即

$$C = (A \otimes R) \cdot P = (b_1 \quad b_2 \quad \cdots \quad b_n) \cdot (P_1 \quad P_2 \quad \cdots \quad P_n)^T \tag{7-4}$$

于是 C 就是评价者对被评者 T 的综合评判获得的分数。

一般来说，B 没有归一化。若要将其作归一化处理，并设为 $B^* = (b_1^* \quad b_2^* \quad \cdots \quad b_n^*)$，其中，$\sum_{j=1}^{n} b_j^* = 1$，$b_j^* = b_j / \sum_{i=1}^{n} b_i$ $(j = 1, 2, \cdots, n)$。则此时的综合评判矩阵为 C^*，即

$$C^* = B^* \cdot P \tag{7-5}$$

一般来说，C 与 C^* 是不相同的。这样，我们就得到模糊综合评判的一个一般的数学模型，并称（7-4）式或（7-5）式为模糊综合评判的数学模型（一）。之所以称之为数学模型，是因为这种计算方法具有广泛的适应性。这里的评价对象可以是人，也可以是物；可以是教育教学的管理者以及教师和学生，也可以是学校乃至其他。

7.2.2.4 对模型的说明

这里的评价因素 u_i，如果是评价学生，可设为德、智、体、美、劳等；如果是对教师进行全面评价，评价因素可以是思想素质、知识结构、教育科研能力、工作成绩、履行职责等；如果是评价校长候选人，评价因素可以是德、能、勤、绩、廉、体等。同样，评价因素的等级也可以因评价对象和评价内容而有所不同，它可以是好、中、差三个等级，也可以是优、良、及格、不及格四个等级或对每一等级再分为三档而为四等十二级，等等。

综合评判的数学模型就相当于一个数学公式，只要有足够的数据代入公式之中，就可以计算出相应的结果。

有了数学模型，给综合评判带来很大的方便。但是模糊综合评判法也不是完美无缺的方法，特别是不能认为用模糊综合评判法进行评判就是最客观的，丝毫没有主观因素。任何方法都不可能完美无缺，模糊综合评判也不例外。事实上，在综合评判里也含有至关重要的主观成分，例如权重的确定就是主观的。只是这种主观因素和以往那种主观评价有所不同而已。过去的主观评价，往往是指个别评价者的意见，这里的权重多是由集体确定的，所以它与那种一个人决定的主观评价有着本质的不同。应该说，综合评判法是主观与客观相统一、静态与动态相统一、定性与定量相统一的方法。这就是说，

综合评判法虽然没有从根本上排除主观因素的影响,但是它做到了把主观因素的影响控制到较小的限度。所以它虽然含有主观因素,但并不失为一种比较全面比较客观的主观与客观相统一、静态与动态相统一、定性与定量相统一的评判方法,因此其评判结果得到广泛的认可。

在模糊综合评判法中,权重的确定是一个至关重要的问题。权重不同,对于同一个评价矩阵所得到的综合评判结果往往是不一样的。

例如,对于本段所举实例中的评判矩阵 R,

$$R = \begin{pmatrix} 0.4 & 0.5 & 0.1 & 0 \\ 0.6 & 0.3 & 0.1 & 0 \\ 0.1 & 0.2 & 0.6 & 0.1 \\ 0.1 & 0.2 & 0.5 & 0.2 \end{pmatrix}$$

如果权重为 $A = (0.2\ 0.6\ 0.1\ 0.1)$,则综合评判结果为 $B = A \otimes R = (0.6\ 0.3\ 0.1\ 0.1)$;如果权重为 $A_1 = (0.4\ 0.5\ 0.05\ 0.05)$,则综合评判结果为 $B_1 = A_1 \otimes R = (0.5\ 0.4\ 0.1\ 0.05)$。显然,这两个结果是不一样的,因而即使对各等级的赋分矩阵不变,即仍为 $P = (95\ 85\ 65\ 50)^T$,其评价结果也会不尽相同的。事实上,如果不对 B 和 B_1 作归一化处理,则前者是 $C = B \cdot P = 94$,而后者是 $C_1 = B_1 \cdot P = 90.5$。

关于如何客观地合理地确定权重,是人们正在探讨的问题。尽管如何确定权重问题可以进一步探讨,但是在一次评价中的权重分配必须统一。事实上,权重分配就是把评价的重点放在何处,这一点最好在评价之前就告知被评价者,使评价能起到调控作用。

7.3 模糊综合评判的数学模型(二)

在模糊综合评判的数学模型(一)里我们给出了评价因素只是一个层次时的综合评判模型和方法,如果评价因素不是一个层次而是两个或者更多时,就要用到二级或者多级评判模型。

在这里我们以二级评判模型为例,并采用从一般到特殊的方法叙述整个建模和应用过程(即先给出模型,然后再举例应用)。多级评判模型仿此即可。

7.3.1 二级评判模型的建立

7.3.1.1 因素集、评价等级集、权重分配集

设对事物 T 进行评判,其评价因素集 U 由 5 个一级因素组成:

$U = \{u_1, u_2, u_3, u_4, u_5\}$。而因素 u_1 又由 4 个二级因素组成：$u_1 = \{u_{11}, u_{12}, u_{13}, u_{14}\}$；$u_2$ 由 3 个二级因素组成：$u_2 = \{u_{21}, u_{22}, u_{23}\}$；$u_3$、$u_4$、$u_5$ 各由 2 个二级因素组成：$u_3 = \{u_{31}, u_{32}\}$，$u_4 = \{u_{41}, u_{42}\}$，$u_5 = \{u_{51}, u_{52}\}$。

评价等级集 V 由 6 个等级组成：$V = \{v_1, v_2, v_3, v_4, v_5, v_6\}$；对应的二级权重分配集为 $\tilde{A}_i = \{\alpha_{i1}, \cdots, \alpha_{is}\}$，其中 $\sum_{j=1}^{s} \alpha_{ij} = 1$，$\alpha_{ij}$ 是对应的二级因素 u_{ij} 的权重。权重可以用统计方法确定，也可以由专家确定。这里，$i=1$ 时，$s=4$；$i=2$ 时，$s=3$；$i=3$、4、5 时，$s=2$。

7.3.1.2 单因素评判矩阵与综合评判矩阵

由上述评价等级集 $V = \{v_1, v_2, v_3, v_4, v_5, v_6\}$，应用本章 7.2 节中的方法，可求出各单因素 u_i 的评价矩阵 $(R_i)_{s \times 6}$。根据上述相应的权重矩阵 $(A_i)_{1 \times s} = (\alpha_{i1} \cdots \alpha_{is})$ 可求出各单因素的综合评判矩阵：$(B_i)_{1 \times 6} = A_i \otimes R_i (i=1,2,3,4,5)$。

7.3.1.3 事物 T 的评判矩阵与综合评判矩阵

由上述求出的各单因素的综合评判矩阵 $(B_i)_{1 \times 6}$ 可得到对事物 T 的评判矩阵 R，即 $R = R_{5 \times 6} = (B_1 \ B_2 \ B_3 \ B_4 \ B_5)^T$。设对 5 个因素的权重矩阵为 $A = (\alpha_1 \ \alpha_2 \ \alpha_3 \ \alpha_4 \ \alpha_5)$（其中，$\sum_{i=1}^{5} \alpha_i = 1$），则 A 与 R 的乘积就是所求的对事物 T 的模糊综合评判矩阵 $B = A \otimes R$，即

$$B = (\alpha_1 \ \alpha_2 \ \alpha_3 \ \alpha_4 \ \alpha_5) \otimes (B_1 \ B_2 \ B_3 \ B_4 \ B_5)^T$$

7.3.1.4 求出综合评判结果

如果采用由隶属度大小决策法，根据上述求出的模糊综合评判矩阵 B 即可作出判断；如果不采用隶属度大小来决策，则可对各个评价等级进行赋分，设等级赋分得到的矩阵为 P，即 $P = (P_1 \ P_2 \ P_3 \ P_4 \ P_5)^T$，则对事物 T 进行综合评判所得结果的数值为 $C = B \cdot P$（这里的乘法是普通矩阵乘法），即

$$C = (A \otimes R) \cdot P \tag{7-6}$$

若将 B 作归一化处理，设为 B^*，则

$$C^* = B^* \cdot P \tag{7-7}$$

我们就称由此得到的(7-6)式或(7-7)式为模糊综合评判的数学模型(二)。多级评判模型均可仿上而得到，有志者可以深究，此不赘述。

7.3.2 二级综合评判应用举例

设对教师进行教学质量评价,以三基教育(u_1)、思想教育(u_2)、智力开发(u_3)、学生通过学习提高的程度(u_4)、考试命题质量(u_5)等5个因素作为一级评估因素(U),即 $U=(u_1\ u_2\ u_3\ u_4\ u_5)$。而每一个一级评估因素又由若干个二级评估子因素组成:$u_1=(u_{11}\ u_{12}\ u_{13}\ u_{14})$、$u_2=(u_{21}\ u_{22}\ u_{23})$、$u_3=(u_{31}\ u_{32})$、$u_4=(u_{41}\ u_{42})$、$u_5=(u_{51}\ u_{52})$。其中,三基教育($u_1$)包括$u_{11}$——教案编写质量,$u_{12}$——课堂教学质量,$u_{13}$——批改作业质量,$u_{14}$——辅导学生质量;思想教育($u_2$)包括——寓思想教育与教学之中的情况,$u_{22}$——教师的表率作用,$u_{23}$——严格遵守教学常规;智力开发($u_3$)包括$u_{31}$——引导学生探究、思考、理解,$u_{32}$——学习方法和学习习惯培养;学生通过学习提高的程度(u_4)包括u_{41}——学业方面的进步,u_{42}——分析问题、解决问题能力提高;考试命题质量(u_5)包括u_{51}——试题的信度和效度,u_{52}——试题的区分度。

评价等级分为5级:$V=\{v_1\ v_2\ v_3\ v_4\ v_5\}$,其中$v_1$——好,$v_2$——较好,$v_3$——一般,$v_4$——较差,$v_5$——差。

采用他人评价法,由学生对任课教师进行评价。把评价因素及评价等级列成一个评价表,将对各个评价因素的具体含义及评价等级要求的说明制作成评价说明书并提供参评学生(说明书此略),由学生根据自己对说明书上相关含义和要求的理解独立地填写评价表,对每个因素只允许选择一个等级打"√"。将学生填写后的表格进行汇总,并将隶属于上述5个评价等级人数的频率填在相应的表上,得到因素评价表(见表7.3)。

表 7.3 因素评价表

评价因素		评价等级				
一级因素	二级因素	好	较好	一般	较差	差
三基教育 (u_1)	教案编写质量(u_{11})	0.64	0.25	0.11	0	0
	课堂教学质量(u_{12})	0.77	0.13	0.10	0	0
	批改作业质量(u_{13})	0.20	0.23	0.40	0.13	0.04
	辅导学生质量(u_{14})	0.17	0.33	0.40	0	0.10
思想教育 (u_2)	寓思想教育与教学之中(u_{21})	0.39	0.20	0.28	0.03	0
	教师的表率作用(u_{22})	0.70	0.22	0.08	0	0
	严格遵守教学常规(u_{23})	0.64	0.30	0.03	0	0.03
智力开发 (u_3)	引导学生探究、思考、理解(u_{31})	0.60	0.30	0.07	0	0.03
	学习方法和学习习惯培养(u_{32})	0.32	0.42	0.19	0.03	0.04

续表 7.3

评价因素		评价等级				
一级因素	二级因素	好	较好	一般	较差	差
学生通过学习提高的程度（u_4）	学业方面的进步（u_{41}）	0.07	0.30	0.23	0.23	0.17
	分析问题、解决问题能力提高（u_{42}）	0.10	0.23	0.33	0.33	0.14
考试命题质量（u_5）	试题的信度和效度（u_{51}）	0.43	0.27	0.27	0.03	0
	试题的区分度（u_{52}）	0.30	0.27	0.27	0.10	0.06

设通过统计调查求得权重分配表（见表 7.4）。

表 7.4 权重分配表

评价因素	权重分配
$u_1 = (u_{11}\ u_{12}\ u_{13}\ u_{14})$	$A_1 = (0.10\ 0.65\ 0.10\ 0.15)$
$u_2 = (u_{21}\ u_{22}\ u_{23})$	$A_2 = (0.30\ 0.40\ 0.30)$
$u_3 = (u_{31}\ u_{32})$	$A_3 = (0.35\ 0.65)$
$u_4 = (u_{41}\ u_{42})$	$A_4 = (0.35\ 0.65)$
$u_5 = (u_{51}\ u_{52})$	$A_5 = (0.60\ 0.40)$
$U = (u_1\ u_2\ u_3\ u_4\ u_5)$	$A = (0.50\ 0.10\ 0.20\ 0.12\ 0.08)$

先进行单因素评价。首先考虑"三基教育"因素。由表 7.3 的上半部分可得单因素"三基教育"的评判矩阵 R_1，即

$$R_1 = \begin{pmatrix} 0.64 & 0.25 & 0.11 & 0 & 0 \\ 0.77 & 0.13 & 0.10 & 0 & 0 \\ 0.20 & 0.23 & 0.40 & 0.13 & 0.04 \\ 0.17 & 0.33 & 0.40 & 0 & 0.10 \end{pmatrix}$$

由表 7.4 可知，与 R_1 对应的二级因素权重矩阵为 A_1：

$$A_1 = (0.10\ 0.65\ 0.10\ 0.15)$$

由 A_1 与 R_1 可得单因素"三基教育"的综合评判矩阵为 B_1：$B_1 = A_1 \otimes R_1$，即

$$B_1 = (0.10\ 0.65\ 0.10\ 0.15) \otimes \begin{pmatrix} 0.64 & 0.25 & 0.11 & 0 & 0 \\ 0.77 & 0.13 & 0.10 & 0 & 0 \\ 0.20 & 0.23 & 0.40 & 0.13 & 0.04 \\ 0.17 & 0.33 & 0.40 & 0 & 0.10 \end{pmatrix}$$

$$= (0.65\ 0.15\ 0.15\ 0.10\ 0.10)$$

同理可以求得：

$$B_2 = (0.40\ 0.29\ 0.29\ 0.30\ 0),$$

$$B_3 = (0.55 \quad 0.42 \quad 0.19 \quad 0.03 \quad 0.04),$$
$$B_4 = (0.10 \quad 0.30 \quad 0.33 \quad 0.23 \quad 0.24),$$
$$B_5 = (0.43 \quad 0.27 \quad 0.27 \quad 0.10 \quad 0.06)。$$

由于一级因素的权重矩阵由表7.4的最末一行给出，所以，
$$A = (0.50 \quad 0.10 \quad 0.20 \quad 0.12 \quad 0.08)$$

而由 B_1、B_2、B_3、B_4、B_5 组成的关于一级因素的综合评判矩阵为 $R = (B_1 \quad B_2 \quad B_3 \quad B_4 \quad B_5)^T$，即

$$R = \begin{pmatrix} B_1 \\ B_2 \\ B_3 \\ B_4 \\ B_5 \end{pmatrix} = \begin{pmatrix} 0.65 & 0.15 & 0.15 & 0.10 & 0.10 \\ 0.40 & 0.29 & 0.09 & 0.30 & 0 \\ 0.55 & 0.42 & 0.19 & 0.03 & 0.04 \\ 0.10 & 0.30 & 0.33 & 0.23 & 0.24 \\ 0.43 & 0.27 & 0.27 & 0.10 & 0.06 \end{pmatrix}$$

于是，最后的综合评判矩阵为 $B = A \otimes R$，即

$$B = (0.50 \quad 0.10 \quad 0.20 \quad 0.12 \quad 0.08) \otimes \begin{pmatrix} 0.65 & 0.15 & 0.15 & 0.10 & 0.10 \\ 0.40 & 0.29 & 0.09 & 0.30 & 0 \\ 0.55 & 0.42 & 0.19 & 0.03 & 0.04 \\ 0.10 & 0.30 & 0.33 & 0.23 & 0.24 \\ 0.43 & 0.27 & 0.27 & 0.10 & 0.06 \end{pmatrix}$$

$$= (0.50 \quad 0.20 \quad 0.19 \quad 0.12 \quad 0.12)$$

由于一般来说，求出的综合评判矩阵 B 是没有归一化的，即 $0.50+0.20+0.19+0.12+0.12=1.13 \neq 1$，需要将其作归一化处理。设归一化之后的矩阵为 $B*$，则

$$B* = (0.50/1.13 \quad 0.20/1.13 \quad 0.19/1.13 \quad 0.12/1.13 \quad 0.12/1.13)$$
$$= (0.44 \quad 0.18 \quad 0.17 \quad 0.10 \quad 0.10)$$

为了综合地定量地表述评判结果，对于各个等级赋分，设给"好""较好""一般""较差""差"的赋分依次为95、85、75、65、50，则得赋分矩阵为：
$P = (95 \quad 85 \quad 75 \quad 65 \quad 50)^T$。

设综合评判的分数为 C，则 $C = B* \cdot P$，即
$$C = (0.44 \quad 0.18 \quad 0.17 \quad 0.10 \quad 0.10) \cdot (95 \quad 85 \quad 75 \quad 65 \quad 50)^T = 82（分）$$

7.3.3 关于综合评判法的说明

上述给出的模糊综合评判数学模型（7-4）式或（7-5）式与（7-6）式或（7-7）式还存在着两个问题：

一是关于评价因素。在上述数学模型中都要求它们是相互独立的。例如，在教学工作评价中的备课、上课、批改作业和课后辅导这 4 个因素虽然有联系，但从工作角度去看并不相互交叉。但是有些时候，并不能做到互不交叉。例如，评定教师级职时，如果一级教师要求具有大专学历或同等学历，则二级教师也有这一要求；如果对一级教师要求具有 20 年以上教龄，则二级教师也有 20 年以上教龄的要求。这时的综合评判怎样处理，是值得探讨的。

二是在上述的数学模型中，评价者对被评价者的某一项目（或因素）进行评价时，必须且只需要有一种态度，但事实上有这种情况：某一评价者对被评价者在某一因素评为哪一等级处于模糊状态，比如对一位教师教学工作进行评价，觉得该教师在上课方面虽然可以算做"好"这个等级，但比较勉强；可是另一个评价者却认为这个教师在上课方面属于"好"这个等级是毫无疑问的。这种差异，在我们给出的模型中并没有反映出来。由于这种差异没有反映出来，其客观性就受到了一定的影响。如何处理这种差异性，也是值得探讨的。

当然，有很多有志者对上述等问题也做了一些探讨，作者也在《Fuzzy 积分在识别人才中的应用》《教师评估方法》《教师评估中的一种 Fuzzy 方法》等论文中进行了有益的探讨。期望更多的有志者加入到这个行列来，对综合评判法中的相关问题进行探讨，真正使评价达到主观与客观相统一、静态与动态相统一、定性与定量相统一，使评价结果更客观、全面、公正、合理。

8 层次分析简介

层次分析法（Analytic Hierarchy Process，简称 AHP 法）是美国运筹学家萨蒂（T. L. Saaty）在 20 世纪 70 年代提出的一种简便、灵活而又实用的多准则决策方法，是一种利用递阶层次进行数学分析的决策方法。

8.1 基本原理

8.1.1 基础知识

定义 1 在 $m \times n$ 矩阵 $A = (a_{ij})$ 中，当 $m = n$ 时称 A 为 n 阶方阵；当 $m = 1$ 时，称 1 行 n 列的矩阵 A 为 n 维行向量；当 $n = 1$ 时，称 m 行 1 列的矩阵 A 为 m 维列向量。

定义 2 若干个同维数的列向量（或行向量）所组成的集合称为向量组。例如，$m \times n$ 矩阵 $A = (a_{ij})$ 的每一列 $\alpha_j = (a_{1j} \quad a_{2j} \quad \cdots \quad a_{mj})^T \ (j = 1, 2, \cdots, n)$ 组成的向量组 $\alpha_1, \alpha_2, \cdots, \alpha_n$ 称为矩阵 A 的列向量组，而由矩阵 A 的每一行 $\beta_i = (a_{i1} \quad a_{i2} \quad \cdots \quad a_{in})(i = 1, 2, \cdots, m)$ 组成的向量组 $\beta_1, \beta_2, \cdots, \beta_m$ 称为矩阵 A 的行向量组。

定义 3 设 A 是 n 阶方阵，若数 λ 和 n 维非零向量 x 使 $Ax = \lambda x$ 成立，则称数 λ 为方阵 A 的特征根，非零向量 x 称为 A 的对应于特征根 λ 的特征向量（或称为 A 的属于特征根 λ 的特征向量）。

定义 4 方阵 A 的所有特征根的最大者称为 A 的最大特征根。

8.1.2 层次分析法建立数学模型的基本步骤

层次分析法是系统分析的重要工具之一，其基本思想是把问题层次化、数量化，并用数学方法为分析、决策、预报或控制提供定量依据。层次分析法特别适用于难以完全量化，又相互关联、相互制约的众多因素构成的复杂问题。它把人的思维过程层次化、数量化，是系统分析的一种新型的数学方法。

运用层次分析法建立数学模型有 4 个基本步骤。

8.1.2.1 建立层次结构

首先对所面临的问题要掌握足够的信息，搞清楚问题的范围、因素、各因素之间的相互关系，及所要解决问题的目标。把问题条理化、层次化，构造一个有层次的结构模型。在这个模型下，复杂问题分解为元素的组成部分。这些元素又按其属性关系形成若干层次。其结构层次一般分为目标层、准则层和方案层三种，其中，准则层可以有多层，但目标层和方案层只能有一层（见图 8.1）：

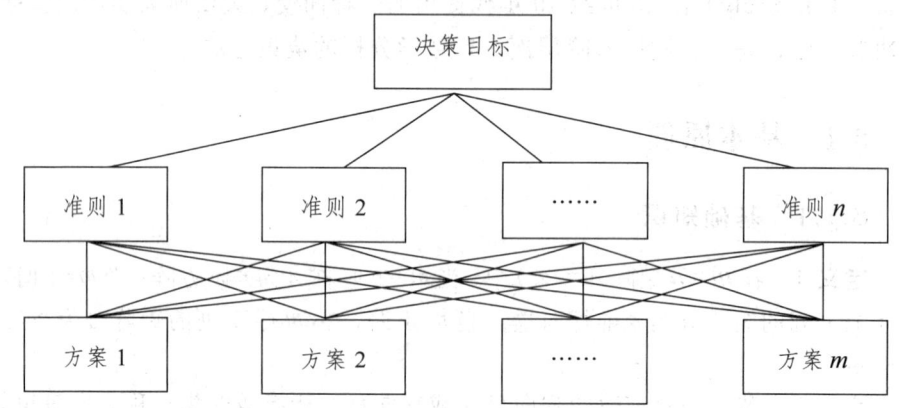

图 8.1 层次结构图

第一层为最高层，它是分析问题的预定目标和结果，也称为目标层；

第二层为中间层，它是为了实现目标所涉及的中间环节，如准则、子准则、子子准则等，也称为准则层。

第三层为最底层，它包括了为实现目标可供选择的各种措施、决策方案等，也称为方案层。

层次结构的特点：一是从上到下顺序地存在支配关系，并用直线段连接；二是整个层次结构中层次数不受限制。

8.1.2.2 构造判断矩阵

构造判断矩阵是建立分析模型的关键。设以上一层的某个元素 y 为准则，它所支配的下一层次的元素为 $x_1, x_2, \cdots, x_n$，这 n 个元素对上一层次的元素 y 有影响，要确定它们在 y 中的比重，往往采用成对比较法，即对每一层的因素进行两两比较（比较其对 y 的重要性）。用 $a_{ij}(>0)$ 表示 x_i 与 x_j 对 y 的影响之比，全部比较的结果构成的正互反矩阵 A 即是判断矩阵，即 $A=(a_{ij})_{n\times n}, i,j=1,2,\cdots,n$。其中：$a_{ji}=1/a_{ij}(i\neq j)$，$a_{ii}=1(i=j)$。

一般地，比较时采用 5 级制，在每两个等级之间各有一个中间状态，共 9 个尺度，且 a_{ij} 的取值范围是 $1,2,\cdots,9$ 及其倒数（见表 8.1）：

表 8.1 比较尺度 a_{ij} 的取值

x_i/x_j	x_i 与 x_j 同等重要	x_i 比 x_j 略为重要	x_i 比 x_j 较为重要	x_i 比 x_j 非常重要	x_i 比 x_j 绝对重要
a_{ij}	1	3	5	7	9

对于正互反矩阵 A，我们有下列特性：

（1）若一个正互反矩阵 $A=(a_{ij})_{n\times n}$ 满足 $a_{ij}\times a_{jk}=a_{ik}(i,j,k=1,2,\cdots,n)$，则称矩阵 A 具有一致性，称元素 x_i,x_j,x_k 的成对比较是一致的；并称 A 为一致矩阵。

（2）n 阶正互反矩阵 A 的最大特征值 $\lambda_{\max}\geq n$，当 $\lambda=n$ 时，A 是一致的。

（3）n 阶正互反矩阵是一致矩阵的充要条件是其最大特征值 $\lambda_{\max}=n$。

8.1.2.3 计算层次单排序权重并做一致性检验

层次单排序是指同一层次各个元素对上一层次中的某个元素的相对重要性进行排序。具体做法是：根据同一层 n 个元素 $x_1,x_2,\cdots,x_n$ 对上一层某元素 y 的判断矩阵 A，求出它们对于元素 y 的相对排序权重并作归一化处理，记为 $w_1,w_2,\cdots,w_n$，其向量形式为 $w=(w_1,w_2,\cdots,w_n)^T$，称其为 A 的层次单排序权重向量，其中 $\sum w_i=1$，w_i 表示第 i 个元素（$i=1,2,\cdots,n$）对上一层中元素 y 所占的比重，从而得到层次单排序。

常常利用判断矩阵 A 的特征值与特征向量来计算排序权重向量 w：设 $w=(w_1,w_2,\cdots,w_n)^T$ 是 n 阶判断矩阵的排序权重向量，当 A 为一致矩阵时，根据 n 阶判断矩阵构成的定义，有

$$A=\begin{pmatrix} w_1/w_1 & w_1/w_2 & \cdots & w_1/w_n \\ w_2/w_1 & w_2/w_2 & \cdots & w_2/w_n \\ \cdots & \cdots & \cdots & \cdots \\ w_n/w_1 & w_n/w_2 & \cdots & w_n/w_n \end{pmatrix} \quad (8-1)$$

因而满足 $Aw=nw$，这里 n 是矩阵 A 的最大特征值，w 是相应的特征向量；当 A 为一般的判断矩阵时，$Aw=\lambda_{\max}w$，其中 $\lambda_{\max}$ 是 A 的最大特征值（也称主特征值），w 是相应的特征向量（也称主特征向量）。经归一化处理（即 $\sum w_i=1$）后，可近似作为排序权重向量。

在规模大、因素多的情况下，对于判断矩阵的每个元素来说，不可能求出精确的 w_i/w_j，但要求判断矩阵大体上应该是一致的。一个经不起推敲的判断矩阵有可能导致决策失误。利用上述方法计算排序权重向量，当判断矩阵过于偏离一致性时，其可靠性也有问题。因此，需要对判断矩阵的一致性进行检验。检验一致性可按下列步骤进行：

（1）计算一致性指标 CI：

$$CI = \frac{\lambda_{\max} - n}{n-1} \qquad (8-2)$$

当 CI≤0.10 时，判断矩阵 A 可以接受（特别地，当 CI=0，即 $\lambda_{\max} = n$ 时，判断矩阵 A 是一致的）；当 CI 的值越大，判断矩阵 A 的不一致的程度就越严重，应对判断矩阵作适当修正。

（2）查找相应的平均随机一致性指标 RI：在这里，我们给出 n（1～11）阶正互反矩阵的平均随机一致性指标 RI（见表 8.2）：

表 8.2　平均随机一致性指标

矩阵级数	1	2	3	4	5	6	7	8	9	10	11
RI	0	0	0.58	0.9	1.12	1.24	1.32	1.41	1.45	1.49	1.51

（3）计算一致性比率 CR：

$$CR = CI/RI \qquad (8-3)$$

当 CR≤0.10 时，认为判断矩阵的一致性是可以接受的；否则应对判断矩阵作适当修正。

8.1.2.4　计算层次总排序权重并做一致性检验

计算出某层元素对其上一层中某元素的排序权重向量后，还需要得到各层元素，特别是最底层中各方案对于目标层的排序权重，即层次总排序权重，再进行方案选择。层次总排序权重通过自上而下地将层次单排序的权重进行聚合而得到。

一般地，若层次模型共有 s 层，则第 k 层对第 1 层的总排序权重向量为

$$w^{(k)} = W^{(k)} w^{(k-1)} \quad (k=3, 4, \cdots, s) \qquad (8-4)$$

其中 $W^{(k)}$ 是以第 k 层对第 $k-1$ 层的排序权重向量为列向量组成的矩阵，$w^{(k-1)}$ 是第 $k-1$ 层对第 1 层的总排序权重向量。按照上述公式，可得到最下层（第 s 层）对第 1 层的总排序权重向量为

$$w^{(s)} = W^{(s)} W^{(s-1)} \cdots W^{(3)} w^{(2)} \qquad (8-5)$$

对层次总排序权重向量也要进行一致性检验。其具体方法是从最高层到最底层逐层进行检验。

若所考虑的层次分析模型共有 s 层。设 $l(3 \leq l \leq s)$ 层的一致性指标与随机一致性指标分别为 $CI_1^{(l)}, CI_2^{(l)}, \cdots, CI_n^{(l)}$（$n$ 是第 $l-1$ 层元素的数目）与 $RI_1^{(l)}, RI_2^{(l)}, \cdots, RI_n^{(l)}$，令

$$CI^{(l)} = (CI_1^{(l)}, CI_2^{(l)}, \cdots, CI_n^{(l)}) w^{(l-1)} \qquad (8-6)$$

$$RI^{(l)} = (RI_1^{(l)}, RI_2^{(l)}, \cdots, RI_n^{(l)}) w^{(l-1)} \tag{8-7}$$

则第 l 层对第 1 层的总排序权重向量的一致性比率为

$$CR^{(l)} = CR^{(l-1)} + \frac{CI^{(l)}}{RI^{(l)}}, l = 3, 4, \cdots s \tag{8-8}$$

其中 $CR^{(2)}$ 为由（8-3）式计算的第 2 层对第 1 层的排序权重向量的一致性比率。

当最下层对第 1 层的总排序权重向量的一致性比例 $CR^{(s)} < 0.10$ 时，就认为整个层次结构的比较判断可以通过一致性经验，因而其结论可以接受。否则，应对判断矩阵作适当修正。

8.2 简单应用举例

问题：设在某项决策中，有 5 个准则和 3 个方案，试通过层次分析法建立数学模型，并以此确定首选方案。

8.2.1 建立层次结构模型

设层次结构模型共有三层：目标层（用 z 表示最终的选择目标），准则层（用 y_1, y_2, y_3, y_4, y_5 依次表示准则 1、准则 2、准则 3、准则 4、准则 5），方案层（用 x_1, x_2, x_3 依次表示方案 1、方案 2、方案 3），其结构如图 8.2 所示。

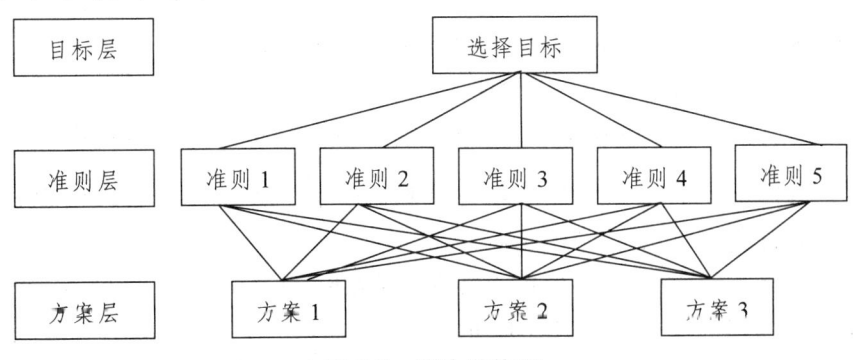

图 8.2 层次结构图

8.2.2 构造成对比较判断矩阵

8.2.2.1 建立准则层对目标层的成对比较判断矩阵

根据表 8.2 的定量比较尺度及（8-1）式，从建模者的观点出发，设准则

层对目标层的成对比较判断矩阵为

$$A = \begin{pmatrix} 1 & 5 & 3 & 9 & 3 \\ 1/5 & 1 & 1/2 & 2 & 1/2 \\ 1/3 & 2 & 1 & 3 & 1 \\ 1/9 & 1/2 & 1/3 & 1 & 1/3 \\ 1/3 & 2 & 1 & 3 & 1 \end{pmatrix}$$

8.2.2.2 建立方案层对准则层的成对比较判断矩阵

从建模者的观点出发，设方案层对准则层的成对比较判断矩阵依次为

$$B_1 = \begin{pmatrix} 1 & 1/3 & 1/5 \\ 3 & 1 & 1/2 \\ 5 & 2 & 1 \end{pmatrix}, B_2 = \begin{pmatrix} 1 & 3 & 5 \\ 1/3 & 1 & 2 \\ 1/5 & 1/2 & 1 \end{pmatrix}, B_3 = \begin{pmatrix} 1 & 1/3 & 1/5 \\ 3 & 1 & 1/2 \\ 5 & 2 & 1 \end{pmatrix},$$

$$B_4 = \begin{pmatrix} 1 & 5 & 3 \\ 1/5 & 1 & 1/2 \\ 1/3 & 2 & 1 \end{pmatrix}, B_5 = \begin{pmatrix} 1 & 3 & 3 \\ 1/3 & 1 & 1 \\ 1/3 & 1 & 1 \end{pmatrix}$$

8.2.3 计算层次单排序权重向量并做一致性检验

8.2.3.1 计算矩阵 A 的最大特征值及特征值所对应的特征向量

① 计算得 A 的最大特征值 $\lambda_{\max} = 5.00974$，其对于的特征向量为 $x = (0.88126 \quad 0.167913 \quad 0.304926 \quad 0.0960557 \quad 0.304926)^T$。

② 将特征向量 x 作归一化处理，得

$$w^{(2)} = (0.502119 \quad 0.0956278 \quad 0.173739 \quad 0.0547301 \quad 0.173739)^T。$$

③ 根据(8-2)式，计算一致性指标 $CI = \dfrac{\lambda_{\max} - n}{n - 1}$，其中 $n = 5$，$\lambda_{\max} = 5.00974$，故 $CI = 0.002435$。

查表 8.3，得到相应的随机一致性指标为 $RI = 1.12$，根据式（8-3），从而得到一致性比率为 $CR^{(2)} = CI / RI = 0.002174$。

由于 $CR^{(2)} < 0.1$，所以矩阵 A 通过了一致性检验，即认为 A 的一致性程度在允许的范围内，于是，可以用归一化后的特征向量 $w^{(2)}$ 作为排序权重向量。

8.2.3.2 计算矩阵 $B_j(j=1,2,3,4,5)$ 的最大特征值及特征值所对应的特征向量

通过计算，得到 $B_j(j=1,2,3,4,5)$ 的最大特征值依次为 $\lambda_1 = \lambda_2 = \lambda_3 = \lambda_4 =$

$3.00369, \lambda_5 = 3.000$。

其对应的特征向量依次为

$$x_1 = (0.163954 \quad 0.46286 \quad 0.871137)^T$$
$$x_2 = (0.928119 \quad 0.328758 \quad 0.174679)^T$$
$$x_3 = (0.163954 \quad 0.46286 \quad 0.871137)^T$$
$$x_4 = (0.928119 \quad 0.174679 \quad 0.328758)^T$$
$$x_5 = (0.904534 \quad 0.301511 \quad 0.301511)^T$$

将特征向量 $x_i (i=1,2,3,4,5)$ 作归一化处理，依次得

$$w_1 = (0.109452 \quad 0.308996 \quad 0.581522)^T$$
$$w_2 = (0.648329 \quad 0.229651 \quad 0.12202)^T$$
$$w_3 = (0.109452 \quad 0.308996 \quad 0.581522)^T$$
$$w_4 = (0.648329 \quad 0.12202 \quad 0.229651)^T$$
$$w_5 = (0.600000 \quad 0.200000 \quad 0.200000)^T$$

根据（8-2）式，计算一致性指标 $CI_i = \dfrac{\lambda_i - n}{n-1} (i=1,2,3,4,5)$，其中 $n=3$，$\lambda_1 = \lambda_2 = \lambda_3 = \lambda_4 = 3.00369, \lambda_5 = 3.000$，故

$$CI_1 = CI_2 = CI_3 = CI_4 = 0.0018473, CI_5 = 0$$

查表 8.3，得到相应的随机一致性指标为 $RI_i = 0.58(i=1,2,3,4,5)$，根据（8-3）式，从而得到一致性比率依次为

$$CR_1 = CR_2 = CR_3 = CR_4 = 0.003185, CR_5 = 0$$

因为 $CR_i < 0.1(i=1,2,3,4,5)$，所以 $B_i(i=1,2,3,4,5)$ 通过了一致性检验，即认为 $B_i(i=1,2,3,4,5)$ 的一致性程度在允许的范围之内，可以用归一化后的特征向量作为其排序权重向量。

8.2.4 计算层次总排序权重向量并做一致性检验

8.2.4.1 计算层次总排序权重向量

将第 3 层对第 2 层的排序权重向量计算结果列于表 8.3。

表 8.3 第 3 层对第 2 层的排序权重向量计算结果

k	1	2	3	4	5
$w_k^{(3)}$	0.109452	0.648329	0.109452	0.648329	0.6
	0.308996	0.229651	0.308996	0.12202	0.2
	0.581522	0.12202	0.581522	0.229651	0.2
λ_k	3.00396	3.00396	3.00396	3.00396	3

用矩阵表示第 3 层对第 2 层的排序权重向量计算结果为

$$W^{(3)} = \begin{pmatrix} 0.109452 & 0.648329 & 0.109452 & 0.648329 & 0.6 \\ 0.308966 & 0.229651 & 0.308966 & 0.12202 & 0.2 \\ 0.581522 & 0.12202 & 0.581522 & 0.229651 & 0.2 \end{pmatrix}$$

$W^{(3)}$ 即是第 3 层对第 2 层的排序权重向量为列向量组成的矩阵。最下层（第 3 层）对最上层（第 1 层）的总排序权重向量为

$$w^{(3)} = W^{(3)} w^{(2)} = (0.275728 \quad 0.272235 \quad 0.452037)^T$$

（2）对总排序权重向量进行一致性检验

① 根据（8-6）式，计算总一致性指标，得

$$CI^{(3)} = (CI_1 \quad CI_2 \quad CI_3 \quad CI_4 \quad CI_5) w^{(2)} = 0.00152635$$

② 根据（8-7）式，计算相应的随机一致性指标，得

$$RI^{(3)} = (RI_1 \quad RI_2 \quad RI_3 \quad RI_4 \quad RI_5) w^{(2)} = 0.58$$

③ 根据（8-8）式，计算相应的一致性比率，得

$$CR^{(3)} = CR^{(2)} + CI^{(3)} / RI^{(3)} = 0.00480575$$

因为 $CR^{(3)} = 0.00480575 < 0.1$，所以总排序权重向量符合一致性要求的范围。根据总排序权重向量的分量取值，方案 3 是建模者对这三种方案的首选。

附 录

附录1　2010年度全国教育科学规划专项研究课题指南

一、中小学数学教育

1. 招标课题（1项）

义务教育数学课程教材整体设计研究

2. 研究课题（20项）

（1）数学教育发展前沿问题研究
（2）中小学数学课程核心内容及其教学的研究
（3）中小学数学实验教材的比较研究
（4）国外中小学数学课程标准及教材研究
（5）中小学数学教材的理解及其创造性使用研究
（6）新课程改革实验区数学课堂十年变化研究
（7）中小学生数学自主学习研究
（8）中小学生数学合作学习研究
（9）读懂中小学生数学学习过程的方法研究
（10）新课程改革背景下学习困难学生的诊断及其对策研究
（11）中小学数学教学中因材施教与个别化指导研究
（12）"以学论教"的中小学数学教学改革研究
（13）新课程改革背景下的中考数学命题研究
（14）新课程改革背景下的高考数学命题研究
（15）中小学数学课程标准与数学学业质量评估研究
（16）中小学教师数学学科教学知识（PCK）的案例研究
（17）中小学优秀数学教师及团队成长的个案研究
（18）农村中小学数学教师的专业成长支持体系研究
（19）中小学特色数学教研活动案例研究
（20）网络环境下中小学数学教师成长与学生学习新模式研究

二、学校体育、卫生、艺术和国防教育

1. 学校体育

（1）我国学校体育中长期改革与发展研究
（2）学校体育工作现状调查研究
（3）把加强体育作为推进素质教育突破口的理论与实践研究
（4）阳光体育运动的理论、方法及实效性评价机制研究
（5）体育、艺术"2+1"项目标准实施方法与评价研究
（6）学校体育特色发展区域推进实践研究
（7）每天锻炼一小时的理论及实践研究
（8）大中小学体育课程与教学改革研究
（9）促进《国家学生体质健康标准》全面实施与改革研究
（10）初中毕业生升学体育考试与高中毕业会考制度改革与发展研究
（11）学校竞技体育发展及学生集体竞赛项目研制、推广研究
（12）学校体育设施、场馆建设与器材配备现状及标准研究
（13）学校体育工作信息化及评价机制研究
（14）提高高等学校体育学类专业人才培养质量研究
（15）高等学校体育学类本科专业建设及课程、教材改革研究
（16）中小学体育师资现状调查及教师教育教学能力发展研究
（17）国外学校体育发展现状及对比研究

2. 学校卫生与健康教育

（1）学校健康教育政策的实施与学生健康状况变化分析研究
（2）学校健康教育对国民健康素质及对社会发展的促进研究
（3）我国学校卫生与健康教育发展研究
（4）学校健康教育教学模式及效果评价研究
（5）青少年肥胖干预研究
（6）学生视力影响因素研究
（7）眼保健操对学生视力影响效果评价研究
（8）学校突发公共卫生事件防控体系建设研究
（9）中小学卫生人员队伍建设与培养模式研究
（10）高校学生医疗保障模式及管理研究
（11）医改背景下高校卫生保健机构发展模式研究

（13）教师健康状况调查与健康促进干预研究

（14）高校社区卫生服务现状及发展研究

（15）国内外学校卫生管理模式比较研究

（16）国内外学生医疗保障比较研究

3. 美育与艺术教育

（1）学校艺术教育理念以及对促进人的全面发展、建设中华民族共有精神家园特殊价值的研究

（2）我国学校艺术教育发展历史、规律与特点研究

（3）学校艺术教育现状的区域性调查及学校艺术教育发展战略与推进策略研究

（4）普通高等学校公共艺术课程的性质与价值、课程开设、教材建设、教学内容和方式以及教学评价研究

（5）高校艺术教育专业的学科定位、培养目标、课程建设、教育模式、教学内容与教学实践研究

（6）中小学艺术课程开课率和教学质量调查及艺术教育教学案例研究

（7）开展课外艺术教育活动的实践研究

（8）校园文化艺术环境建设的实践研究

（9）学生艺术社团建设、管理的实践研究

（10）学校艺术教师队伍现状的区域性调查及农村学校艺术教师队伍建设的实践研究

（11）制定学校艺术教育设施设备标准研究

（12）开发利用民族民间艺术资源的实践研究

（13）建立学校艺术教育资源库的研究

（14）利用农村远程教育网络资源进行艺术教育的实践研究

（15）中外学校艺术教育的比较研究

（16）艺术教育特色发展区域推进实践研究

4. 国防教育

（1）我国学校国防教育的现状及发展趋势研究

（2）学校国防教育与推进素质教育相互关系研究

（3）学校国防教育政策与管理模式研究

（4）学校国防教育理论与制度创新研究

（5）中外学校国防教育比较研究

（6）高等学校国防教育学科建设研究

（7）学校国防教育课程目标、内容、结构研究

（8）高等学校和高级中学学生军事技能训练与军事理论教学评价机制研究

（9）学校国防教育师资队伍建设研究

（10）学校国防教育教学方法研究

（11）依托国民教育培养国防和军队建设人才的研究

（12）高等学校培养国防教育方向硕士生现状调查与对策研究

（13）加强学校国防教育的教材建设研究

（14）不同教育阶段学生国防教育的内容和形式研究

（15）利用现代化教育技术手段及网络对学生进行国防教育的研究

三、科学教育

1. 早期儿童科学教育研究
2. 学生科学素养抽样调查研究
3. 中美小学科学教材比较研究
4. 国内外初中科学教材比较研究
5. 初中科学课程理论与实践研究
6. 小学科学课程评价研究
7. 初中科学课程评价研究
8. 初中科学课程实施的难点研究
9. 大学科学专业课程设置比较研究
10. 大学科学专业教学与实习模式比较研究
11. 科学教学的实效性研究
12. 科学教学数字化探索
13. 科学实验室的配备与使用效率调查研究
14. 科学课程资源的开发与利用研究
15. 数字化科学教学资源开发研究
16. 科学教学中学生科学素养提高研究
17. 科学教材的人文性、艺术性研究
18. 科学学习形成性评价研究
19. 优秀科学教育教师成长研究
20. 国际科学教师资格标准研究
21. 国际科学教师专业发展模式研究
22. 国际科学教育的现状与发展趋势研究

四、成人教育

1. 成人（继续）教育适应经济发展方式转变的战略研究
2. 继续教育政策与立法研究
3. 健全继续教育激励机制研究
4. 区域构建终身教育体系实验研究
5. 不同类型学习成果的互认和转换研究
6. 成人高等教育与高技能培训衔接机制研究
7. 成人高等院校办学机构改革与创新研究
8. 农民工教育培训政策研究
9. 新型农民培养模式与机制研究
10. 城市化进程中新市民教育培训研究
11. 城乡社区教育整体推进研究
12. 社区特色课程建设研究
13. 成人在职学习状况调查研究
14. 网络虚拟环境中的成人学习研究
15. 社会终身学习网络建设研究
16. 以学习者为主体的远程教育学习服务体系研究

附录2 2011年度全国教育科学规划专项研究课题指南

一、中小学数学教育

（一）招标课题（1项）

普通高中数学课程教材整体设计研究

（二）专项课题（20项）

1. 十年数学新课程的实践反思研究
2. 改革开放以来中国中小学数学课程发展史研究
3. 数学电子教科书的理论与实践研究
4. 促进数学基本活动经验目标实现的案例研究
5. 变换观点下几何课程的设计研究
6. 促进数据随机性目标实现的案例研究
7. 数学史（数学文化）融入数学课程的典型案例研究
8. 义务教育数学课程中"综合与实践"学与教的研究
9. 高中数学建模能力培养策略研究
10. 学生代数思维的形成与发展研究
11. 中小学数学教学与学生学习心理一致性的调查研究
12. 新课程改革背景下数学自主学习、合作学习典型案例研究
13. 农村地区中小学生数学学习状况的调查研究
14. 少数民族地区学生数学学习特点研究
15. 信息技术支持下数学学生学习方式研究
16. 数学问题情境创设有效性研究
17. 数学教师课堂教学决策能力状况与发展研究
18. 校本教研与数学教师团队发展案例研究
19. 网络环境下中小学数学教师学习共同体的研究
20. 新课程改革背景下的中考数学命题研究

二、学校体育、卫生、艺术和国防教育

（一）学校体育

1. 构建人力资源强国背景下学校体育理论创新与发展研究

附 录

2. 学校体育改革与发展的制度性障碍研究
3. "每天一小时校园体育活动"的实践模式研究
4. 增强学生体质健康水平的激励机制及有效措施研究
5. 体育考试制度建设研究
6. 学校体育质量标准及评估体系研究
7. 体育学习理论建构与实践研究
8. 学校体育对学生健康人格的培养研究
9. 体育教师基本功与教学技能研究
10. 特殊群体学生体育教育研究

（二）学生卫生与健康教育

1. 学校卫生工作保障机制研究
2. 学校卫生保健人员培训及管理制度建设研究
3. 学校安全教育与安全防范研究
4. 健康教育课程体系建设研究
5. 学校食品卫生安全保障条件及相关标准研究

（三）学校艺术教育

1. 学校艺术教育与生活质量研究
2. 艺术教育课程改革反思研究
3. 学校艺术教育的质量标准研究
4. 艺术教师基本素质和专业发展研究
5. 艺术教育区域推进模式研究
6. 非物质文化遗产教育传承研究
7. 学校艺术特色研究

（四）国防教育

1. 国防教育的法规和制度建设研究
2. 信息化背景下国防教育新模式研究
3. 国防教育课程理论的改革与创新研究
4. 国防教育促进学生综合素质发展的实效性研究
5. 国防教育师资队伍建设研究
6. 国防教育的质量评估研究

三、职业教育

1. 大学生创业教育的实证研究
2. 大学生职业决策困难的实证研究
3. 职业院校教师锚与工作满意度相关研究
4. 大学生职业核心技能培养的实验研究
5. "双师型"职教师资培养制度的研究
6. 免费职教师范生培养的实践研究
7. 职业院校专业设置与社会职业发展相适性研究
8. 职业教育工程应用专业课程开发的研究
9. 职业教育教师师范技能训练的实验研究
10. 利用虚拟现实技术实施职业技能培训的理论与实践研究
11. 一体化视野下的职教课程开发能力建设研究
12. 职业技能教学有效性研究
13. 职业学校学生主动性研究
14. 研究生层次职教师资"三双"培养模式研究
15. 职业教育质量标准研究
16. 职业教育办学体制多元化研究
17. 职业教育招生制度与就业维度的研究
18. 产业经济对职业教育的需求研究
19. 职业教育评价与督导制度建设研究
20. 职业教育招生制度与就业制度改革研究
21. 有效促进教产合作、校企合作制度创新研究
22. 民办职业教育研究
23. 职业学校学生素质评价方式研究
24. 职业教育的社会培训功能研究
25. 虚拟现实技术在职业技能培训中的应用研究
26. 扩大职业教育对外开放的研究
27. 中、高职教育有效衔接研究
28. 现代职业教育体系发展研究
29. 中非职业教育合作发展研究

四、教育考试研究

1. 高考制度改革创新研究

2. 高考考试方式（分类、多次、计算机化）改革研究
3. 高考加强能力考查的创新研究
4. 国家教育考试标准化考点建设规范及相关技术研究
5. 国家教育考试应急管理研究
6. 教育考试信息化命题平台建设研究
7. 教育考试评价服务体系研究
8. 教育考试评价标准及模式研究
9. 考试命题的教育教学评价功能研究
10. 高等教育自学考试制度在继续教育中的作用和模式研究
11. 以自学考试为基础的国家继续教育考试公共服务平台研究
12. 社会证书考试在非学历继续教育中的作用和模式研究
13. 研究生入学考试改革研究
14. 教师资格考试及评价技术研究
15. 教育考试评价信息数据标准及相关技术研究
16. 教育考试现代化技术应用研究
17. 考试机构组织文化建设研究
18. 教育考试图书专业出版平台建设研究
19. 教育考试财经机制研究
20. 海外及大型国际教育评价项目研究

五、成人教育研究

（一）综合性研究（14项）

1. 以科学发展观统领成人继续教育发展研究
2. 成人继续教育服务经济发展方式转变的战略研究
3. 成人继续教育经费保障机制研究
4. 成人继续教育监测与评估研究
5. 成人继续教育师资队伍建设研究
6. 非学历继续教育发展研究
7. 终身学习体制机制创新研究
8. 区域构建终身教育体系实验研究
9. 终身教育（学习）立法研究
10. 社会管理创新背景下学习型社会建设研究
11. 学习型城市指标体系研究

12. 不同类型学习成果的互认和衔接制度研究

13. 推进全民阅读的政策与途径研究

14. 成人教育发展模式国际比较研究

（二）成人高等教育研究（8项）

15. 信息化、全球化潮流中成人高等教育创新和发展研究

16. 在实施人才强国战略中成人高等教育发展研究

17. 大学后继续教育与创新型科技人才培养研究

18. 成人高等院校办学机构改革与创新研究

19. 新形势下加强成人教育学科和学位点建设研究

20. 成人高等教育课程建设研究

21. 高等教育自学考试制度改革和创新研究

22. 成人高等教育质量评价及保障体系研究

（三）农村成人教育（8项）

23. 新时期农村"三教统筹"的探索研究

24. 加强农民技能培训与培养农村实用人才研究

25. 新型农民培养模式与机制研究

26. 农村劳动力转移培训实效研究

27. 乡镇成人文化技术学校发展对策研究

28. 农村社区教育（学习）中心能力建设研究

29. 扫除流动人口中的文盲途径研究

30. 新生代农民工培训的特点与规律研究

（四）行业企业教育（6项）

31. 构建学习型组织与企业教育改革创新研究

32. 企业自主创新与员工创新能力开发研究

33. 企业高技能人才培养模式创新研究

34. 社会教育资源参与企业员工培训研究

35. 行业、企业参与继续教育激励和约束机制研究

36. 专职企业教育工作者专业化发展研究

（五）社区教育（13项）

37. 公民素质及其培养研究

38. 社区弱势群体教育保障机制研究
39. 城市化进程中新市民教育培训研究
40. 高龄化和社区老年教育深化研究
41. 社区教育特色课程建设研究
42. 社区教育满意度测评研究
43. 城乡社区教育整体推进研究
44. 推进社区数字化学习的瓶颈和对策研究
45. 社区学院能力建设研究
46. 学习型社区运行机制和评估指标研究
47. 社区教育中最大限度激发社会活力研究
48. 社区教育提升社区居民幸福感研究
49. 专职社区教育工作者职业化专业化研究

(六) 远程开放教育（5项）

50. 开放大学建设研究
51. 网络虚拟环境中的成人学习研究
52. 社会终身学习网络平台建设研究
53. 以学习者为主体的远程教育学习支持服务体系研究
54. 远程教育质量控制和保障研究

六、外语教育研究

(一) 大学外语教育教学

1. 国际化人才培养模式与大学英语教学改革研究
2. 人文通识教育理念下的大学英语课程设置研究
3. 高校特殊用途英语（ESP）课程设置与教学模式研究
4. 高校翻译专业建设与课程体系研究
5. 多媒体网络环境下的大学英语教学新模式研究
6. 基于技能培养的大学英语教学探索与研究
7. 合作学习模式在大学英语教学中的实践与研究
8. 认知语言学理论在大学英语词汇教学中的应用研究
9. 大学英语阅读教学的认知研究
10. 英语写作、演讲课程设计与教学方法研究
11. 英语课堂教学动力系统研究

12. 显性形式教学与隐性形式教学对语言习得效果的对比研究
13. 大学英语课堂师生互动对学生语言习得影响的纵向研究
14. 高校外语学科定位与教师发展模式研究
15. 多媒体教学环境下的外语教师角色研究
16. 基于合作教学的外语教师专业发展研究
17. 优秀高校英语教师专业成长案例/叙事研究
18. 高校英语专业课程改革与教材建设研究
19. 基于内容的英语教材与教学模式探索研究
20. 商务英语课程体系与教材建设研究
21. 语料库在大学外语教材建设与课堂教学中的应用研究
22. 基于数字平台的大学英语教学及测试模式研究
23. 数字化外语教学资源的开发与应用研究
24. 中国大学生英语语言思维培养研究
25. 大学生英语自主学习策略培养研究
26. 高校学术英语交流能力培养模式研究
27. 高校英语专业技能课程与思辨能力培养研究
28. 高校外语教学中的跨文化能力培养模式研究
29. 高校外语教学中的语用能力发展研究
30. 非英语国家大学外语教学模式比较研究

（二）中小学幼儿外语教育教学

1. "一条龙"英语教学研究
2. 阅读策略在提升学生英语阅读能力中的价值研究
3. 中小学英语网络教学模式和学习方式研究
4. 基于数据库的中小学学生英语语言学习行为分析研究
5. 多元整合式的外语教师发展资源与培训模式研究
6. 基于课例研究的教师学习共同体与专业发展
7. 优秀中小学英语教师专业成长的案例/叙事研究
8. 普通高中国际合作项目办学模式研究
9. 点读技术对于学生语感培养、听说学习能力方面作用的研究
10. 点读技术支持下的英语课堂教学模式探索研究
11. 幼儿母语与外语融合性教学研究
12. 幼儿英语教材适用性研究
13. 课外英语学习读物研究

（三）职业学校外语教育教学

1. 中等职业学校国家规划英语教材的适用性研究
2. 中职学生英语应用能力培养研究
3. 中职英语多媒体教学资源的开发与利用研究
4. 中职行业英语能力需求与教材建设研究
5. 中职行业英语视听说教材对学生英语口语交际能力的影响研究
6. 中职英语听说课型、阅读课型模式研究
7. 中职生外语学习策略培养研究
8. 中职英语教师培训有效模式研究
9. 职业英语能力与测评体系研究

附录3 贵州省基础教育科学研究、教育教学实验课题指南（2010—2015）

一、重大课题

重大课题主要指今后一段时期，我省基础教育改革发展需要特别关注和研究的直接关系到我省基础教育的内涵发展、公平发展和质量提高的重大问题。

1. 义务教育均衡发展监测评估体系及数据处理软件的开发研究
2. 义务教育阶段教学质量的监测评估方法、工具开发研究
3. 学校发展性督导评估的实践研究
4. 民族民间文化教育发展保障体系研究
5. 提高边远民族地区双语教学质量研究
6. 农村留守儿童关爱和服务体系建设研究
7. 推进学校教育公平行动研究
8. 学校文化建设与学校特色发展研究
9. 基于学校发展计划变革的学校自我发展机制研究
10. 推进高中课程改革的实验研究
11. 建立进城务工人员随迁子女流动情况监测制度研究
12. 中小学学龄人口变化与教师需求趋势预测研究
13. 提高农村非完全小学办学水平行动研究
14. 农村学前教育发展机制与发展模式研究
15. 民族地区的多元文化（跨文化）与民族团结教育研究

二、专题研究

专题研究主要是指今后一段时期，我省基础教育改革发展需要重点关注的一些领域，需要研究的一些重点、难点、热点和实际问题，包括宏观、中观和微观三个层面。

（一）基础教育政策与制度研究

1. 城镇化发展与学校布局调整研究
2. 学校布局调整中被撤并学校的资产处置问题研究
3. 加快普及高中阶段教育的条件保障研究
4. 普及高中阶段教育的多样化路径研究

5. 幼儿园办园标准与评估体系研究
6. 多途径扩大农村学前教育资源政策研究
7. 学前教育办学体制研究
8. 农村义务教育财政投入保障机制研究
9. 不同学段学生培养成本研究
10. 学校公用经费使用与管理研究
11. 远程教育资源的开发运用研究
12. 建立灵活多样的教师交流机制研究
13. 完善和改进学校科研管理及科研队伍建设研究
14. 完善和改进教师继续教育研究
15. 义务教育阶段对口支援现状调查及对策分析
16. 农村非完全小学教学支持与专业服务体系建设研究
17. 薄弱学校专业支持与服务体系建设研究
18. 建立满足农村学校教学需要的教师配置标准研究
19. 民办学校办学条件及教学质量调查研究
20. 特殊教育现状调查及发展对策分析
21. 残疾学生职业教育模式研究
22. 健全家庭经济困难学生资助体系的研究
23. 保障进城务工人员子女免费接受义务教育和探索进城务工人员子女异地中考、高考制度的研究
24. 构建多元化民族民间文化教育模式研究
25. 民办教育现状调查及发展对策分析
26. 教育家办教育的机制研究
27. 师范院校为基础教育服务机制及其有效性研究
28. 农村教师补充机制研究
29. "贵州少数民族教育史"及"贵州地方教育史"研究
30. 中小学生养成教育内容及标准研究
31. 高中课程改革中的评价机制研究
32. 改善边远民族地区农村学生营养状况的政策研究

（二）队伍建设与教师专业化发展研究

1. 构建开放性、竞争性教师培训体系研究
2. 新课程背景下教师培训方式变革研究
3. 课程改革背景下新教师培养的方式与途径研究

4. 师范生顶岗实习与农村教师轮换培训机制研究
5. 不同学段教师学科专业素养的内涵及能力标准研究
6. 新课程背景下的教师继续教育课程设置的研究
7. 青年教师职业成长规律与培养机制研究
8. 校本教研机制建设与教师专业化发展研究
9. 农村中小学校本教研机制建设试点研究
10. 中小学教师继续教育模式研究
11. 优秀教师成长规律及培养途径研究
12. 青年教师课堂教学技能的培养与训练研究
13. 基于实践反思与专业合作的教师专业发展研究
14. 教师职业道德建设与自律机制研究
15. 农村教师住房问题的调查研究
16. 农村教师业余生活状况调查研究
17. 教师心理健康研究
18. 双语教学师资培养培训研究
19. 教学案例开发与教师专业化发展研究
20. 新课程背景下师范生培养机制研究
21. 班主任成长规律及培养机制研究
22. 运用现代远程教育手段拓宽校本教研途径的实践研究
23. 教研队伍建设研究
24. 城乡教师工作负担与合理配置研究
25. 课程设置与教师工作量标准研究
26. 中小学教师资源配置与管理机制研究
27. 民族民间文化教师队伍建设研究

（三）质量管理与教育教学评价研究

1. 建立以提高质量、促进公平为导向的督导评估制度研究
2. 基于学校发展计划的学校督导评估研究
3. 建立多元化的教师激励机制研究
4. 建立多元化的教育质量评价和奖励制度研究
5. 构建多元化的学生评价与激励机制研究
6. 学生综合素质评价研究
7. 教师专业发展评价指标体系建设研究
8. 有效课堂教学的评价研究

9. 课堂观察与教学评价方式的变革研究
10. 建立科学合理的中小学学生评价教学的方法与制度研究
11. 学校教学质量管理体系建设研究
12. 学校教学质量自我评估与自我改进机制研究
13. 教育测量有效性与学科考试评价研究
14. 学校办学质量标准研究

（四）学校管理与学校发展研究

1. 构建师生参与为主体的校园文化建设研究
2. 构建基于学校发展计划的自我监测评估机制研究
3. 构建政府、学校、社区共同参与学校管理的机制研究
4. 构建依法办学、自主管理、民主监督、社会参与的现代学校制度研究
5. 构建学生自我管理和参与学校管理机制研究
6. 加强和改进农村学校寄宿生管理研究
7. 优质学校成长案例研究
8. 爱生学校标准及行动研究
9. 教师绩效管理与绩效工资制度研究
10. 实施资源共享的学区化管理改革的研究
11. 校长聘用与选拔机制研究
12. 校长领导力建设研究
13. 优秀校长成长案例研究
14. 校园周边环境治理与校园安全管理机制研究
15. 建立推进学校内涵发展、鼓励学校特色发展的管理服务机制研究
16. 学校内部治理机制研究
17. 简政放权，增强学校办学自主权研究
18. 完善和改进学校后勤管理与服务研究
19. 图书管理与图书资源的充分利用研究
20. 普通高中多样化发展与综合高中建设试点研究

（五）课程与教材研究

1. 课程标准、新教材在民族地区（农村地区）的适应性和适用性研究
2. 新教材的内容结构、重点难点、思想方法等的分析与评价研究
3. 对课程标准及不同版本教材的比较分析研究
4. 不同教育阶段学科教材核心内容研究

5. 对国家课程（教材）资源的"二次开发"（地方化、生活化）与运用研究
6. 教材与其他教学资源的优化整合研究
7. 对教材习题的变式与开放化设计研究
8. 对学科研究性学习课题的开发与运用研究
9. 综合实践活动课程的校本化开发研究
10. 地方课程（含学科乡土教材）的开发与建设研究
11. 地方课程（含学科乡土教材）的使用和实验研究
12. 建立模块式、单元式、活动设计式等多样化的校本课程开发研究
13. 民族民间文化教育校本课程建设研究
14. 公民教育校本课程开发研究
15. 多渠道拓宽普通高中通用技术师资来源研究
16. 增加普通高中学生课程学习选择机会的学分制研究
17. 有效实施高中选修课教学的实践研究
18. 中小学生德育课程的校本化研究
19. 贵州省农村初中"农村实用技术"课程建设与运用研究

（六）公民教育与德育研究

1. 中小学生公民教育的途径和方法研究
2. 学校公民教育的目标与内容研究
3. 学校德育环境建设研究
4. 家庭、学校、社区相结合的学校德育模式研究
5. 民族民间传统德育资源保护、开发与利用研究
6. 学生诚信教育机制研究
7. 中小学劳动技术教育的实践研究
8. 中小学生法制教育与预防犯罪问题研究
9. 中小学生的礼仪教育实践研究
10. 中小学各学科教学渗透德育的实践研究
11. 红色文化中的德育因素的挖掘与运用研究
12. 网络环境下的学生思想道德建设研究
13. 中小学实施民族团结教育的途径与策略研究
14. 社会实践与社区服务中的公民教育研究
15. 在德育工作中突出公民教育理念的行动研究
16. 中学生禁毒教育途径研究
17. 中小学心理健康教育的内容与方法研究

18. 针对特殊需要儿童的学校心理健康教育研究
19. 农村留守儿童心理特点及教育对策研究
20. 突出德育实践，提高德育实效性的行动研究
21. 中小学生生命教育内涵与机制的研究
22. 中小学生人格健康成长与教育途径研究
23. 学校班级文化与班集体建设研究
24. 学校班主任工作研究
25. 学生社会责任感的培养研究

（七）课堂教学改革与实验研究

1. 启发式、探究式、讨论式、参与式等教学方式的实现途径及方法研究
2. 启发式教学中东、西方教学特征研究
3. 学科课堂教学规范性与开放性的实践研究
4. 用"情境——问题"教学思想改造传统课堂教学的实验与研究
5. 用"开放题思想"改造传统课堂教学的实验与研究
6. 课堂教学中"对话型"教学与师生交流的实效性研究
7. 课堂教学中小组合作学习的教学指导技能研究
8. "先做后说，先学后教，当堂训练（实践）"的研究与实验
9. 提高课堂实践与训练质量的实验研究
10. 课堂教学中学生发现问题与提出问题能力的培养与训练研究
11. "任务型"教学法的运用与实践研究
12. 以学生学习活动为主线的教学设计与教学实践研究
13. 课堂教学的预设性与生成性教学研究
14. 计算机多媒体辅助教学的实践研究
15. 学科教学中以"问题解决"为中心的教学实验研究
16. 学科教学中学生"核心概念建构"的途径与方法研究
17. 开放性、综合性、探索性问题的教学与训练研究
18. 解题教学中落实基础与落实思想方法的实践研究
19. 小班教学的组织形式及有效教学策略研究
20. 大班额背景下有效提高课堂学习质量的研究与实验
21. 特殊需要儿童随班就读研究
22. 特殊需要儿童个别化教育研究
23. 优秀教师教学经验的提炼及其推广研究
24. 社会学视野中的课堂交往研究

25. 文化视角下的课堂教学改革研究
26. 推进课堂教学公平实验研究
27. 提高作业有效性的实践研究
28. 提高课堂有效性的策略与实践研究
29. 改进和加强理科实验的研究与实践
30. 创新课堂教学方法实验研究

(八) 学生学习生活指导研究

1. 建立学习困难学生的帮助机制研究
2. 学习困难学生的成因、认知特点及转化策略研究
3. 优秀学生学习方法、学习特点与学习经验推广运用研究
4. 寄宿学生的学习生活现状调查及生活教育研究
5. 学生课外阅读现状调查与指导研究
6. 中小学生课外生活调查及对策研究
7. 中小学生课业负担研究
8. 不同类型学生学科学习兴趣、学习信心的激发与保持策略研究
9. 学科学习指导的经验、潜在规律的研究与总结
10. 学生学习任务设计与自主学习习惯的培养研究
11. 指导学生探究学习、合作学习的研究与实践
12. 流动儿童城市生活和学习适应性研究
13. 进城务工随迁子女家庭教育研究
14. 城乡结合部学生社区教育环境研究
15. 特殊需要儿童（残疾儿童）社会适应能力培养研究
16. 农村儿童健康状况与改善研究
17. 生活方式变革与学生价值观及行为特征变化研究

(九) 学科问题与学生思维发展研究

1. 构建学科思维教学体系的研究与实践
2. 学生学科学习的思维方式及特征研究
3. 不同年龄段学生在解题过程中其思维能力的表现特征研究
4. 学科教学中的问题类型及问题解决策略研究
5. 学科教学中解题能力培养与解题指导研究
6. 运用元认知策略提高学生问题解决能力的实验研究
7. 变式训练与提高学生认知水平的实践研究

8. 文化背景对学生认知发展的影响研究
9. 不同学段学生人文素养的培养目标及培养途径研究
10. 不同学段学生科学素养的培养目标及培养途径研究
11. 不同学科学生创新意识的培养目标及培养途径研究
12. 民族地区儿童思维特征的跨文化研究
13. 学生学习心理及认知规律研究

附录 4

NOESP

编号	

全国教育科学规划课题

申请·评审书

课题名称_____
课题类别_____
学科分类_____
课题负责人_____
责任单位_____
填表日期_____

全国教育科学规划领导小组办公室
2014 年 7 月修订

申请者的承诺与成果使用授权

一、本人自愿申报全国教育科学规划课题。认可所填写的《全国教育科学规划课题申请·审批书》(以下简称为《课题申请·审批书》)为有约束力的协议,并承诺对所填写的《课题申请·评审书》所涉及各项内容的真实性负责,保证没有知识产权争议。同意全国教育科学规划领导小组办公室有权使用《投标申请·评审书》所有数据和资料。课题申请如获准立项,在研究工作中,接受全国教育科学规划领导小组办公室及其委托部门的管理,并对以下约定信守承诺:

1. 遵守相关法律法规。遵守我国《著作权法》和《专利法》等相关法律法规;遵守我国政府签署加入的相关国际知识产权规定。

2. 遵循学术研究的基本规范。科学设计研究方案,采用适当的研究方法,如期完成研究任务,取得预期研究成果。

3. 尊重他人的知识贡献。客观、公正、准确地介绍和评论已有学术成果。凡引用他人的观点、方案、资料、数据等,无论曾否发表,无论是纸质或电子版,均加以注释。凡转引文献资料,均如实说明。

4. 恪守学术道德。研究过程真实,不以任何方式抄袭、剽窃或侵吞他人学术成果,杜绝伪注、伪造、篡改文献和数据等学术不端行为。成果真实,不重复发表研究成果;对课题主持人和参与者的各自贡献均要在成果中以明确的方式标明。

5. 维护学术尊严。保持学者尊严,增强公共服务意识,维护社会公共利益。维护全国教育科学规划课题声誉,不以课题名义牟取不当利益。

6. 遵守课题管理规定。遵守《全国教育科学规划课题管理办法》及其实施细则的规定。

7. 明确课题研究的资助和立项部门。国家社科基金课题和教育部级课题研究成果发表时须在醒目位置独家标明"国家社科基金教育学××年度××××课题(课题批准号:××××)成果"和"全国教育科学规划××年度××××课题(课题批准号:××××)成果"字样,课题名称和类别与课题立项通知书相一致。凡涉及政治、宗教、军事、民族等问题的研究成果须经全国教育科学规划领导小组办公室同意后方可公开发表。

8. 标明课题研究的支持者。要以明确方式标明为课题研究作出重要贡献的非课题组个人和集体。

9. 正确表达科研成果。按照《国家通用语言文字法》规定,规范使用中国语言文字、标点符号、数字及外国语言文字。

10. 遵守财务规章制度。合理有效使用课题经费,不得滥用和挪用。课题结题时如实报告经费使用情况,不报假账。

11. 按照预期完成研究任务。课题立项获得批准的资助经费低于申请的资助经费时,同意承担课题并按预期完成研究任务,达到预期研究目标。

12. 成果达到约定要求。课题成果专著、论文、研究报告等公开发表,并在学术界和实践领域产生一定的影响。

二、作为课题研究者,本人完全了解全国教育科学规划领导小组办公室的有关管理规定,完全意识到本声明的法律后果由本人承担。特授权全国教育科学规划领导小组办公室:有权保留并向国家有关部门或机构报送课题成果的原件、复印件、摘要和电子版;有权公布课题研究成果的全部或部分内容,同意以影印、缩印、扫描、出版等形式复制、保存、汇编课题研究成果;允许课题研究成果被他人查阅和借阅;有权推广科研成果,允许将课题研究成果通过内部报告、学术会议、专业报刊、大众媒体、专门网站、评奖等形式进行宣传、试验和培训。

申请者(签章):
年　　月　　日

填写数据表注意事项

1. **课题名称**　应准确、简明反映研究内容，最多不超过 40 个汉字（包括标点符号）。
2. **关键词**　按研究内容设立。最多不超过 3 个关键词，词与词之间空一格。
3. **学科分类**　系指课题研究所属学科范围。请选项填写，限报 1 项。

例如：| B | 教育心理

A. 教育基本理论　　　　B. 教育心理　　　　　　C. 教育信息技术
D. 比较教育　　　　　　E. 德育　　　　　　　　F. 教育经济与管理
G. 教育发展战略　　　　H. 基础教育　　　　　　I. 高等教育
J. 职业技术教育　　　　K. 成人教育　　　　　　L. 体育卫生美育
M. 民族教育　　　　　　N. 国防军事教育　　　　O. 教育史

跨学科的课题，请选为主的学科填写。

4. **课题负责人**　系指真正承担课题研究和负责课题组织、指导的研究者。不能承担实质性研究工作的，不得申请。
5. **课题类别**　请选项填写，限报 1 项。例如：| B | 国家一般

B. 国家一般课题 C. 国家青年基金课题 D. 教育部重点课题　E. 教育部青年专项课题
（不同类别结题成果要求详见我办网站《全国教育科学规划课题成果鉴定结题细则》）

6. **研究类型**　请选项填写，限报 1 项。例如：| C | 综合研究

A. 基础研究　　　　B. 应用研究　　　　C. 综合研究　　　　D. 其他研究

7. **担任导师**　系指申请人本人担任博士生导师或硕士生导师情况，请选项填写，限报 1 项。例如：| A | 博士生导师

A. 博士生导师　　B. 硕士生导师　　C. 未担任导师

8. **工作单位**　按单位和部门公章全称填写。
9. **所在省（自治区、直辖市）**　请选项填写，限报 1 项。例如：| A | 北京市

A. 北京市　　　　B. 天津市　　　　　　C. 上海市　　　　D. 重庆市　　　E. 河北省
F. 山西省　　　　G. 内蒙古自治区　　　H. 辽宁省　　　　I. 吉林省　　　J. 黑龙江省
K. 江苏省　　　　L. 浙江省　　　　　　M. 安徽省　　　　N. 福建省　　　O. 江西省
P. 山东省　　　　Q. 河南省　　　　　　R. 湖北省　　　　S. 广东省　　　T. 湖南省
U. 海南省　　　　V. 广西壮族自治区　　W. 四川省　　　　X. 贵州省　　　Y. 云南省
Z. 西藏自治区　　1. 陕西省　　　　　　2. 甘肃省　　　　3. 青海省　　　4. 宁夏回族自治区
5. 新疆维吾尔自治区　　　　　　　　　6. 新疆生产建设兵团

10. **所属系统**　系指申请人单位的属性。请选项填写，限报 1 项。

例如：| A | 教育部直属高等院校

A. 教育部直属高等院校　B. 其他高等院校　C. 教育部直属单位　D. 其他科研机构
E. 中小学校（包括中等专业学校、技工学校、职业高中、幼儿园等）
F. 军事机关及院校　　G. 教育部各司局　　H. 国家部委机关　　I. 地方教育行政部门
J. 其他

11. **联系电话**　必须填写课题负责人的电话号码。
12. **主要参加者**　必须真正参加本课题研究工作，不含课题负责人，不包括单位领导、科研管理、财务管理、后勤服务等人员。
13. **预期成果**　系指预期取得的最终研究成果形式。请选项填写，最多选报 3 项，其中必须包含研究报告和公开发表的研究论文。例如：| A | 专著　　| D | 研究报告

A. 专著　　　　　　B. 译著　　　　　　C. 研究论文　　　　D. 研究报告
E. 工具书　　　　　F. 电脑软件　　　　G. 其他

14. **申请经费**　以万元为单位，填写阿拉伯数字，注意小数点位置。
15. 页数不够可加页，页码作相应调整。

一、数据表

课题名称						
关键词						
课题类别		学科分类		研究类型		
负责人姓名		性别	民族	出生日期		
行政职务		专业职务		研究专长		
最后学历		最后学位		担任导师		
所在省(自治区、直辖市)			所属系统			
工作单位			电子信箱			
通讯地址				邮政编码		
联系电话	(区号)	(单位)	(家庭)		(手机)	
身份证号						

主要参加者	姓名	出生年月	专业职务	研究专长	学历	学位	工作单位	签名

预期最终成果		
申请资助经费(单位:万元)	预计完成时间	

(注:国家青年和教育部青年专项的课题申报者年龄为35周岁以下,1979年7月25日之后出生)

二、负责人和课题组主要成员近五年来取得的与本课题有关的研究成果

成果名称	著作者	成果形式	发表刊物或出版单位	发表出版时间

三、负责人和课题组主要成员近五年来主持的相关重要研究课题

（请提供课题相关证书、证明复印件，如课题立项证书、结题证书）

主持人	课题名称	课题类别	批准时间	批准单位	完成情况

四、课题设计论证

1. 本课题国内外研究现状述评、选题的价值和意义；
2. 本课题研究的主要内容、基本观点、研究思路、研究方法、创新之处；
3. 前期相关研究成果，开展本课题研究的主要参考文献。

（限 4 000 字内）

说明：1. 前期相关研究成果中的成果名称、成果形式（如论文、专著、研究报告等）须与《课题论证》活页相同，活页中不能填写的成果作者、发表刊物或出版社名称、发表或出版时间等信息要在本表中加以注明。与本课题无关的成果、承担的各类项目不能作为前期成果填写；课题负责人和参加者的成果分开填写，合作者注明作者排序。申请人的成果不列入参考文献。

2. 凡以各级各类项目或博士学位论文（博士后出站报告）为基础申报的课题，须在本表中注明已承担项目或学位论文（报告）与本课题的联系和区别。

五、完成课题的可行性分析

1. 课题负责人的主要学术简历、在相关研究领域的学术积累和贡献;
2. 课题负责人前期相关研究成果的社会评价(引用、转载、获奖及被采纳情况等);
3. 完成本课题研究的时间保证、资料设备等科研条件。

(限1500字内)

六、预期研究成果

主要阶段性成果(限报8项)				
序号	研究阶段(起止时	阶段成果名称	成果形式	负责人
最终研究成果				
序号	完成时间	最终成果名称	成果形式	负责人

1. 国家一般课题应在国家一级出版社出版专著1部、在CSSCI上发表3篇系列论文。
2. 国家青年基金课题应在国家一级出版社出版专著1部、在CSSCI期刊上发表2篇系列论文。
3. 教育部重点课题应出版学术专著1部,或者在北京大学图书馆版核心期刊上发表3篇系列论文。
4. 教育部青年专项课题应出版专著1部,或者在北京大学图书馆版核心期刊上发表2篇系列论文。

七、经费概算

序号	经费开支科目	金额（元）	序号	经费开支科目	金额（元）
1	资料费		7	专家咨询费	
2	数据采集费		8	劳务费	
3	差旅费		9	印刷费	
4	会议费		10	管理费	
5	国际合作与交流		11	其他	
6	设备费			合计	
年度预算	年	年	年	年	年

注：经费开支科目参见《国家社科基金项目经费管理办法》和《全国教育科学规划课题经费管理办法》。

八、经费管理

承诺遵守财务规章制度，如实填报，严格监督课题经费的合理有效使用，保证课题经费单独立户，专款专用，不挤占和挪用课题经费，在课题结题时提供课题经费使用明细单。

收款单位全称：

开户银行：

银行账号：

汇入地点：

财务联系电话：

财务部门公章：

财务负责人签章：

年　　月　　日

九、推荐人意见

不具有副高级以上（含）专业技术职务或博士学位的申请青年项目，须由两名具有正高级专业技术职务的同行专家推荐。推荐人须认真负责地介绍课题负责人的专业水平、科研能力、科研态度和科研条件，说明该项目取得预期成果的可能性，并承担信誉保证。

第一推荐人姓名	专业职务	研究专长
工作单位	填写日期	推荐人签章
意见：		

第二推荐人姓名	专业职务	研究专长
工作单位	填写日期	推荐人签章
意见：		

说明：本表须本人亲笔签名或本人印章

十、课题负责人所在单位意见

申请书所填写的内容属实;该课题负责人及参加者的政治和业务素质适合承担本课题的研究工作;本单位能提供完成本课题所需的时间和条件;本单位同意承担本项目的管理任务和信誉保证。

单位公章:

年　月　日

十一、省级规划办、教育部直属单位、部委直属高校审核意见

本单位完全了解全国教育科学规划领导小组办公室的有关管理规定,完全意识到本声明的法律后果由本单位承担。保证课题申报的真实性,认可课题申报人及其所在单位的申报资格,同意上报全国教育科学规划领导小组办公室。

单位公章:

年　月　日

十二、负责人和课题组主要成员近五年来主持的重要研究课题

已结题相关证书、证明复印件张贴处

十三、学科评审组评审意见

评价指标	权重	指标说明	专家评分							
选题	3	主要考察选题的学术价值或应用价值，对国内外研究状况的总体把握程度。	10分	9分	8分	7分	6分	5分	4分	3分
论证	5	主要考察研究内容、基本观点、研究思路、研究方法、创新之处。	10分	9分	8分	7分	6分	5分	4分	3分
研究基础	2	主要考察课题负责人的前期相关研究成果和主要参考文献。	10分	9分	8分	7分	6分	5分	4分	3分

专家1评分	专家2评分	专家3评分	专家4评分	专家5评分	总分	票数
综合评价	是否建议入围			A.建议入围		

评审专家（签章）：

说明：
1. 本表由评审专家填写，申请人不得填写。
2. 请在"评价指标"对应的"专家评分"栏选择一个分值画圈，不能漏画，也不能多画，权重仅供参考。
3. 如建议该课题入围，请在"综合评价"栏 A 上画圈，不建议入围的不做标记。
4. 本表须评审专家本人签字或盖章有效。

登记号 ☐

全国教育科学"十二五"规划课题申请书
《课题设计论证》活页

填表说明：本表供匿名评审使用。填写时，不得出现课题申请人和课题组成员的姓名、单位名称等信息，统一用×××、××××××代表。否则，一律不得进入评审程序。活页可加页，A3纸双面印制，单独装订。

课题名称：_____

课题设计论证

1. 本课题国内外研究现状述评，选题的价值和意义。
2. 本课题研究的主要内容、基本观点、研究思路、研究方法、创新之处。
3. 前期相关研究成果，开展本课题研究的主要参考文献。

（限 4 000 字内）

说明：1. 活页文字表述中不得直接或间接透露个人信息或相关背景资料，否则取消参评资格。
   2. 课题名称要与《申请书》一致，一般不加副标题。前期相关研究成果只填成果名称、成果形式（如论文、专著、研究报告等）、作者排序、是否核心期刊等，不得填写作者姓名、单位、刊物或出版社名称、发表时间或刊期等。与本课题无关的成果、承担的各类项目等不能作为前期成果填写。课题负责人和参加者的成果分开填。合作者注明作者排序。成果名称、成果形式等须与《申请书》一致。申请人的前期成果不列入参考文献。
   3. 凡以各级各类项目或博士学位论文（博士后出站报告）为基础申报的课题，须注明已承担项目或学位论文（报告）与本课题的联系和区别。
   4. 本表须用 A3 纸双面印制，一般为 4 个 A4 版面。请用合适的字体字号（5号楷体或宋体）和行距排版。

附录5 文后参考文献著录规则（节选）

中华人民共和国国家标准 ICS 01.140.20 A 14
GB/T 7714-2005（代替 GB/T 7714-1987）
国家标准化管理委员会 2005-03-23 发布 2005-10-01 实施

附录 A

（资料性附录）
顺序编码制文后参考文献表著录格式示例

A.1 普通图书

[1] 广西壮族自治区林业厅. 广西自然保护区[M]. 北京：中国林业出版社，1993.

[2] 蒋有绪，郭泉水，马娟等. 中国森林群落分类及其群落学特征[M]. 北京：科学出版社，1998.

[3] 唐绪军. 报业经济与报业经营[M]. 北京：新华出版社，1999：117-121.

[4] 赵凯华，罗蔚茵. 新概念物理教程：力学[M]. 北京：高等教育出版社，1995.

[5] 汪昂. （增补）本草备要[M]. 石印本. 上海：同文书局，1912.

[6] CRAWFPRD W，GORMAN M. Future libraries: dreams, madness, & reality[M]. Chicago: American Library Association，1995.

[7] International Federation of Library Association and Institutions. Names of persons: national usages for entry in catalogues[M]. 3rd ed. London: IFLA International Office for UBC，1977.

[8] O'BRIEN J A. Introduction to information systems[M]. 7th ed. Burr Ridge，III.: Irwin，1994.

[9] ROOD H J. Logic and structured design for computer programmers[M]. 3rd ed. [S.1.]: Brooks/Cole-Thomson Learning，2001.

A.2 论文集、会议录

[1] 中国力学学会. 第3届全国实验流体力学学术会议论文集[C]. 天津：[出版者不详]，1990.

[2] ROSENTHALL E M. Proceedings of the Fifth Canadian Mathematical Congress，University of Montreal，1961[C]. Toronto: University of Toronto Press，1963.

[3] GANZHA V G，MAYR E W，VOROZHTSOV E V. Computer algebra in scientific computing: CASC 2000: proceedings of the Third Workshop on Computer Algebra in Scientific Computing，Samarkand，October 5-9，2000[C]. Berlin: Springer，c2000.

A.3 科技报告

[1] U. S. Department of Transportation Federal Highway Administration. Guidelines for handling excavated acid-producing materials，PB 91-194001[R]. Springfield: U. S. Department of Commerce National Information Service，1990.

[2] World Health Organization. Factors regulating the immune response: report of WHO Scientific Group[R]. Geneva: WHO，1970.

A.4 学位论文

[1] 张志祥. 间断动力系统的随机扰动及其在守恒律方程中的应用[D]. 北京：北京大学数学学院，1998.

[2] CALMS R B. Infrared spectroscopic studies on solid oxygen[D]. Berkeley：Univ. of California. 1965.

A.5 专利文献

　　[1] 刘加林．多功能一次性压舌板：中国，92214985. 2[P]. 1993-04-14.

　　[2] 河北绿洲生态环境科技有限公司．一种荒漠化地区生态植被综合培育种植方法：中国，01129210. 5 [P/OL]. 2001-10-24[2002-05-28]. http：//211.152.9.47/sipoasp/zlijs/hyjs-yxnew.asp? recid=01129210.5 &leixin.

　　[3] KOSEKI A，MOMOSE H，KAWAHITO M，et al. Compiler：US，828402[P/OL]. 2002-05-25 [2002-05-28] http：//FF&p=1&u-netahtml/ PTO/search-bool. html &r=5&f=G&1=50&col =AND&d=PG0l&sl=IBM. AS.& 0S=AN/IBM&RS=AN/IBM.

A.6 专著中析出的文献

　　[1] 国家标准局信息分类编码研究所 GB/T 2659-1986 世界各国和地区名称代码[S]//全国文献工作标准化技术委员会．文献工作国家标准汇编：3. 北京：中国标准出版社，1988：59-92.

　　[2] 韩吉人．论职工教育的特点[G]//中国职工教育研究会，职工教育研究论文集．北京：人民教育出版社，1985：90-99.

　　[3] BUSECK P R，NORD G L，Jr.，VEBLEN D R. Subsolidus phenomena in pyroxenes[M]//PREWITT C T. Pyroxense. Washington，D. C.：Mineralogical Society of America，c1980：117-211.

　　[4] FOURNEY M E. Advances in holographic photoelasticity[C]//American Society of Mechanical Engineers. Applied Mechanics Division. Symposium on Applications of Holography in Mechanics，August 23-25，1971，University of Southern California，Los Angeles，California. New York：ASME，c1971：17-38.

　　[5] MARTIN G. Control of electronic resources in Australia[M]//PATTLE L W，COX B J. Electronic resources：selection and bibliographic control. New York：The Haworth Press，1996：85-96.

A.7 期刊中析出的文献

　　[1] 李炳穆．理想的图书馆员和信息专家的素质与形象[J]. 图书情报工作，2000（2）：5-8.

　　[2] 陶仁骥．密码学与数学[J]. 自然杂志，1984，7（7）：527.

　　[3] 亚洲地质图编目组．亚洲地层与地质历史概述[J]. 地质学报，1978，3：194-208.

　　[4] DES MARAIS D J，STRAUSS H，SUMMONS R E，et al. Carbon isotope evidence for the stepwise oxidation of the Proterozoic environment[J]. Nature，1992，359：605-609.

　　[5] HEWITT J A. Technical services in 1983[J]. Library Resource Services，1984，28（3）：205 -218.

A.8 报纸中析出的文献

　　[1] 丁文祥．数字革命与竞争国际化[N]. 中国青年报，2000-11-20（5）.

　　[2] 张田勤．罪犯 DNA 库与生命伦理学计划[N]. 大众科技报，2000-11-12（7）.

A.9 电子文献（包括专著或连续出版物中析出的电子文献）

　　[1] 江向东．互联网环境下的信息处理与图书管理系统解决方案[J/OL]. 情报学报，1999，18（2）：4[2000-01-18]. http：//www.chinainfo.gov.cn/periodical/qbxb/qbxb99/qbxb990203.

　　[2] 萧钮．出版业信息化迈入快车道[EB/OL].（2001-12-19）[2002-04-15] http：//www.creader.com/news/20011219/200112190019. html.

　　[3] CHRISTINE M. Plant physiology：plant biology in the Genome Era[J/OL]. Science，1998，281：331-332 [1998-09-23]. http：//www. sciencemag.org/cgi/collection/anatmorp.

　　[4] METCALF S W. The Tort Hall air emission study[C/OL]//The International Congress on Hazardous Waste，Atlanta Marriott Marquis Hotel，Atlanta，Georgia，June5-8，1995：impact on human and ecological health[1998-09-22]. http：//atsdrl.atsdr.cdc.gov：8080/cong95.html.

[5] TURCOTTE D L. Fractals and chaos in geology and geophysics[M/OL]. New York: Cambridge University Press, 1992[1998-09-23]. http://www.seg.org/reviews/ mccorm30.html.

[6] Scitor Corporation. Project scheduler[CP/DK]. Sunnyvale, Calif.: Scitor Corporation, c1983.

附录 B

（资料性附录）

文献类型和电子文献载体标志代码

B.1 文献类型和标志代码

表 B.1 文献类型和标志代码

文献类型	标志代码
普通图书	M
会议录	C
汇编	G
报纸	N
期刊	J
学位论文	D
报告	R
标准	S
专利	P
数据库	DB
计算机程序	CP
电子公告	EB

B.2 电子文献载体和标志代码

表 B.2 电子文献载体和标志代码

载体类型	标志代码
磁带（magnetic tape）	MT
磁盘（disk）	DK
光盘（CD-ROM）	CD
联机网络（online）	OL

附录6 常用统计分布表

附表1 U分布表

$$\Phi(x) = \frac{1}{\sqrt{2\pi}} \int_{-\infty}^{x} e^{-\frac{t^2}{2}} dt (x \geq 0)$$

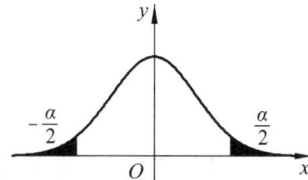

x	0.00	0.01	0.02	0.03	0.04	0.05	0.06	0.07	0.08	0.09
0.0	0.50000	0.50399	0.50798	0.51197	0.51595	0.51994	0.52392	0.52790	0.53188	0.53586
0.1	0.53983	0.54380	0.54776	0.55172	0.55567	0.55962	0.56356	0.56749	0.57142	0.57535
0.2	0.57926	0.58317	0.58706	0.59095	0.59483	0.59871	0.60257	0.60642	0.61026	0.61409
0.3	0.61791	0.62172	0.62552	0.62930	0.63307	0.63683	0.64058	0.64431	0.64803	0.65173
0.4	0.65542	0.65910	0.66276	0.66640	0.67003	0.67364	0.67724	0.68082	0.68439	0.68793
0.5	0.69146	0.69497	0.69847	0.70194	0.70540	0.70884	0.71226	0.71566	0.71904	0.72240
0.6	0.72575	0.72907	0.73237	0.73565	0.73891	0.74215	0.74537	0.74857	0.75175	0.75490
0.7	0.75804	0.76115	0.76424	0.76730	0.77035	0.77337	0.77637	0.77935	0.78230	0.78524
0.8	0.78814	0.79103	0.79389	0.79673	0.79955	0.80234	0.80511	0.80785	0.81057	0.81327
0.9	0.81594	0.81859	0.82121	0.82381	0.82639	0.82894	0.83147	0.83398	0.83646	0.83891
1.0	0.84134	0.84375	0.84614	0.84849	0.85083	0.85314	0.85543	0.85769	0.85993	0.86214
1.1	0.86433	0.86650	0.86864	0.87076	0.87286	0.87493	0.87698	0.87900	0.88100	0.88298
1.2	0.88493	0.88686	0.88877	0.89065	0.89251	0.89435	0.89617	0.89796	0.89973	0.90147
1.3	0.90320	0.90490	0.90658	0.90824	0.90988	0.91149	0.91309	0.91466	0.91621	0.91774
1.4	0.91924	0.92073	0.92220	0.92364	0.92507	0.92647	0.92785	0.92922	0.93056	0.93189
1.5	0.93319	0.93448	0.93574	0.93699	0.93822	0.93943	0.94062	0.94179	0.94295	0.94408
1.6	0.94520	0.94630	0.94738	0.94845	0.94950	0.95053	0.95154	0.95254	0.95352	0.95449
1.7	0.95543	0.95637	0.95728	0.95818	0.95907	0.95994	0.96080	0.96164	0.96246	0.96327
1.8	0.96407	0.96485	0.96562	0.96638	0.96712	0.96784	0.96856	0.96926	0.96995	0.97062
1.9	0.97128	0.97193	0.97257	0.97320	0.97381	0.97441	0.97500	0.97558	0.97615	0.97670
2.0	0.97725	0.97778	0.97831	0.97882	0.97932	0.97982	0.98030	0.98077	0.98124	0.98169
2.1	0.98214	0.98257	0.98300	0.98341	0.98382	0.98422	0.98461	0.98500	0.98537	0.98574
2.2	0.98610	0.98645	0.98679	0.98713	0.98745	0.98778	0.98809	0.98840	0.98870	0.98899
2.3	0.98928	0.98956	0.98983	0.99010	0.99036	0.99061	0.99086	0.99111	0.99134	0.99158
2.4	0.99180	0.99202	0.99224	0.99245	0.99266	0.99286	0.99305	0.99324	0.99343	0.99361
2.5	0.99379	0.99396	0.99413	0.99430	0.99446	0.99461	0.99477	0.99492	0.99506	0.99520
2.6	0.99534	0.99547	0.99560	0.99573	0.99585	0.99598	0.99609	0.99621	0.99632	0.99643
2.7	0.99653	0.99664	0.99674	0.99683	0.99693	0.99702	0.99711	0.99720	0.99728	0.99736
2.8	0.99744	0.99752	0.99760	0.99767	0.99774	0.99781	0.99788	0.99795	0.99801	0.99807
2.9	0.99813	0.99819	0.99825	0.99831	0.99836	0.99841	0.99846	0.99851	0.99856	0.99861
3.0	0.99865	0.99869	0.99874	0.99878	0.99882	0.99886	0.99889	0.99893	0.99896	0.99900
3.1	0.99903	0.99906	0.99910	0.99913	0.99916	0.99918	0.99921	0.99924	0.99926	0.99929
3.2	0.99931	0.99934	0.99936	0.99938	0.99940	0.99942	0.99944	0.99946	0.99948	0.99950
3.3	0.99952	0.99953	0.99955	0.99957	0.99958	0.99960	0.99961	0.99962	0.99964	0.99965
3.4	0.99966	0.99968	0.99969	0.99970	0.99971	0.99972	0.99973	0.99974	0.99975	0.99976
3.5	0.99977	0.99978	0.99978	0.99979	0.99980	0.99981	0.99981	0.99982	0.99983	0.99983
3.6	0.99984	0.99985	0.99985	0.99986	0.99986	0.99987	0.99987	0.99988	0.99988	0.99989
3.7	0.99989	0.99990	0.99990	0.99990	0.99991	0.99991	0.99992	0.99992	0.99992	0.99992
3.8	0.99993	0.99993	0.99993	0.99994	0.99994	0.99994	0.99994	0.99995	0.99995	0.99995
3.9	0.99995	0.99995	0.99996	0.99996	0.99996	0.99996	0.99996	0.99996	0.99997	0.99997

附表2　t分布表

$P(|t(n)| \geq t_\alpha) = \alpha$

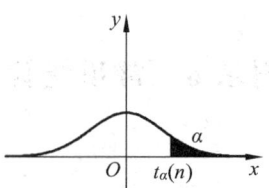

n	α												
	0.900	0.800	0.700	0.600	0.500	0.400	0.300	0.200	0.100	0.050	0.020	0.010	0.001
1	0.158	0.325	0.510	0.727	1.000	1.376	1.963	3.078	6.314	12.71	31.82	63.66	636.6
2	0.142	0.289	0.445	0.617	0.816	1.061	1.386	1.886	2.920	4.303	6.965	9.925	31.60
3	0.137	0.277	0.424	0.584	0.765	0.978	1.250	1.638	2.353	3.182	4.541	5.841	12.92
4	0.134	0.271	0.414	0.569	0.741	0.941	1.190	1.533	2.132	2.776	3.747	4.604	8.610
5	0.132	0.267	0.408	0.559	0.727	0.920	1.156	1.476	2.015	2.571	3.365	4.032	6.869
6	0.131	0.265	0.404	0.553	0.718	0.906	1.134	1.440	1.943	2.447	3.143	3.707	5.959
7	0.130	0.263	0.402	0.549	0.711	0.896	1.119	1.415	1.895	2.365	2.998	3.499	5.408
8	0.130	0.262	0.399	0.546	0.706	0.889	1.108	1.397	1.860	2.306	2.896	3.355	5.041
9	0.129	0.261	0.398	0.543	0.703	0.883	1.100	1.383	1.833	2.262	2.821	3.250	4.781
10	0.129	0.260	0.397	0.542	0.700	0.879	1.093	1.372	1.812	2.228	2.764	3.169	4.587
11	0.129	0.260	0.396	0.540	0.697	0.876	1.088	1.363	1.796	2.201	2.718	3.106	4.437
12	0.128	0.259	0.395	0.539	0.695	0.873	1.083	1.356	1.782	2.179	2.681	3.055	4.318
13	0.128	0.259	0.394	0.538	0.694	0.870	1.079	1.350	1.771	2.160	2.650	3.012	4.221
14	0.128	0.258	0.393	0.537	0.692	0.868	1.076	1.345	1.761	2.145	2.624	2.977	4.140
15	0.128	0.258	0.393	0.536	0.691	0.866	1.074	1.341	1.753	2.131	2.602	2.947	4.073
16	0.128	0.258	0.392	0.535	0.690	0.865	1.071	1.337	1.746	2.120	2.583	2.921	4.015
17	0.128	0.257	0.392	0.534	0.689	0.863	1.069	1.333	1.740	2.110	2.567	2.898	3.965
18	0.127	0.257	0.392	0.534	0.688	0.862	1.067	1.330	1.734	2.101	2.552	2.878	3.922
19	0.127	0.257	0.391	0.533	0.688	0.861	1.066	1.328	1.729	2.093	2.539	2.861	3.883
20	0.127	0.257	0.391	0.533	0.687	0.860	1.064	1.325	1.725	2.086	2.528	2.845	3.850
21	0.127	0.257	0.391	0.532	0.686	0.859	1.063	1.323	1.721	2.080	2.518	2.831	3.819
22	0.127	0.256	0.390	0.532	0.686	0.858	1.061	1.321	1.717	2.074	2.508	2.819	3.792
23	0.127	0.256	0.390	0.532	0.685	0.858	1.060	1.319	1.714	2.069	2.500	2.807	3.768
24	0.127	0.256	0.390	0.531	0.685	0.857	1.059	1.318	1.711	2.064	2.492	2.797	3.745
25	0.127	0.256	0.390	0.531	0.684	0.856	1.058	1.316	1.708	2.060	2.485	2.787	3.725
26	0.127	0.256	0.390	0.531	0.684	0.856	1.058	1.315	1.706	2.056	2.479	2.779	3.707
27	0.127	0.256	0.389	0.531	0.684	0.855	1.057	1.314	1.703	2.052	2.473	2.771	3.690
28	0.127	0.256	0.389	0.530	0.683	0.855	1.056	1.313	1.701	2.048	2.467	2.763	3.674
29	0.127	0.256	0.389	0.530	0.683	0.854	1.055	1.311	1.699	2.045	2.462	2.756	3.659
30	0.127	0.256	0.389	0.530	0.683	0.854	1.055	1.310	1.697	2.042	2.457	2.750	3.646
31	0.127	0.256	0.389	0.530	0.682	0.853	1.054	1.309	1.696	2.040	2.453	2.744	3.633
32	0.127	0.255	0.389	0.530	0.682	0.853	1.054	1.309	1.694	2.037	2.449	2.738	3.622
33	0.127	0.255	0.389	0.530	0.682	0.853	1.053	1.308	1.692	2.035	2.445	2.733	3.611
34	0.127	0.255	0.389	0.529	0.682	0.852	1.052	1.307	1.691	2.032	2.441	2.728	3.601
35	0.127	0.255	0.388	0.529	0.682	0.852	1.052	1.306	1.690	2.030	2.438	2.724	3.591
36	0.127	0.255	0.388	0.529	0.681	0.852	1.052	1.306	1.688	2.028	2.434	2.719	3.582
37	0.127	0.255	0.388	0.529	0.681	0.851	1.051	1.305	1.687	2.026	2.431	2.715	3.574
38	0.127	0.255	0.388	0.529	0.681	0.851	1.051	1.304	1.686	2.024	2.429	2.712	3.566
39	0.126	0.255	0.388	0.529	0.681	0.851	1.050	1.304	1.685	2.023	2.426	2.708	3.558
40	0.126	0.255	0.388	0.529	0.681	0.851	1.050	1.303	1.684	2.021	2.423	2.704	3.551
60	0.126	0.254	0.387	0.527	0.679	0.848	1.045	1.296	1.671	2.000	2.390	2.660	3.460
120	0.126	0.254	0.386	0.526	0.677	0.845	1.041	1.289	1.658	1.980	2.358	2.617	3.373
∞	0.126	0.253	0.385	0.524	0.674	0.842	1.036	1.282	1.645	1.960	2.326	2.576	3.291

附表3 χ^2分布表

$P(\chi^2(n) \geq \chi_\alpha^2(n)) = \alpha$

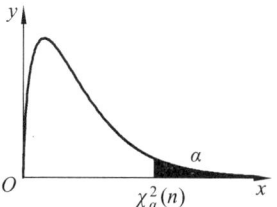

n	α									
	0.995	0.990	0.975	0.950	0.900	0.100	0.050	0.025	0.010	0.005
1	0.00	0.000	0.001	0.004	0.016	2.706	3.841	5.024	6.635	7.879
2	0.010	0.020	0.051	0.103	0.211	4.605	5.991	7.378	9.210	10.597
3	0.072	0.115	0.216	0.352	0.584	6.251	7.815	9.348	11.345	12.838
4	0.207	0.297	0.484	0.711	1.064	7.779	9.488	11.143	13.277	14.860
5	0.412	0.554	0.831	1.145	1.610	9.236	11.070	12.833	15.086	16.750
6	0.676	0.872	1.237	1.635	2.204	10.645	12.592	14.449	16.812	18.548
7	0.989	1.239	1.690	2.167	2.833	12.017	14.067	16.013	18.475	20.278
8	1.344	1.646	2.180	2.733	3.490	13.362	15.507	17.535	20.090	21.955
9	1.735	2.088	2.700	3.325	4.168	14.684	16.919	19.023	21.666	23.589
10	2.156	2.558	3.247	3.940	4.865	15.987	18.307	20.483	23.209	25.188
11	2.603	3.053	3.816	4.575	5.578	17.275	19.675	21.920	24.725	26.757
12	3.074	3.571	4.404	5.226	6.304	18.549	21.026	23.337	26.217	28.300
13	3.565	4.107	5.009	5.892	7.042	19.812	22.362	24.736	27.688	29.819
14	4.075	4.660	5.629	6.571	7.790	21.064	23.685	26.119	29.141	31.319
15	4.601	5.229	6.262	7.261	8.547	22.307	24.996	27.488	30.578	32.801
16	5.142	5.812	6.908	7.962	9.312	23.542	26.296	28.845	32.000	34.267
17	5.697	6.408	7.564	8.672	10.085	24.769	27.587	30.191	33.409	35.718
18	6.265	7.015	8.231	9.390	10.865	25.989	28.869	31.526	34.805	37.156
19	6.844	7.633	8.907	10.117	11.651	27.204	30.144	32.852	36.191	38.582
20	7.434	8.260	9.591	10.851	12.443	28.412	31.410	34.170	37.566	39.997
21	8.034	8.897	10.283	11.591	13.240	29.615	32.671	35.479	38.932	41.401
22	8.643	9.542	10.982	12.338	14.041	30.813	33.924	36.781	40.289	42.796
23	9.260	10.196	11.689	13.091	14.848	32.007	35.172	38.076	41.638	44.181
24	9.886	10.856	12.401	13.848	15.659	33.196	36.415	39.364	42.980	45.559
25	10.520	11.524	13.120	14.611	16.473	34.382	37.652	40.646	44.314	46.928
26	11.160	12.198	13.844	15.379	17.292	35.563	38.885	41.923	45.642	48.290
27	11.808	12.879	14.573	16.151	18.114	36.741	40.113	43.195	46.963	49.645
28	12.461	13.565	15.308	16.928	18.939	37.916	41.337	44.461	48.278	50.993
29	13.121	14.256	16.047	17.708	19.768	39.087	42.557	45.722	49.588	52.336
30	13.787	14.953	16.791	18.493	20.599	40.256	43.773	46.979	50.892	53.672
31	14.458	15.655	17.539	19.281	21.434	41.422	44.985	48.232	52.191	55.003
32	15.134	16.362	18.291	20.072	22.271	42.585	46.194	49.480	53.486	56.328
33	15.815	17.074	19.047	20.867	23.110	43.745	47.400	50.725	54.776	57.648
34	16.501	17.789	19.806	21.664	23.952	44.903	48.602	51.966	56.061	58.964
35	17.192	18.509	20.569	22.465	24.797	46.059	49.802	53.203	57.342	60.275
36	17.887	19.233	21.336	23.269	25.643	47.212	50.998	54.437	58.619	61.581
37	18.586	19.960	22.106	24.075	26.492	48.363	52.192	55.668	59.893	62.883
38	19.289	20.691	22.878	24.884	27.343	49.513	53.384	56.896	61.162	64.181
39	19.996	21.426	23.654	25.695	28.196	50.660	54.572	58.120	62.428	65.476
40	20.707	22.164	24.433	26.509	29.051	51.805	55.758	59.342	63.691	66.766

当 $n > 40$ 时，$\chi_\alpha^2(n) \approx \dfrac{1}{2}\left(u_\alpha + \sqrt{2n-2}\right)^2$

附表4 F分布表

$P(F(m,n) > F_\alpha(m,n)) = \alpha \quad (\alpha = 0.10)$

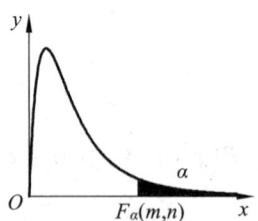

n \ m	1	2	3	4	5	6	7	8	9	10
1	39.86	49.50	53.59	55.83	57.24	58.20	58.91	59.44	59.86	60.19
2	8.53	9.00	9.16	9.24	9.29	9.33	9.35	9.37	9.38	9.39
3	5.54	5.46	5.39	5.34	5.31	5.28	5.27	5.25	5.24	5.23
4	4.54	4.32	4.19	4.11	4.05	4.01	3.98	3.95	3.94	3.92
5	4.06	3.78	3.62	3.52	3.45	3.40	3.37	3.34	3.32	3.30
6	3.78	3.46	3.29	3.18	3.11	3.05	3.01	2.98	2.96	2.94
7	3.59	3.26	3.07	2.96	2.88	2.83	2.78	2.75	2.72	2.70
8	3.46	3.11	2.92	2.81	2.73	2.67	2.62	2.59	2.56	2.54
9	3.36	3.01	2.81	2.69	2.61	2.55	2.51	2.47	2.44	2.42
10	3.29	2.92	2.73	2.61	2.52	2.46	2.41	2.38	2.35	2.32
11	3.23	2.86	2.66	2.54	2.45	2.39	2.34	2.30	2.27	2.25
12	3.18	2.81	2.61	2.48	2.39	2.33	2.28	2.24	2.21	2.19
13	3.14	2.76	2.56	2.43	2.35	2.28	2.23	2.20	2.16	2.14
14	3.10	2.73	2.52	2.39	2.31	2.24	2.19	2.15	2.12	2.10
15	3.07	2.70	2.49	2.36	2.27	2.21	2.16	2.12	2.09	2.06
16	3.05	2.67	2.46	2.33	2.24	2.18	2.13	2.09	2.06	2.03
17	3.03	2.64	2.44	2.31	2.22	2.15	2.10	2.06	2.03	2.00
18	3.01	2.62	2.42	2.29	2.20	2.13	2.08	2.04	2.00	1.98
19	2.99	2.61	2.40	2.27	2.18	2.11	2.06	2.02	1.98	1.96
20	2.97	2.59	2.38	2.25	2.16	2.09	2.04	2.00	1.96	1.94
21	2.96	2.57	2.36	2.23	2.14	2.08	2.02	1.98	1.95	1.92
22	2.95	2.56	2.35	2.22	2.13	2.06	2.01	1.97	1.93	1.90
23	2.94	2.55	2.34	2.21	2.11	2.05	1.99	1.95	1.92	1.89
24	2.93	2.54	2.33	2.19	2.10	2.04	1.98	1.94	1.91	1.88
25	2.92	2.53	2.32	2.18	2.09	2.02	1.97	1.93	1.89	1.87
26	2.91	2.52	2.31	2.17	2.08	2.01	1.96	1.92	1.88	1.86
27	2.90	2.51	2.30	2.17	2.07	2.00	1.95	1.91	1.87	1.85
28	2.89	2.50	2.29	2.16	2.06	2.00	1.94	1.90	1.87	1.84
29	2.89	2.50	2.28	2.15	2.06	1.99	1.93	1.89	1.86	1.83
30	2.88	2.49	2.28	2.14	2.05	1.98	1.93	1.88	1.85	1.82
31	2.87	2.48	2.27	2.14	2.04	1.97	1.92	1.88	1.84	1.81
32	2.87	2.48	2.26	2.13	2.04	1.97	1.91	1.87	1.83	1.81
33	2.86	2.47	2.26	2.12	2.03	1.96	1.91	1.86	1.83	1.80
34	2.86	2.47	2.25	2.12	2.02	1.96	1.90	1.86	1.82	1.79
35	2.85	2.46	2.25	2.11	2.02	1.95	1.90	1.85	1.82	1.79
36	2.85	2.46	2.24	2.11	2.01	1.94	1.89	1.85	1.81	1.78
37	2.85	2.45	2.24	2.10	2.01	1.94	1.89	1.84	1.81	1.78
38	2.84	2.45	2.23	2.10	2.01	1.94	1.88	1.84	1.80	1.77
39	2.84	2.44	2.23	2.09	2.00	1.93	1.88	1.83	1.80	1.77
40	2.84	2.44	2.23	2.09	2.00	1.93	1.87	1.83	1.79	1.76
60	2.79	2.39	2.18	2.04	1.95	1.87	1.82	1.77	1.74	1.71
120	2.75	2.35	2.13	1.99	1.90	1.82	1.77	1.72	1.68	1.65
∞	2.71	2.30	2.08	1.94	1.85	1.77	1.72	1.67	1.63	1.60

附表4　F分布表（续1）

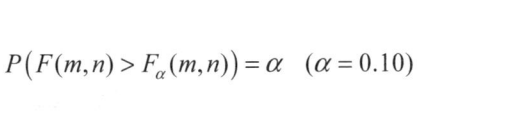

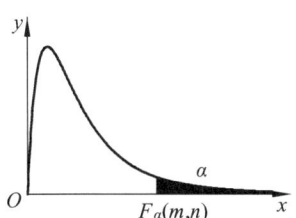

$$P(F(m,n) > F_\alpha(m,n)) = \alpha \quad (\alpha = 0.10)$$

n	m								
	12	15	20	24	30	40	60	120	∞
1	60.71	61.22	61.74	62.00	62.26	62.53	62.79	63.06	63.33
2	9.41	9.42	9.44	9.45	9.46	9.47	9.47	9.48	9.49
3	5.22	5.20	5.18	5.18	5.17	5.16	5.15	5.14	5.13
4	3.90	3.87	3.84	3.83	3.82	3.80	3.79	3.78	3.76
5	3.27	3.24	3.21	3.19	3.17	3.16	3.14	3.12	3.10
6	2.90	2.87	2.84	2.82	2.80	2.78	2.76	2.74	2.72
7	2.67	2.63	2.59	2.58	2.56	2.54	2.51	2.49	2.47
8	2.50	2.46	2.42	2.40	2.38	2.36	2.34	2.32	2.29
9	2.38	2.34	2.30	2.28	2.25	2.23	2.21	2.18	2.16
10	2.28	2.24	2.20	2.18	2.16	2.13	2.11	2.08	2.06
11	2.21	2.17	2.12	2.10	2.08	2.05	2.03	2.00	1.97
12	2.15	2.10	2.06	2.04	2.01	1.99	1.96	1.93	1.90
13	2.10	2.05	2.01	1.98	1.96	1.93	1.90	1.88	1.85
14	2.05	2.01	1.96	1.94	1.91	1.89	1.86	1.83	1.80
15	2.02	1.97	1.92	1.90	1.87	1.85	1.82	1.79	1.76
16	1.99	1.94	1.89	1.87	1.84	1.81	1.78	1.75	1.72
17	1.96	1.91	1.86	1.84	1.81	1.78	1.75	1.72	1.69
18	1.93	1.89	1.84	1.81	1.78	1.75	1.72	1.69	1.66
19	1.91	1.86	1.81	1.79	1.76	1.73	1.70	1.67	1.63
20	1.89	1.84	1.79	1.77	1.74	1.71	1.68	1.64	1.61
21	1.87	1.83	1.78	1.75	1.72	1.69	1.66	1.62	1.59
22	1.86	1.81	1.76	1.73	1.70	1.67	1.64	1.60	1.57
23	1.84	1.80	1.74	1.72	1.69	1.66	1.62	1.59	1.55
24	1.83	1.78	1.73	1.70	1.67	1.64	1.61	1.57	1.53
25	1.82	1.77	1.72	1.69	1.66	1.63	1.59	1.56	1.52
26	1.81	1.76	1.71	1.68	1.65	1.61	1.58	1.54	1.50
27	1.80	1.75	1.70	1.67	1.64	1.60	1.57	1.53	1.49
28	1.79	1.74	1.69	1.66	1.63	1.59	1.56	1.52	1.48
29	1.78	1.73	1.68	1.65	1.62	1.58	1.55	1.51	1.47
30	1.77	1.72	1.67	1.64	1.61	1.57	1.54	1.50	1.46
31	1.77	1.71	1.66	1.63	1.60	1.56	1.53	1.49	1.45
32	1.76	1.71	1.65	1.62	1.59	1.56	1.52	1.48	1.44
33	1.75	1.70	1.64	1.61	1.58	1.55	1.51	1.47	1.43
34	1.75	1.69	1.64	1.61	1.58	1.54	1.50	1.46	1.42
35	1.74	1.69	1.63	1.60	1.57	1.53	1.50	1.46	1.42
36	1.73	1.68	1.63	1.60	1.56	1.53	1.49	1.45	1.41
37	1.73	1.68	1.62	1.59	1.56	1.52	1.48	1.44	1.40
38	1.72	1.67	1.61	1.58	1.55	1.52	1.48	1.44	1.40
39	1.72	1.67	1.61	1.58	1.55	1.51	1.47	1.43	1.39
40	1.71	1.66	1.61	1.57	1.54	1.51	1.47	1.42	1.38
60	1.66	1.60	1.54	1.51	1.48	1.44	1.40	1.35	1.29
120	1.60	1.55	1.48	1.45	1.41	1.37	1.32	1.26	1.19
∞	1.55	1.49	1.42	1.38	1.34	1.30	1.24	1.17	1.00

附表4　F分布表（续2）

$$P(F(m,n) > F_\alpha(m,n)) = \alpha \quad (\alpha = 0.05)$$

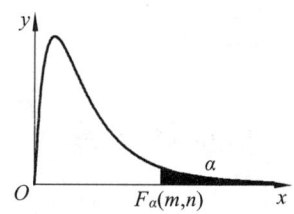

n	m									
	1	2	3	4	5	6	7	8	9	10
1	161.45	199.50	215.71	224.58	230.16	233.99	236.77	238.88	240.54	241.88
2	18.51	19.00	19.16	19.25	19.30	19.33	19.35	19.37	19.38	19.40
3	10.13	9.55	9.28	9.12	9.01	8.94	8.89	8.85	8.81	8.79
4	7.71	6.94	6.59	6.39	6.26	6.16	6.09	6.04	6.00	5.96
5	6.61	5.79	5.41	5.19	5.05	4.95	4.88	4.82	4.77	4.74
6	5.99	5.14	4.76	4.53	4.39	4.28	4.21	4.15	4.10	4.06
7	5.59	4.74	4.35	4.12	3.97	3.87	3.79	3.73	3.68	3.64
8	5.32	4.46	4.07	3.84	3.69	3.58	3.50	3.44	3.39	3.35
9	5.12	4.26	3.86	3.63	3.48	3.37	3.29	3.23	3.18	3.14
10	4.96	4.10	3.71	3.48	3.33	3.22	3.14	3.07	3.02	2.98
11	4.84	3.98	3.59	3.36	3.20	3.09	3.01	2.95	2.90	2.85
12	4.75	3.89	3.49	3.26	3.11	3.00	2.91	2.85	2.80	2.75
13	4.67	3.81	3.41	3.18	3.03	2.92	2.83	2.77	2.71	2.67
14	4.60	3.74	3.34	3.11	2.96	2.85	2.76	2.70	2.65	2.60
15	4.54	3.68	3.29	3.06	2.90	2.79	2.71	2.64	2.59	2.54
16	4.49	3.63	3.24	3.01	2.85	2.74	2.66	2.59	2.54	2.49
17	4.45	3.59	3.20	2.96	2.81	2.70	2.61	2.55	2.49	2.45
18	4.41	3.55	3.16	2.93	2.77	2.66	2.58	2.51	2.46	2.41
19	4.38	3.52	3.13	2.90	2.74	2.63	2.54	2.48	2.42	2.38
20	4.35	3.49	3.10	2.87	2.71	2.60	2.51	2.45	2.39	2.35
21	4.32	3.47	3.07	2.84	2.68	2.57	2.49	2.42	2.37	2.32
22	4.30	3.44	3.05	2.82	2.66	2.55	2.46	2.40	2.34	2.30
23	4.28	3.42	3.03	2.80	2.64	2.53	2.44	2.37	2.32	2.27
24	4.26	3.40	3.01	2.78	2.62	2.51	2.42	2.36	2.30	2.25
25	4.24	3.39	2.99	2.76	2.60	2.49	2.40	2.34	2.28	2.24
26	4.23	3.37	2.98	2.74	2.59	2.47	2.39	2.32	2.27	2.22
27	4.21	3.35	2.96	2.73	2.57	2.46	2.37	2.31	2.25	2.20
28	4.20	3.34	2.95	2.71	2.56	2.45	2.36	2.29	2.24	2.19
29	4.18	3.33	2.93	2.70	2.55	2.43	2.35	2.28	2.22	2.18
30	4.17	3.32	2.92	2.69	2.53	2.42	2.33	2.27	2.21	2.16
31	4.16	3.30	2.91	2.68	2.52	2.41	2.32	2.25	2.20	2.15
32	4.15	3.29	2.90	2.67	2.51	2.40	2.31	2.24	2.19	2.14
33	4.14	3.28	2.89	2.66	2.50	2.39	2.30	2.23	2.18	2.13
34	4.13	3.28	2.88	2.65	2.49	2.38	2.29	2.23	2.17	2.12
35	4.12	3.27	2.87	2.64	2.49	2.37	2.29	2.22	2.16	2.11
36	4.11	3.26	2.87	2.63	2.48	2.36	2.28	2.21	2.15	2.11
37	4.11	3.25	2.86	2.63	2.47	2.36	2.27	2.20	2.14	2.10
38	4.10	3.24	2.85	2.62	2.46	2.35	2.26	2.19	2.14	2.09
39	4.09	3.24	2.85	2.61	2.46	2.34	2.26	2.19	2.13	2.08
40	4.08	3.23	2.84	2.61	2.45	2.34	2.25	2.18	2.12	2.08
60	4.00	3.15	2.76	2.53	2.37	2.25	2.17	2.10	2.04	1.99
120	3.92	3.07	2.68	2.45	2.29	2.18	2.09	2.02	1.96	1.91
∞	3.84	3.00	2.60	2.37	2.21	2.10	2.01	1.94	1.88	1.83

附表4 F分布表(续3)

$$P(F(m,n) > F_\alpha(m,n)) = \alpha \quad (\alpha = 0.05)$$

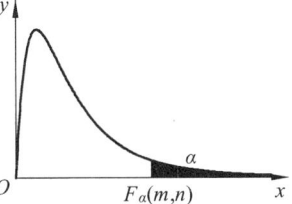

n	m								
	12	15	20	24	30	40	60	120	∞
1	243.91	245.95	248.01	249.05	250.10	251.14	252.20	253.25	254.3
2	19.41	19.43	19.45	19.45	19.46	19.47	19.48	19.49	19.50
3	8.74	8.70	8.66	8.64	8.62	8.59	8.57	8.55	8.53
4	5.91	5.86	5.80	5.77	5.75	5.72	5.69	5.66	5.63
5	4.68	4.62	4.56	4.53	4.50	4.46	4.43	4.40	4.36
6	4.00	3.94	3.87	3.84	3.81	3.77	3.74	3.70	3.67
7	3.57	3.51	3.44	3.41	3.38	3.34	3.30	3.27	3.23
8	3.28	3.22	3.15	3.12	3.08	3.04	3.01	2.97	2.93
9	3.07	3.01	2.94	2.90	2.86	2.83	2.79	2.75	2.71
10	2.91	2.85	2.77	2.74	2.70	2.66	2.62	2.58	2.54
11	2.79	2.72	2.65	2.61	2.57	2.53	2.49	2.45	2.40
12	2.69	2.62	2.54	2.51	2.47	2.43	2.38	2.34	2.30
13	2.60	2.53	2.46	2.42	2.38	2.34	2.30	2.25	2.21
14	2.53	2.46	2.39	2.35	2.31	2.27	2.22	2.18	2.13
15	2.48	2.40	2.33	2.29	2.25	2.20	2.16	2.11	2.07
16	2.42	2.35	2.28	2.24	2.19	2.15	2.11	2.06	2.01
17	2.38	2.31	2.23	2.19	2.15	2.10	2.06	2.01	1.96
18	2.34	2.27	2.19	2.15	2.11	2.06	2.02	1.97	1.92
19	2.31	2.23	2.16	2.11	2.07	2.03	1.98	1.93	1.88
20	2.28	2.20	2.12	2.08	2.04	1.99	1.95	1.90	1.84
21	2.25	2.18	2.10	2.05	2.01	1.96	1.92	1.87	1.81
22	2.23	2.15	2.07	2.03	1.98	1.94	1.89	1.84	1.78
23	2.20	2.13	2.05	2.01	1.96	1.91	1.86	1.81	1.76
24	2.18	2.11	2.03	1.98	1.94	1.89	1.84	1.79	1.73
25	2.16	2.09	2.01	1.96	1.92	1.87	1.82	1.77	1.71
26	2.15	2.07	1.99	1.95	1.90	1.85	1.80	1.75	1.69
27	2.13	2.06	1.97	1.93	1.88	1.84	1.79	1.73	1.67
28	2.12	2.04	1.96	1.91	1.87	1.82	1.77	1.71	1.65
29	2.10	2.03	1.94	1.90	1.85	1.81	1.75	1.70	1.64
30	2.09	2.01	1.93	1.89	1.84	1.79	1.74	1.68	1.62
31	2.08	2.00	1.92	1.88	1.83	1.78	1.73	1.67	1.61
32	2.07	1.99	1.91	1.86	1.82	1.77	1.71	1.66	1.60
33	2.06	1.98	1.90	1.85	1.81	1.76	1.70	1.64	1.59
34	2.05	1.97	1.89	1.84	1.80	1.75	1.69	1.63	1.58
35	2.04	1.96	1.88	1.83	1.79	1.74	1.68	1.62	1.57
36	2.03	1.95	1.87	1.82	1.78	1.73	1.67	1.61	1.56
37	2.02	1.95	1.86	1.82	1.77	1.72	1.66	1.60	1.55
38	2.02	1.94	1.85	1.81	1.76	1.71	1.65	1.59	1.53
39	2.01	1.93	1.85	1.80	1.75	1.70	1.65	1.58	1.52
40	2.00	1.92	1.84	1.79	1.74	1.69	1.64	1.58	1.51
60	1.92	1.84	1.75	1.70	1.65	1.59	1.53	1.47	1.39
120	1.83	1.75	1.66	1.61	1.55	1.50	1.43	1.35	1.25
∞	1.75	1.67	1.57	1.52	1.46	1.39	1.32	1.22	1.00

附表4 F分布表(续4)

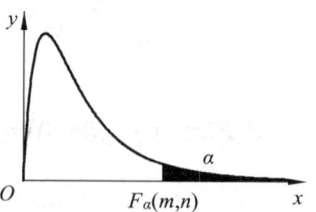

$$P(F(m,n) > F_\alpha(m,n)) = \alpha \quad (\alpha = 0.025)$$

n \ m	1	2	3	4	5	6	7	8	9	10
1	647.79	799.50	864.16	899.58	921.85	937.11	948.22	956.66	963.28	968.63
2	38.51	39.00	39.17	39.25	39.30	39.33	39.36	39.37	39.39	39.40
3	17.44	16.04	15.44	15.10	14.88	14.73	14.62	14.54	14.47	14.42
4	12.22	10.65	9.98	9.60	9.36	9.20	9.07	8.98	8.90	8.84
5	10.01	8.43	7.76	7.39	7.15	6.98	6.85	6.76	6.68	6.62
6	8.81	7.26	6.60	6.23	5.99	5.82	5.70	5.60	5.52	5.46
7	8.07	6.54	5.89	5.52	5.29	5.12	4.99	4.90	4.82	4.76
8	7.57	6.06	5.42	5.05	4.82	4.65	4.53	4.43	4.36	4.30
9	7.21	5.71	5.08	4.72	4.48	4.32	4.20	4.10	4.03	3.96
10	6.94	5.46	4.83	4.47	4.24	4.07	3.95	3.85	3.78	3.72
11	6.72	5.26	4.63	4.28	4.04	3.88	3.76	3.66	3.59	3.53
12	6.55	5.10	4.47	4.12	3.89	3.73	3.61	3.51	3.44	3.37
13	6.41	4.97	4.35	4.00	3.77	3.60	3.48	3.39	3.31	3.25
14	6.30	4.86	4.24	3.89	3.66	3.50	3.38	3.29	3.21	3.15
15	6.20	4.77	4.15	3.80	3.58	3.41	3.29	3.20	3.12	3.06
16	6.12	4.69	4.08	3.73	3.50	3.34	3.22	3.12	3.05	2.99
17	6.04	4.62	4.01	3.66	3.44	3.28	3.16	3.06	2.98	2.92
18	5.98	4.56	3.95	3.61	3.38	3.22	3.10	3.01	2.93	2.87
19	5.92	4.51	3.90	3.56	3.33	3.17	3.05	2.96	2.88	2.82
20	5.87	4.46	3.86	3.51	3.29	3.13	3.01	2.91	2.84	2.77
21	5.83	4.42	3.82	3.48	3.25	3.09	2.97	2.87	2.80	2.73
22	5.79	4.38	3.78	3.44	3.22	3.05	2.93	2.84	2.76	2.70
23	5.75	4.35	3.75	3.41	3.18	3.02	2.90	2.81	2.73	2.67
24	5.72	4.32	3.72	3.38	3.15	2.99	2.87	2.78	2.70	2.64
25	5.69	4.29	3.69	3.35	3.13	2.97	2.85	2.75	2.68	2.61
26	5.66	4.27	3.67	3.33	3.10	2.94	2.82	2.73	2.65	2.59
27	5.63	4.24	3.65	3.31	3.08	2.92	2.80	2.71	2.63	2.57
28	5.61	4.22	3.63	3.29	3.06	2.90	2.78	2.69	2.61	2.55
29	5.59	4.20	3.61	3.27	3.04	2.88	2.76	2.67	2.59	2.53
30	5.57	4.18	3.59	3.25	3.03	2.87	2.75	2.65	2.57	2.51
31	5.55	4.16	3.57	3.23	3.01	2.85	2.73	2.64	2.56	2.50
32	5.53	4.15	3.56	3.22	3.00	2.84	2.71	2.62	2.54	2.48
33	5.51	4.13	3.54	3.20	2.98	2.82	2.70	2.61	2.53	2.47
34	5.50	4.12	3.53	3.19	2.97	2.81	2.69	2.59	2.52	2.45
35	5.48	4.11	3.52	3.18	2.96	2.80	2.68	2.58	2.50	2.44
36	5.47	4.09	3.50	3.17	2.94	2.78	2.66	2.57	2.49	2.43
37	5.46	4.08	3.49	3.16	2.93	2.77	2.65	2.56	2.48	2.42
38	5.45	4.07	3.48	3.15	2.92	2.76	2.64	2.55	2.47	2.41
39	5.43	4.06	3.47	3.14	2.91	2.75	2.63	2.54	2.46	2.40
40	5.42	4.05	3.46	3.13	2.90	2.74	2.62	2.53	2.45	2.39
60	5.29	3.93	3.34	3.01	2.79	2.63	2.51	2.41	2.33	2.27
120	5.15	3.80	3.23	2.89	2.67	2.52	2.39	2.30	2.22	2.16
∞	5.02	3.69	3.12	2.79	2.57	2.41	2.29	2.19	2.11	2.05

附表4 F分布表（续5）

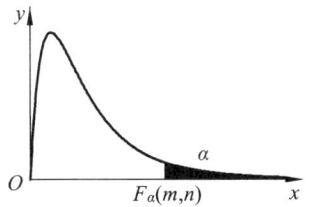

$$P(F(m,n) > F_\alpha(m,n)) = \alpha \quad (\alpha = 0.025)$$

n \ m	12	15	20	24	30	40	60	120	∞
1	976.71	984.87	993.10	997.25	1001.41	1005.60	1009.80	1014.02	1018.23
2	39.41	39.43	39.45	39.46	39.46	39.47	39.48	39.49	39.50
3	14.34	14.25	14.17	14.12	14.08	14.04	13.99	13.95	13.90
4	8.75	8.66	8.56	8.51	8.46	8.41	8.36	8.31	8.26
5	6.52	6.43	6.33	6.28	6.23	6.18	6.12	6.07	6.02
6	5.37	5.27	5.17	5.12	5.07	5.01	4.96	4.90	4.85
7	4.67	4.57	4.47	4.41	4.36	4.31	4.25	4.20	4.14
8	4.20	4.10	4.00	3.95	3.89	3.84	3.78	3.73	3.67
9	3.87	3.77	3.67	3.61	3.56	3.51	3.45	3.39	3.33
10	3.62	3.52	3.42	3.37	3.31	3.26	3.20	3.14	3.08
11	3.43	3.33	3.23	3.17	3.12	3.06	3.00	2.94	2.88
12	3.28	3.18	3.07	3.02	2.96	2.91	2.85	2.79	2.72
13	3.15	3.05	2.95	2.89	2.84	2.78	2.72	2.66	2.60
14	3.05	2.95	2.84	2.79	2.73	2.67	2.61	2.55	2.49
15	2.96	2.86	2.76	2.70	2.64	2.59	2.52	2.46	2.40
16	2.89	2.79	2.68	2.63	2.57	2.51	2.45	2.38	2.32
17	2.82	2.72	2.62	2.56	2.50	2.44	2.38	2.32	2.25
18	2.77	2.67	2.56	2.50	2.44	2.38	2.32	2.26	2.19
19	2.72	2.62	2.51	2.45	2.39	2.33	2.27	2.20	2.13
20	2.68	2.57	2.46	2.41	2.35	2.29	2.22	2.16	2.09
21	2.64	2.53	2.42	2.37	2.31	2.25	2.18	2.11	2.04
22	2.60	2.50	2.39	2.33	2.27	2.21	2.14	2.08	2.00
23	2.57	2.47	2.36	2.30	2.24	2.18	2.11	2.04	1.97
24	2.54	2.44	2.33	2.27	2.21	2.15	2.08	2.01	1.94
25	2.51	2.41	2.30	2.24	2.18	2.12	2.05	1.98	1.91
26	2.49	2.39	2.28	2.22	2.16	2.09	2.03	1.95	1.88
27	2.47	2.36	2.25	2.19	2.13	2.07	2.00	1.93	1.83
28	2.45	2.34	2.23	2.17	2.11	2.05	1.98	1.91	1.81
29	2.43	2.32	2.21	2.15	2.09	2.03	1.96	1.89	1.79
30	2.41	2.31	2.20	2.14	2.07	2.01	1.94	1.87	1.67
31	2.40	2.29	2.18	2.12	2.06	1.99	1.92	1.85	1.67
32	2.38	2.28	2.16	2.10	2.04	1.98	1.91	1.83	1.66
33	2.37	2.26	2.15	2.09	2.03	1.96	1.89	1.81	1.65
34	2.35	2.25	2.13	2.07	2.01	1.95	1.88	1.80	1.64
35	2.34	2.23	2.12	2.06	2.00	1.93	1.86	1.79	1.62
36	2.33	2.22	2.11	2.05	1.99	1.92	1.85	1.77	1.60
37	2.32	2.21	2.10	2.04	1.97	1.91	1.84	1.76	1.59
38	2.31	2.20	2.09	2.03	1.96	1.90	1.82	1.75	1.58
39	2.30	2.19	2.08	2.02	1.95	1.89	1.81	1.74	1.56
40	2.29	2.18	2.07	2.01	1.94	1.88	1.80	1.72	1.54
60	2.17	2.06	1.94	1.88	1.82	1.74	1.67	1.58	1.48
120	2.05	1.94	1.82	1.76	1.69	1.61	1.53	1.43	1.31
∞	1.94	1.83	1.71	1.64	1.57	1.48	1.39	1.27	1.00

附表4 F分布表（续6）

$P(F(m,n) > F_\alpha(m,n)) = \alpha \quad (\alpha = 0.01)$

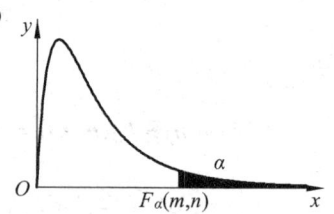

n \ m	1	2	3	4	5	6	7	8	9	10
1	4052.18	4999.50	5403.4	5624.6	5763.6	5859.0	5928.4	5981.1	6022.5	6055.8
2	98.50	99.00	99.17	99.25	99.30	99.33	99.36	99.37	99.39	99.40
3	34.12	30.82	29.46	28.71	28.24	27.91	27.67	27.49	27.35	27.23
4	21.20	18.00	16.69	15.98	15.52	15.21	14.98	14.80	14.66	14.55
5	16.26	13.27	12.06	11.39	10.97	10.67	10.46	10.29	10.16	10.05
6	13.75	10.92	9.78	9.15	8.75	8.47	8.26	8.10	7.98	7.87
7	12.25	9.55	8.45	7.85	7.46	7.19	6.99	6.84	6.72	6.62
8	11.26	8.65	7.59	7.01	6.63	6.37	6.18	6.03	5.91	5.81
9	10.56	8.02	6.99	6.42	6.06	5.80	5.61	5.47	5.35	5.26
10	10.04	7.56	6.55	5.99	5.64	5.39	5.20	5.06	4.94	4.85
11	9.65	7.21	6.22	5.67	5.32	5.07	4.89	4.74	4.63	4.54
12	9.33	6.93	5.95	5.41	5.06	4.82	4.64	4.50	4.39	4.30
13	9.07	6.70	5.74	5.21	4.86	4.62	4.44	4.30	4.19	4.10
14	8.86	6.51	5.56	5.04	4.69	4.46	4.28	4.14	4.03	3.94
15	8.68	6.36	5.42	4.89	4.56	4.32	4.14	4.00	3.89	3.80
16	8.53	6.23	5.29	4.77	4.44	4.20	4.03	3.89	3.78	3.69
17	8.40	6.11	5.18	4.67	4.34	4.10	3.93	3.79	3.68	3.59
18	8.29	6.01	5.09	4.58	4.25	4.01	3.84	3.71	3.60	3.51
19	8.18	5.93	5.01	4.50	4.17	3.94	3.77	3.63	3.52	3.43
20	8.10	5.85	4.94	4.43	4.10	3.87	3.70	3.56	3.46	3.37
21	8.02	5.78	4.87	4.37	4.04	3.81	3.64	3.51	3.40	3.31
22	7.95	5.72	4.82	4.31	3.99	3.76	3.59	3.45	3.35	3.26
23	7.88	5.66	4.76	4.26	3.94	3.71	3.54	3.41	3.30	3.21
24	7.82	5.61	4.72	4.22	3.90	3.67	3.50	3.36	3.26	3.17
25	7.77	5.57	4.68	4.18	3.85	3.63	3.46	3.32	3.22	3.13
26	7.72	5.53	4.64	4.14	3.82	3.59	3.42	3.29	3.18	3.09
27	7.68	5.49	4.60	4.11	3.78	3.56	3.39	3.26	3.15	3.06
28	7.64	5.45	4.57	4.07	3.75	3.53	3.36	3.23	3.12	3.03
29	7.60	5.42	4.54	4.04	3.73	3.50	3.33	3.20	3.09	3.00
30	7.56	5.39	4.51	4.02	3.70	3.47	3.30	3.17	3.07	2.98
31	7.53	5.36	4.48	3.99	3.67	3.45	3.28	3.15	3.04	2.96
32	7.50	5.34	4.46	3.97	3.65	3.43	3.26	3.13	3.02	2.93
33	7.47	5.31	4.44	3.95	3.63	3.41	3.24	3.11	3.00	2.91
34	7.44	5.29	4.42	3.93	3.61	3.39	3.22	3.09	2.98	2.89
35	7.42	5.27	4.40	3.91	3.59	3.37	3.20	3.07	2.96	2.88
36	7.40	5.25	4.38	3.89	3.57	3.35	3.18	3.05	2.95	2.86
37	7.37	5.23	4.36	3.87	3.56	3.33	3.17	3.04	2.93	2.84
38	7.35	5.21	4.34	3.86	3.54	3.32	3.15	3.02	2.92	2.83
39	7.33	5.19	4.33	3.84	3.53	3.30	3.14	3.01	2.90	2.81
40	7.31	5.18	4.31	3.83	3.51	3.29	3.12	2.99	2.89	2.80
60	7.08	4.98	4.13	3.65	3.34	3.12	2.95	2.82	2.72	2.63
120	6.85	4.79	3.95	3.48	3.17	2.96	2.79	2.66	2.56	2.47
∞	6.63	4.61	3.78	3.32	3.02	2.80	2.64	2.51	2.41	2.32

附表4 F分布表（续7）

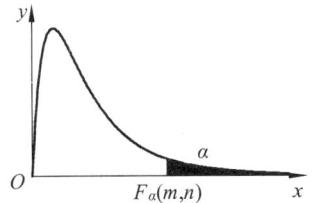

$$P(F(m,n) > F_\alpha(m,n)) = \alpha \quad (\alpha = 0.01)$$

n	m								
	12	15	20	24	30	40	60	120	∞
1	6106.32	6157.28	6208.73	6234.63	6260.65	6286.78	6313.03	6339.39	6366.25
2	99.42	99.43	99.45	99.46	99.47	99.47	99.48	99.49	99.50
3	27.05	26.87	26.69	26.60	26.50	26.41	26.32	26.22	26.13
4	14.37	14.20	14.02	13.93	13.84	13.75	13.65	13.56	13.46
5	9.89	9.72	9.55	9.47	9.38	9.29	9.20	9.11	9.02
6	7.72	7.56	7.40	7.31	7.23	7.14	7.06	6.97	6.88
7	6.47	6.31	6.16	6.07	5.99	5.91	5.82	5.74	5.65
8	5.67	5.52	5.36	5.28	5.20	5.12	5.03	4.95	4.86
9	5.11	4.96	4.81	4.73	4.65	4.57	4.48	4.40	4.31
10	4.71	4.56	4.41	4.33	4.25	4.17	4.08	4.00	3.91
11	4.40	4.25	4.10	4.02	3.94	3.86	3.78	3.69	3.60
12	4.16	4.01	3.86	3.78	3.70	3.62	3.54	3.45	3.36
13	3.96	3.82	3.66	3.59	3.51	3.43	3.34	3.25	3.17
14	3.80	3.66	3.51	3.43	3.35	3.27	3.18	3.09	3.00
15	3.67	3.52	3.37	3.29	3.21	3.13	3.05	2.96	2.87
16	3.55	3.41	3.26	3.18	3.10	3.02	2.93	2.84	2.75
17	3.46	3.31	3.16	3.08	3.00	2.92	2.83	2.75	2.66
18	3.37	3.23	3.08	3.00	2.92	2.84	2.75	2.66	2.57
19	3.30	3.15	3.00	2.92	2.84	2.76	2.67	2.58	2.49
20	3.23	3.09	2.94	2.86	2.78	2.69	2.61	2.52	2.42
21	3.17	3.03	2.88	2.80	2.72	2.64	2.55	2.46	2.36
22	3.12	2.98	2.83	2.75	2.67	2.58	2.50	2.40	2.31
23	3.07	2.93	2.78	2.70	2.62	2.54	2.45	2.35	2.26
24	3.03	2.89	2.74	2.66	2.58	2.49	2.40	2.31	2.21
25	2.99	2.85	2.70	2.62	2.54	2.45	2.36	2.27	2.17
26	2.96	2.81	2.66	2.58	2.50	2.42	2.33	2.23	2.13
27	2.93	2.78	2.63	2.55	2.47	2.38	2.29	2.20	2.10
28	2.90	2.75	2.60	2.52	2.44	2.35	2.26	2.17	2.06
29	2.87	2.73	2.57	2.49	2.41	2.33	2.23	2.14	2.03
30	2.84	2.70	2.55	2.47	2.39	2.30	2.21	2.11	2.01
31	2.82	2.68	2.52	2.45	2.36	2.27	2.18	2.09	1.99
32	2.80	2.65	2.50	2.42	2.34	2.25	2.16	2.06	1.97
33	2.78	2.63	2.48	2.40	2.32	2.23	2.14	2.04	1.95
34	2.76	2.61	2.46	2.38	2.30	2.21	2.12	2.02	1.93
35	2.74	2.60	2.44	2.36	2.28	2.19	2.10	2.00	1.91
36	2.72	2.58	2.43	2.35	2.26	2.18	2.08	1.98	1.99
37	2.71	2.56	2.41	2.33	2.25	2.16	2.06	1.96	1.97
38	2.69	2.55	2.40	2.32	2.23	2.14	2.05	1.95	1.95
39	2.68	2.54	2.38	2.30	2.22	2.13	2.03	1.93	1.82
40	2.66	2.52	2.37	2.29	2.20	2.11	2.02	1.92	1.80
60	2.50	2.35	2.20	2.12	2.03	1.94	1.84	1.73	1.50
120	2.34	2.19	2.03	1.95	1.86	1.76	1.66	1.53	1.38
∞	2.18	2.04	1.88	1.79	1.70	1.59	1.47	1.32	1.00

附表4 F 分布表（续 8）

$P(F(m,n) > F_\alpha(m,n)) = \alpha$ $(\alpha = 0.005)$

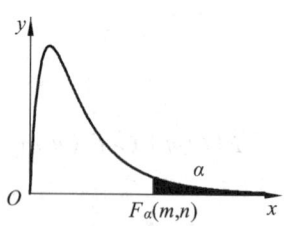

n \ m	1	2	3	4	5	6	7	8	9	10
1	16211	1999.5	21615	22500	23056	23437	23715	23925	24091	24224
2	198.50	199.00	199.17	199.25	199.30	199.33	199.36	199.37	199.39	199.40
3	55.55	49.80	47.47	46.19	45.39	44.84	44.43	44.13	43.88	43.69
4	31.33	26.28	24.26	23.15	22.46	21.97	21.62	21.35	21.14	20.97
5	22.78	18.31	16.53	15.56	14.94	14.51	14.20	13.96	13.77	13.62
6	18.63	14.54	12.92	12.03	11.46	11.07	10.79	10.57	10.39	10.25
7	16.24	12.40	10.88	10.05	9.52	9.16	8.89	8.68	8.51	8.38
8	14.69	11.04	9.60	8.81	8.30	7.95	7.69	7.50	7.34	7.21
9	13.61	10.11	8.72	7.96	7.47	7.13	6.88	6.69	6.54	6.42
10	12.83	9.43	8.08	7.34	6.87	6.54	6.30	6.12	5.97	5.85
11	12.23	8.91	7.60	6.88	6.42	6.10	5.86	5.68	5.54	5.42
12	11.75	8.51	7.23	6.52	6.07	5.76	5.52	5.35	5.20	5.09
13	11.37	8.19	6.93	6.23	5.79	5.48	5.25	5.08	4.94	4.82
14	11.06	7.92	6.68	6.00	5.56	5.26	5.03	4.86	4.72	4.60
15	10.80	7.70	6.48	5.80	5.37	5.07	4.85	4.67	4.54	4.42
16	10.58	7.51	6.30	5.64	5.21	4.91	4.69	4.52	4.38	4.27
17	10.38	7.35	6.16	5.50	5.07	4.78	4.56	4.39	4.25	4.14
18	10.22	7.21	6.03	5.37	4.96	4.66	4.44	4.28	4.14	4.03
19	10.07	7.09	5.92	5.27	4.85	4.56	4.34	4.18	4.04	3.93
20	9.94	6.99	5.82	5.17	4.76	4.47	4.26	4.09	3.96	3.85
21	9.83	6.89	5.73	5.09	4.68	4.39	4.18	4.01	3.88	3.77
22	9.73	6.81	5.65	5.02	4.61	4.32	4.11	3.94	3.81	3.70
23	9.63	6.73	5.58	4.95	4.54	4.26	4.05	3.88	3.75	3.64
24	9.55	6.66	5.52	4.89	4.49	4.20	3.99	3.83	3.69	3.59
25	9.48	6.60	5.46	4.84	4.43	4.15	3.94	3.78	3.64	3.54
26	9.41	6.54	5.41	4.79	4.38	4.10	3.89	3.73	3.60	3.49
27	9.34	6.49	5.36	4.74	4.34	4.06	3.85	3.69	3.56	3.45
28	9.28	6.44	5.32	4.70	4.30	4.02	3.81	3.65	3.52	3.41
29	9.23	6.40	5.28	4.66	4.26	3.98	3.77	3.61	3.48	3.38
30	9.18	6.35	5.24	4.62	4.23	3.95	3.74	3.58	3.45	3.34
31	9.13	6.32	5.20	4.59	4.20	3.92	3.71	3.55	3.42	3.31
32	9.09	6.28	5.17	4.56	4.17	3.89	3.68	3.52	3.39	3.29
33	9.05	6.25	5.14	4.53	4.14	3.86	3.66	3.49	3.37	3.26
34	9.01	6.22	5.11	4.50	4.11	3.84	3.63	3.47	3.34	3.24
35	8.98	6.19	5.09	4.48	4.09	3.81	3.61	3.45	3.32	3.21
36	8.94	6.16	5.06	4.46	4.06	3.79	3.58	3.42	3.30	3.19
37	8.91	6.13	5.04	4.43	4.04	3.77	3.56	3.40	3.28	3.17
38	8.88	6.11	5.02	4.41	4.02	3.75	3.54	3.39	3.26	3.15
39	8.85	6.09	5.00	4.39	4.00	3.73	3.53	3.37	3.24	3.13
40	8.83	6.07	4.98	4.37	3.99	3.71	3.51	3.35	3.22	3.12
60	8.49	5.79	4.73	4.14	3.76	3.49	3.29	3.13	3.01	2.90
120	8.18	5.54	4.50	3.92	3.55	3.28	3.09	2.93	2.81	2.71
∞	7.88	5.30	4.28	3.72	3.35	3.09	2.90	2.74	2.62	2.52

附表4 F分布表(续9)

$$P(F(m,n) > F_\alpha(m,n)) = \alpha \quad (\alpha = 0.005)$$

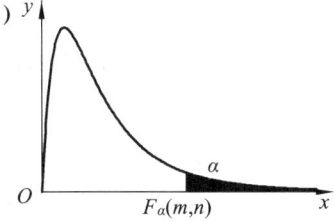

n	m								
	12	15	20	24	30	40	60	120	∞
1	24426.4	24630.2	24836.0	24939.6	25043.6	25148.2	25253.1	25358.6	25463.9
2	199.42	199.43	199.45	199.46	199.47	199.47	199.48	199.49	199.50
3	43.39	43.08	42.78	42.62	42.47	42.31	42.15	41.99	41.83
4	20.70	20.44	20.17	20.03	19.89	19.75	19.61	19.47	19.32
5	13.38	13.15	12.90	12.78	12.66	12.53	12.40	12.27	12.14
6	10.03	9.81	9.59	9.47	9.36	9.24	9.12	9.00	8.88
7	8.18	7.97	7.75	7.64	7.53	7.42	7.31	7.19	7.08
8	7.01	6.81	6.61	6.50	6.40	6.29	6.18	6.06	5.95
9	6.23	6.03	5.83	5.73	5.62	5.52	5.41	5.30	5.19
10	5.66	5.47	5.27	5.17	5.07	4.97	4.86	4.75	4.64
11	5.24	5.05	4.86	4.76	4.65	4.55	4.45	4.34	4.23
12	4.91	4.72	4.53	4.43	4.33	4.23	4.12	4.01	3.90
13	4.64	4.46	4.27	4.17	4.07	3.97	3.87	3.76	3.65
14	4.43	4.25	4.06	3.96	3.86	3.76	3.66	3.55	3.44
15	4.25	4.07	3.88	3.79	3.69	3.58	3.48	3.37	3.26
16	4.10	3.92	3.73	3.64	3.54	3.44	3.33	3.22	3.11
17	3.97	3.79	3.61	3.51	3.41	3.31	3.21	3.10	2.98
18	3.86	3.68	3.50	3.40	3.30	3.20	3.10	2.99	2.87
19	3.76	3.59	3.40	3.31	3.21	3.11	3.00	2.89	2.78
20	3.68	3.50	3.32	3.22	3.12	3.02	2.92	2.81	2.69
21	3.60	3.43	3.24	3.15	3.05	2.95	2.84	2.73	2.61
22	3.54	3.36	3.18	3.08	2.98	2.88	2.77	2.66	2.55
23	3.47	3.30	3.12	3.02	2.92	2.82	2.71	2.60	2.48
24	3.42	3.25	3.06	2.97	2.87	2.77	2.66	2.55	2.43
25	3.37	3.20	3.01	2.92	2.82	2.72	2.61	2.50	2.38
26	3.33	3.15	2.97	2.87	2.77	2.67	2.56	2.45	2.33
27	3.28	3.11	2.93	2.83	2.73	2.63	2.52	2.41	2.29
28	3.25	3.07	2.89	2.79	2.69	2.59	2.48	2.37	2.25
29	3.21	3.04	2.86	2.76	2.66	2.56	2.45	2.33	2.21
30	3.18	3.01	2.82	2.73	2.63	2.52	2.42	2.30	2.15
31	3.15	2.98	2.79	2.70	2.60	2.49	2.38	2.27	2.13
32	3.12	2.95	2.77	2.67	2.57	2.47	2.36	2.24	2.11
33	3.09	2.92	2.74	2.64	2.54	2.44	2.33	2.21	2.08
34	3.07	2.90	2.72	2.62	2.52	2.42	2.30	2.19	2.06
35	3.05	2.88	2.69	2.60	2.50	2.39	2.28	2.16	2.05
36	3.03	2.85	2.67	2.58	2.48	2.37	2.26	2.14	2.03
37	3.01	2.83	2.65	2.56	2.46	2.35	2.24	2.12	2.01
38	2.99	2.82	2.63	2.54	2.44	2.33	2.22	2.10	1.99
39	2.97	2.80	2.62	2.52	2.42	2.31	2.20	2.08	1.97
40	2.95	2.78	2.60	2.50	2.40	2.30	2.18	2.06	1.93
60	2.74	2.57	2.39	2.29	2.19	2.08	1.96	1.83	1.69
120	2.54	2.37	2.19	2.09	1.98	1.87	1.75	1.61	1.43
∞	2.36	2.19	2.00	1.90	1.79	1.67	1.53	1.36	1.00

附录7　论文选编

【之一】

小学数学中的"多多少"与"少多少"

柯铧

（贵州省仁怀师范学校　564500）

内容摘要：本文对小学数学中的"多多少"与"少多少"的问题作了分类，并就各类型作了较细的分析和讨论，从而总结导出了求相应类型问题的计算公式。

关键词：小学数学；多多少；少多少

一、问题的提出

小学数学是基础教育的一门重要学科。在这门学科中，关于"多多少"与"少多少"的问题到处可见，以至于我们可以这样说，关于"多多少"与"少多少"的问题贯穿整个小学数学的始终。因此，对"多多少"与"少多少"问题进行系统的研究和讨论，无疑，对小学数学教学是有助益的。

为了叙述方便简捷，对多多少、大多少、长多少、重多少……都用"多多少"表示；同样，对少多少、小多少、短多少、轻多少……都用"少多少"表示；并设甲量大于乙量。

二、问题的类型

笔者认为，关于"多多少"与"少多少"的问题，大致可分为如下几种类型：

A：已知甲、乙两个量，求甲量比乙量多多少，或乙量比甲量少多少。

例1：4 205亩玉米比628亩棉花地多多少亩？[1]

B：已知甲量比乙量多多少，求乙量比甲量少多少；或已知乙量比甲量少多少，求甲量比乙量多多少。

例2：花皮球比白皮球多7个，白皮球比花皮球少多少个？[2]

C：已知甲量以及甲量比乙量多多少，求乙量；或已知甲量以及乙量比甲量少多少，求乙量。

例3：甲数是1028，甲数比乙数多129，求乙数。[3]

D：已知乙量以及乙量比甲量少多少，求甲量；或已知乙量以及甲量比乙量多多少，求甲量。

例4：乙数是4507，乙数比甲数少898，甲数是多少？[3]

E：已知甲、乙两个量，求甲量比乙量多多少倍；或乙量比甲量少多少倍。

例 5：爸爸 40 岁，小清 8 岁，爸爸的年龄比小清的年龄大多少倍？[4]

F：已知甲量比乙量多多少倍，求乙量比甲量少多少倍；或已知乙量比甲量少多多少倍，求甲量比乙量多多少倍。

例 6：水结冰时体积增加了 $3\frac{1}{11}$（倍），当冰化成水时体积减少了多少倍？[5]

G：已知甲量以及甲量比乙量多多少倍，求乙量；或已知甲量以及乙量比甲量少多少倍，求乙量。

例 7：十月份生产玻璃 2 000 箱，比九月份多生产了 $\frac{1}{3}$（倍），九月份生产玻璃多少箱？[6]

H：已知乙量以及甲量比乙量多多少倍，求甲量；或已知乙量以及乙量比甲量少多多少倍，求甲量。

例 8：某工厂四月份烧煤 120 吨，此原计划节约 $\frac{1}{9}$，四月份原计划烧煤多少吨？[6]

三、问题的讨论

由于"多多少"与"少多少"以及"一样多"等问题，实际上是将两个量比较所得。因此，在讨论相应的问题时，要事先明确"谁与谁比较"、"谁是标准量"、"谁是比较量"等。如，在"甲量比乙量多（或少）多少"中，是甲量与乙量相比较，其中，乙量是标准量，甲量是比较量。

现在，我们可以对本文列出的前四类问题进行讨论了。

在 A 类中，前部分问题是甲量与乙量比较，甲量是比较量，乙量是标准量。求甲量比乙量多多少，实际上是求从甲量中除去乙量后的剩余量，也就是已知两个量求差量，因此，用

$$差量 = 甲量 - 乙量 \tag{1}$$

来计算；A 类的后部分问题是乙量与甲量比较，乙量是比较量，甲量是标准量。求乙量比甲量少多少，实际上是求乙量中还要增加多少量才能同甲量一样多，因此也用公式（1）来计算。这就是说，A 类问题用公式（1）来计算即可。如例 1，4 205 是比较量，628 是标准量，由公式（1），得 4 205-628=3 577，即 4 205 比 628 多 3 577，或 628 比 4 205 少 3 577。

在 B 类中，甲、乙两个量各是多少不必知道，只要注意到从甲量中除去乙量后的剩余量正好是使乙量与甲量一样多的增加量即可。就是说，在 B 类中，甲量比乙量多多少，乙量就比甲量少多少；反之，亦然。因此，B 类问题仍用公式（1）来计算。如例 2，由于花皮球比白皮球多 7，所以，白皮球比花皮球少 7 个。

我们称 A、B 两类中的剩余量（或增加量）为绝对量。这个绝对量与甲、乙两个量是同名量。对于大量来说，绝对量是关于小量的剩余量；对于小量来说，绝对量是关于大量的增加量。

在 C 类中，在知道了甲量且甲量比乙量大及甲与乙间的绝对量的情况下，求乙量，实际上是求一个量，使其增加一个绝对量后同甲量一样多。也相当于求比已知量少一个绝对量的另一个量，因此，用公式

$$乙量=甲量-绝对量（即差量） \tag{2}$$

来计算。如例 3，乙数是 899（=1028-129）。

不难看出，D 类问题是交换 C 类问题的已知量和未知量的位置而其余条件不变所得，所以，D 类问题相当于求比已知量多一个绝对量的另一个量。因此，用公式

$$甲量=乙量+绝对量（即差量） \tag{3}$$

来计算。如例 4，甲数是 5405（=4507+898）。

对于本文中列出的后四类，如果我们将编码为 A、B、C、D 的类依次同编码为 E、F、G、H 的类相比较，不难发现，后四类是从其所对应的前四类中的"多（或少）多少"的后面添上一个"倍"字而得到，所以，后四类较前四类复杂一些。这里的"多（或少）'多少'倍"的倍数"多少"就不再像前四类中"多（或少）'多少'"中的数"多少"那样与甲、乙两个量是同名量，而是一个无名量了。我们称这个无名量为相对倍数，并称与标准量相应的量为相对标准量，与比较量相应的量为相对比较量。

在对后四类问题讨论之前，还要说明"是多少倍"与"多（或少）多少倍"之间的关系。在"甲量是乙量的多少倍"中的倍数，即是甲量中包含有乙量的个数（可以是分数），我们称这个倍数为甲量关于乙量的绝对倍数，所以"甲量是乙量的多少倍"，实际上是说，"乙量的这个（甲量关于乙量的绝对）倍数正好同甲量一样多"。而在"甲量比乙量多多少倍"中的倍数，即是甲量与乙量的绝对量（即差量）中包含有乙量的个数（可以是分数），我们称这个倍数为甲量与乙量比的相对倍数。所以，"甲量比乙量多多少倍"，实际上是说"乙量增加它自身的这个（甲量关于乙量的相对）倍数后就正好同甲量一样多"。这就是说，当相对的倍数是两个量比多的倍数时，有

$$绝对倍数=1+（比多的）相对倍数 \tag{4}$$

例如，在"8 是 2 的 4 倍"中，由于 4 是 8 关于 2 的绝对倍数，由公式（4），得到 8 与 2 比多的相对倍数是 3，即是说，8 比 2 多 3 倍；反之，亦然。

同样的，在"乙量是甲量的多少倍"中的倍数，即是乙量中包含有甲量的个数，我们称这个倍数是乙量关于甲量的绝对倍数，由于乙量比甲量小，这个倍数是一个真分数。所以，通常不直接说"乙量是甲量的多少倍"，而说"乙量是甲

量的几分之几"，这不过是一种约定而已。在这里，为方便，采用前一种说法。于是，"乙量是甲量的多少倍"，实际上是说，"甲量的这个（乙量关于甲量的绝对）倍数正好同乙量一样多"。而在"乙量比甲量少多少倍"中的倍数，即是甲量与乙量的绝对量（即差量）中包含有甲量的个数，我们称这个倍数是乙量与甲量比少的相对倍数。由于甲量比乙量大，所以，这个倍数也是一个真分数。因此，通常是说"乙量比甲量少几分之几"而不直接说"乙量比甲量少多少倍"，这不过也是一种约定而已。在这里，为方便，我们还是采用后一种说法，于是，"乙量比甲量少多少倍"，实际上是指"乙量增加甲量的这个真分数倍后就同甲量一样多"，或"从甲量中除去它自身的这个真分数倍后正好同乙量一样多"。这就是说，当相对倍数是两个量比少的倍数时，有

$$\text{绝对倍数}=1-（\text{比少的}）\text{相对倍数} \tag{5}$$

如在"2 是 8 的 $\frac{1}{4}$（倍）"中，由于 $\frac{1}{4}$ 是 2 关于 8 的绝对倍数，由（5）式，得 2 与 8 比少的相对倍数是 $\frac{3}{4}$，即是说，2 比 8 少 $\frac{3}{4}$（倍），反之，亦然。

下面，就可对第二段中列出的后四类进行讨论了。

在 E 类中，前部分是甲量与乙量相比较，乙量是相对标准量，甲量是相对比较量。求甲量比乙量多多少倍，实际上是求甲量比乙量多的绝对量（即差量）是乙量几倍。也就是求甲量与乙量比多的相对倍数，因此，可用

$$（\text{比多的}）\text{相对倍数}=\frac{\text{甲量}-\text{乙量}}{\text{乙量}} \tag{6}$$

来计算。E 类的后部分问题是乙量与甲量相比较，其中甲量是相对标准量，乙量是相对比较量。求乙量比甲量少多少倍，实际上是求乙量比甲量少的绝对量（即差量）是甲量几倍。也就是求乙量与甲量比少的相对倍数，可用

$$（\text{比少的}）\text{相对倍数}=\frac{\text{甲量}-\text{乙量}}{\text{甲量}} \tag{7}$$

来计算。由于这里的甲、乙两个量未必相等，所以，由（6）式算出的甲量比乙量多的倍数与由（7）式算山的乙量比甲量少的倍数一般不具有相等关系。如例 5，爸爸的年龄比小清大 4（$=\frac{40-8}{8}$）倍；而小清的年龄比爸爸的小 $\frac{4}{5}$（$=\frac{40-8}{40}$）倍。

对于 F 类，由于甲、乙两个量未必知道，所以，计算就不那么容易了。原始的办法是先根据公式（6）或（7）求出用甲量表示乙量或用乙量表示甲量的算式，再代入公式（7）或（6）计算。若计算无误，结果诚然是对的。但这一计算过程的反复，可以说是比较复杂的。因此，可导出一个直接计算公式享用之（这里就略去其推导过程了）：

1. 若设甲量比乙量多 x 倍，则乙量比甲量少的倍数是 $\dfrac{x}{1+x}$，即对两个量，有

$$（比少的）相对倍数=\dfrac{（比多的）相对倍数}{1+（比多的）相对倍数} \qquad (8)$$

显然，比少的相对倍数是一个真分数。

2. 若设乙量比甲量少 y 倍，则甲量比乙量多的倍数为 $\dfrac{y}{1+y}$，即对两个量，有

$$（比多的）相对倍数=\dfrac{（比少的）相对倍数}{1-（比少的）相对倍数} \qquad (9)$$

显然，比多的相对倍数与比少的相对倍数是不相等的。如例 6，冰化成水后的体积减少了 $\dfrac{1}{12}$ 倍，但水结冰后的体积不是增加 $\dfrac{1}{12}$ 倍，而是增加了 $\dfrac{1}{11}$ 倍。

在 G 类的前部分中，甲量是相对比较量，乙量是相对标准量，"甲量比乙量多多少倍"中的倍数就是甲量与乙量比多的相对倍数，所以，由公式（4），知"甲量比乙量多多少倍"的说法与"甲量是乙量的'1+（比多的）相对倍数'倍"是等同的。因此，"已知甲量以及甲量比乙量多多少倍，求乙量"，相当于"已知一个量以及这个量是另一个量的几倍，求另一个量"，用公式

$$相对标准量（即乙量）=\dfrac{相对比较量（即甲量）}{1+（比多的）相对倍数} \qquad (10)$$

来计算。同样，在 G 类的后部分中，"乙量比甲量少多少倍"中的倍数就是乙量与甲量比少的相对倍数，所以，由公式（5），知"乙量比甲量少多少倍"等同于"乙量是甲量的'1-（比少的）相对倍数'倍"。因此，"已知甲量以及乙量比甲量少多少倍，求乙量"，相当于"求等于已知量的几倍的另一个量"，用公式

$$相对比较量（即乙量）=[相对标准量（即甲量）]\times$$
$$[1-（比少的）相对倍数] \qquad (11)$$

来计算。如例 7，相对比较量（即甲量）是 20 000 箱，甲量与乙量比多的相对倍数是 1/3，由公式（10）知，乙量（相对标准量）是 15 000 箱。

对于 H 类的前部分，我们类似于 G 类前部分的讨论，可知，"已知乙量以及甲量比乙量多多少倍，求甲量"，相当于"求等于已知量的几倍的另一个量"，所以用公式

$$相对比较量（即甲量）=[相对标准量（即乙量）]\times$$
$$[1+（比多的）相对倍数] \qquad (12)$$

来计算；同理，对于 H 类的后部分，类似于 G 类后部分的讨论，可知，"已知乙量以及乙量比甲量少多少倍，求甲量"，相当于"已知一个量是另一个量的几倍，求另一个量"，用

$$\text{相对标准量（即甲量）} = \frac{\text{相对比较量（即乙量）}}{1-\text{（比少的）相对倍数}} \quad (13)$$

来计算。如例 8，乙量（即相对比较量）是 120 吨，乙量与甲量比少的相对倍数是 $\frac{1}{9}$，由公式（13），知甲量（相对标准量）是 250 吨。

至此，可以说本文在第二段中所列出的关于"多（或少）多少"以及"多（或少）多少倍"的八类问题得到圆满解决。

四、"问题–公式"一览表

综上所述，可总结出"问题–公式"一览表（见一览表）。有了这个"一览表"，对小学数学中出现的关于"多多少"与"少多少"的有关问题，我们可先引导学生分析所给问题，然后找出其所属类别，再代入相应的公式计算即可。这样，既培养了学生分析问题的能力，又培养了学生解决问题的能力，更重要的是教给了学生如何归类以及举一反三、触类旁通的学习方法，真是一举三得！

"问题–公式"一览表

类别	已知	未知	计算公式	备注
A	甲、乙	甲比乙多多少 乙比甲少多少	差量=甲−乙	甲>乙
B	甲比乙多多少 乙比甲少多少	乙比甲少多少 甲比乙多多少	差量=甲−乙	甲>乙
C	甲以及甲比乙多多少 甲以及乙比甲少多少	乙 乙	乙=甲−差量	甲>乙
D	乙以及甲比乙多多少 乙以及乙比甲少多少	甲 甲	甲=乙+差量	甲>乙
E	甲、乙	甲比乙多多少倍	（比多的）倍数=$\frac{甲-乙}{乙}$	甲>乙，"乙比甲少多少倍"与"乙是甲的几分之几"等同
	甲、乙	乙比甲少多少倍	（比少的）倍数=$\frac{甲-乙}{甲}$	
F	甲比乙多多少倍	乙比甲少多少倍	（比少的）倍数=$\frac{（比多的）倍数}{1+（比多的）倍数}$	同 E 类
	乙比甲少多少倍	甲比乙多多少倍	（比多的）倍数=$\frac{（比少的）倍数}{1-（比少的）倍数}$	
G	甲及甲比乙多多少倍	乙	乙=$\frac{甲}{1+（比多的）倍数}$	同 E 类
	甲及乙比甲少多少倍	乙	乙=甲[1−（比少的）倍数]	
H	乙及甲比乙多多少倍	甲	甲=乙×[1+（比多的）倍数]	同 E 类
	乙及乙比甲少多少倍	甲	甲=$\frac{乙}{1-（比少的）倍数}$	

如，已知甲比乙多 25%，求乙比甲少百分之几。这一问题是在已知甲与乙比多的相对倍数但又不知甲、乙二量的情况下求乙与甲比少的相对倍数，所以，应属 F 类的 I 型，将已知量代入相应公式计算得到比少的倍数是 20%，即乙比甲少20%。反之，则属 F 类的 II 型。

五、结束语

作为一个教师，要给学生一杯水，自己必须至少有一桶水，一缸水，甚至更多的水，乃至自来水。因此，对诸如上述的问题，教师自己必须首先想得清，才能做到在讲授中讲得清，才能使学生在学习中搞得清，从而收到事半功倍之效。

由于作者水平有限，经验不足，文中不当之处，还望同仁斧正。

参考文献

[1] 人民教育出版社.六年制小学课本数学[M].北京：人民教育出版社,1989：49.

[2] 人民教育出版社.六年制小学课本数学[M].北京：人民教育出版社,1989：32.

[3] 人民教育出版社.六年制小学课本数学[M].北京：人民教育出版社,1989：24，19.

[4] 人民教育出版社.六年制小学课本数学[M].北京：人民教育出版社,1989：45.

[5] 刘意竹．小学数学教材教法（1）[M]．北京：人民教育出版社，1994．

[6] 人民教育出版社.六年制小学课本数学[M].北京：人民教育出版社,1989：54，53.

本文载于《遵义教育》，1994 年 9-10 月，第 22-25 页。

【之二】

初等数学中的有理数与无理数

柯铧

（贵州省仁怀师范学校　564500）

内容摘要：用初等数学方法讨论有理数与无理数。

关键词：有理数；无理数；实数

中图分类号：O122　　　文献标识码：A

1 有理数

1.1 定义

整数和分数统称为有理数。有理数集常用 Q 表示，正有理数集用 Q^+ 表示。

如果我们把整数看成分母为 1 的特殊分数，那么任何一个有理数总可以表示成一个分数 $\frac{p}{q}$ 的形式（其中 p,q 为整数，$q>0$ 且 $(|p|,q)=1$）。

1.2 四则运算

任意两个有理数之和、差、积、商（除数不为 0）仍是有理数，且加法运算与乘法运算适合交换律和结合律以及乘法对加法的分配律。一个数集若至少有两个数，且这个数集中的任何两个数之和、差、积、商（除数不为 0）仍在这个数集中，则称这个数集为数域。容易验证，有理数集 Q 是一个数域。

1.3 性质

1.3.1 有序性　有理数集 Q 是一个有序集。

即有理数集之间可按大小次序排列，且满足：

（1）全序性：若 a,b 是 Q 中的任意两个数，则 $a<b, a=b, a>b$ 这三者有且只有一个成立。

（2）传递性：若 a,b,c 是 Q 中的任意三个数，$a<b$ 且 $b<c$，则 $a<c$。

（3）加法单调性：若 a,b 是 Q 中的任意两个数，且若 $a<b$，则对任意 $c \in Q$，总有 $a+c<b+c$。

（4）乘法单调性：若 a,b 是 Q 中的任意两个数，且若 $a<b$，则 $\forall c \in Q^+$，总有 $ac<bc$。

1.3.2 稠密性（证明从略）　有理数集 Q 是一个稠密集。

即无论 a,b 是怎样的两个相异的有理数，在 a,b 之间总存在着一个有理数 c。由稠密性易知，任意两个相异的有理数之间存在着无穷多个有理数。

1.3.3 阿基米得（Archimedes）性质 有理数集 Q 具有阿基米得性质。

即对任意两个正有理数 a,b，总存在自然数 n，使 $na>b$。从阿基米得性质立刻可以断定，没有最大的有理数，也没有最小的正有理数。

1.3.4 可数性 有理数集 Q 是可数集。即可以把有理数集的元素加以编号（或有理数集与自然数集对等）。事实上，设 $A_m = \left\{\dfrac{1}{m}, \dfrac{2}{m}, \cdots, \dfrac{n}{m}, \cdots\right\}$，$m=1,2,\cdots$，则正有理数集 Q^+ 是可数集。[1]同理，负有理数集 Q^- 亦可数集。而 $Q = Q^+ \cup Q^- \cup \{0\}$，故有理数集 Q 是可数集。

1.4 有理数与十进有限小数和十进无限循环小数

我们可以把整数看成是小数部分是 0 的特殊的十进有限小数，所以只对分数进行讨论。由于每一个假分数都可化为一个整数或一个整数与一个真分数之和，且每一个真分数又可通过约分化为既约真分数，因此，这里只讨论既约真分数与十进有限小数和十进无限循环小数。

定理 1 任何既约真分数都可化为十进有限小数或十进无限循环小数。

证明：设 $\dfrac{p}{q}$ 是一个既约真分数（不失一般性，不妨设，$0<p<q$），令 q_i, r_i 分别为用 q 除 p 的除法过程中每一步所得的商和余数，则 $0 \leqslant q_i \leqslant 9$，且 $0 \leqslant r_i < q$。此时，不外乎有两种情况：

（1）若存在一个 i，使 $r_i = 0$，则 $\dfrac{p}{q} = 0.\overline{q_1 q_2 \cdots q_i}$，已化为十进有限小数。

（2）若对任何一个 i，$r_i \neq 0$，由于 $\dfrac{p}{q}$ 是既约真分数，所以用 q 除 p，每除一次的余数只能是 $1, 2, \cdots, q-1$ 这 $q-1$ 个数中的一个，至多除法进行 q 次后一定有 j，满足 $1 \leqslant i < j \leqslant q$，使 $r_i = r_j$。于是 $q_{i+1} = q_{j+1}$，此示，至少有 $j-i$ 个数字依照一定的顺序不断地重复出现。故 $\dfrac{p}{q}$ 可化为十进无限循环小数。且循环节的位数至多是 $q-1$。

综合（1）（2），定理 1 得证。

定理 2 任何十进有限小数或无限循环小数都可化成分数。

证明：不失一般性，设 $A = 0.a_1 a_2 \cdots a_n \overline{\dot{b}_1 b_2 \cdots \dot{b}_m}$（其中，$0 \leqslant a_i, b_j \leqslant 9$，$b_j$ 不全为 0，$i = 1,2,\cdots,n; j = 1,2,\cdots,m$。$m,n$ 不同时为零。若 $m=0$，则表示十进有限小数；若 $n=0$，则表示十进纯无限循环小数；若 $m \neq 0$，且 $n \neq 0$，则表示十进混循环小数）。则

（1）若 $m = 0$，则 $A = 0.\overline{a_1 a_2 \cdots a_n} = \dfrac{\overline{a_1 a_2 \cdots a_n}}{10^n}$；

（2）若 $m \neq 0$，则

$$A = 0.\overline{a_1 a_2 \cdots a_n \dot{b}_1 b_2 \cdots \dot{b}_m}$$

$$= \frac{\overline{a_1 a_2 \cdots a_n}}{10^n} + \frac{\overline{b_1 b_2 \cdots b_m}}{10^{n+m}} + \cdots + \frac{\overline{b_1 b_2 \cdots b_m}}{10^{n+km}} + \cdots = \frac{\overline{a_1 a_2 \cdots a_n}}{10^n} + \frac{\overline{b_1 b_2 \cdots b_m}}{10^n(10^m-1)}$$

$$= \frac{\overline{a_1 a_2 \cdots a_n b_1 b_2 \cdots b_m} - \overline{a_1 a_2 \cdots a_n}}{10^n(10^m-1)} = \frac{\overline{a_1 a_2 \cdots a_n b_1 b_2 \cdots b_m} - \overline{a_1 a_2 \cdots a_n}}{\underbrace{99\cdots9}_{m\uparrow}\underbrace{00\cdots0}_{n\uparrow}}$$

综合（1）（2），定理 2 得证。

根据定理 1，2，我们可以认为，有理数集是且只是十进有限小数集与十进无限循环小数集之并集。

定理 3　既约真分数 $\dfrac{p}{q}$ 可化为十进有限小数的充要条件是 q 只含有质因数 2 与 5。

定理 4　既约真分数 $\dfrac{p}{q}$ 可化为十进纯无限循环小数的充要条件是 q 只含有 2 和 5 以外的质因数。

定理 5　既约真分数 $\dfrac{p}{q}$ 可化为十进混循环小数的充要条件是 q 既含有质因数 2 或 5，又含有 2 和 5 以外的质因数。

定理 3，4，5 的证明见文[2]，此略。

2　无理数

2.1　定　义

由 1.3.2（即有理数的稠密性）不难知道，有理数在数轴上是稠密的，也就是说，有理数在数轴上"无处不在"！虽然如此，但整个数轴绝非有理数"一统天下"。数轴上还有许许多多的不能用有理数来表示的数。如单位正方形对角线之长度（用 $\sqrt{2}$ 在表示）等。早在公元前 5 世纪，Pythagoras 学派已经证明了 $\sqrt{2}$ 不是有理数，因而世人称 $\sqrt{2}$ 为第一个被发现的非有理数[3]。我们称数轴上不能用有理数来表示的数（即非有理数）为无理数。无理数集常用 I 表示。

由 1.4 中的定理 1 和 2，可以推知，无理数就是那些能而且只能表示为十进无限不循环小数的数。

2.2　四则运算

容易验证，无理数关于加、减、乘、除四种运算都不封闭。但不难用反证法证明下列定理。

定理 6　无理数与有理数之和、差仍是无理数。

推论 1　无理数之相反数仍是无理数。

定理 7　无理数与非零有理数之积、商仍是无理数。

推论 2　无理数之倒数仍是无理数。

由定理 6，7，易知无理数集 I 是无限集。

2.3　性质

2.3.1　有序性（证明从略）　无理数集 I 是一个有序集。

即无理数之间可比较其大小[4]，且满足：

（1）全序性：任意两个无理数 α, β 总可比较大小，即 $\alpha < \beta, \alpha = \beta, \alpha > \beta$ 三者有且只有一个成立。

（2）传递性：任意三个无理数 α, β, γ，若 $\alpha < \beta, \beta < \gamma$，则 $\alpha < \gamma$。

2.3.2　稠密性　无理数集 I 是一个稠密集。即无论 α, β 是怎样的两个相异的无理数，在 α, β 之间总存在着一个无理数 γ。

由稠密性易知，任意两个相异的无理数之间存在着无穷多个无理数。

2.3.3　阿基米得性质（证明从略）　无理数集 I 满足阿基米得性质，即对任意两个正无理数 α, β，总存在自然数 n，使 $n\alpha > \beta$。

从阿基米得性质立刻可以断定，没有最大的无理数，也没有最小的正无理数。

2.3.4　不可数性（证明从略）　无理数集 I 是不可数（或连续）集。即不存在一种方法，把全体无理数加以编号。

2.4　一些常见的无理数

2.4.1　n 次算术根的无理数

定理 8　若分数 $\dfrac{A}{B}$ 的分子、分母是互质的自然数，且它们至少有一个不是任何自然数的 n 次方幂数（$n \in N_+, n \geq 2$），则 $\sqrt[n]{\dfrac{A}{B}}$ 是无理数。

证明：$\sqrt[n]{\dfrac{A}{B}}$ 是正实数，为了进而证明它是无理数，我们采用反证法。

事实上，若 $\sqrt[n]{\dfrac{A}{B}}$ 是有理数，则存在自然数 p, q，且 $(p, q) = 1$，使 $\sqrt[n]{\dfrac{A}{B}} = \dfrac{p}{q}$，于是 $\dfrac{A}{B} = \dfrac{p^n}{q^n}$。即 $Aq^n = Bp^n$，由于 $(p, q) = 1$ 知 $(p^n, q^n) = 1$，又 $(A, B) = 1$，所以，有 $A = p^n$，$B = q^n$。此与 A, B 至少有一个不是任何自然数的 n 次方幂数矛盾。故实数 $\sqrt[n]{\dfrac{A}{B}}$ 是无理数。

推论 3　若自然数 A 不是任何自然数的 n 次方幂数（$n \in N_+, n \geq 2$），则 $\sqrt[n]{A}$ 是无理数。

推论 4　若 A, B 为互质的自然数，且至少有一个不是任何自然数的 n 次方幂数（$n \in N_+, n \geq 2$），则 n 次方程 $x^n - \dfrac{A}{B} = 0$ 的实根是无理数。

推论 3，4 均可由定理 8 直接得出，证明略。

定理 9 若分数 $\dfrac{A}{B}$ 的分子、分母是互质的自然数，且它们至少有一个不是任何自然数的 n 次方幂数（$n \in N_+, n \geq 2$），则当自然数 $(m,n)=1$ 时，$\sqrt[n]{\left(\dfrac{A}{B}\right)^m}$ 是无理数。

证明：我们用反证法证 $\sqrt[n]{\left(\dfrac{A}{B}\right)^m}$ 的无理性。

事实上，若 $\sqrt[n]{\left(\dfrac{A}{B}\right)^m}$ 是有理数，则存在互质的自然数 C,D，使 $\sqrt[n]{\left(\dfrac{A}{B}\right)^m} = \dfrac{C}{D}$，于是有 $\left(\dfrac{A}{B}\right)^m = \left(\dfrac{C}{D}\right)^n$，即 $A^m D^n = B^m C^n$。

因为 $(A,B)=1$，所以 $(A^m, B^m)=1$。同理，$(C^m, D^m)=1$。于是有 $A^m = C^n$，$B^m = D^n$，又 $(m,n)=1$，存在自然数 r,s，使 $A = r^n, B = s^n$。此与 A,B 至少有一个不是任何自然数的 n 次方幂数矛盾。故 $\sqrt[n]{\left(\dfrac{A}{B}\right)^m}$ 是无理数。

推论 5 若 A 不是任何自然数的 n 次方幂数（$n \in N_+, n \geq 2$），且 $(m,n)=1$，则 $\sqrt[n]{A^m}$ 是无理数。

证明：在定理 9 中，令 $B=1$，知结论成立。

定理 10 正无理数的 n 次算术根是无理数。

证明：设 α 是正无理数，若 $\sqrt[n]{\alpha}$ 是有理数，则存在自然数 p,q，且 $(p,q)=1$ 使 $\sqrt[n]{\alpha} = \dfrac{p}{q}$，于是 $\alpha = \dfrac{p^n}{q^n}$，由 $(p,q)=1$，知 $(p^n, q^n)=1$，所以 $\alpha = \dfrac{p^n}{q^n}$ 是一个既约分数，即有理数，此与 α 是无理数矛盾。故 $\sqrt[n]{\alpha}$ 是无理数。

2.4.2 三角函数的无理数

引理 任何非零有理数 φ 的余弦函数值（即 $\cos \varphi$）都是无理数。

此引理的证明超出初等数学范围。此略。

推论 6 π 是无理数。

证明：显然，π 是非零实数。若 π 是有理数，则有 $\cos \pi$ 是无理数。但 $\cos \pi = -1$，此矛盾。故 π 是无理数。

定理 11 对任何非零有理数 φ，函数值 $\sin \varphi, \tan \varphi, \cot \varphi, \sec \varphi, \csc \varphi$ 皆为无理数。

证明：由三角函数的定义及性质知。对任何非零有理数 φ，$\sin \varphi, \tan \varphi, \cot \varphi, \sec \varphi, \csc \varphi$ 皆为实数。现用反证法证明它们都是无理数。

事实上，若 $\sin\varphi, \tan\varphi, \cot\varphi, \sec\varphi, \csc\varphi$ 中有一个是有理数，则由公式：$\sec\varphi \cdot \cos\varphi = \csc\varphi \cdot \sin\varphi = 1$ 和 $1 - 2\sin^2\varphi = \dfrac{1-\tan^2\varphi}{1+\tan^2\varphi} = \dfrac{\cot^2\varphi - 1}{\cot^2\varphi + 1} = \cos 2\varphi$，可得 $\cos\varphi, \cos 2\varphi$ 是有理数，与引理矛盾，故定理成立。

2.4.3 反三角函数的无理数

定理 12 对自变量的任一有理值，其反三角函数的非零值都是无理数。

证明：设 $y = \arcsin x, x \in Q$，且 $y \neq 0$，由反正弦函数之定义及性质，知 $\arcsin x$ 是实数。若 y 为有理数，则由定理 11，知 $x = \sin y$ 为无理数，此与 $x \in Q$ 矛盾。故 y 是无理数。

同理可证其他。

2.4.4 对数函数的无理数

定理 13 若大于 1 的自然数 a, b 互质，则对数 $\log_a b$ 是无理数。

证明：由对数函数的定义及性质易知，$\log_a b$ 是正实数。现用反证法证其无理性。

若 $\log_a b$ 是有理数，则存在互质的自然数 p, q 使 $\log_a b = \dfrac{p}{q}$，于是 $a^p = b^q$。但 a, b 互质，因而 a^p, b^q 互质，所以 $a^p = b^q$ 不可能。此矛盾。故 $\log_a b$ 是无理数。

定理 14 若大于 1 的自然数 a, b 不是同整数底的整幂，则对数 $\log_a b$ 是无理数。

证明：由对数函数之定义知 $\log_a b$ 是正实数，现用反证法证明 $\log_a b$ 是无理数。

若 $\log_a b$ 是有理数，则存在互质的自然数 p, q 使 $\log_a b = \dfrac{p}{q}$，于是 $a^p = b^q$，存在自然数 $c(c \neq 1)$，使 $a = c^q, b = c^p$，此与 a, b 不是同整数底的整幂矛盾，故 $\log_a b$ 是无理数。

定理 15 若不等于 1 的正有理数 a, b 不是同有理数底的正整数幂，则 $\log_a b$ 是无理数。

证明：由对数函数的定义及性质易知，$\log_a b$ 是实数。用反证法证其无理性。

事实上，若 $\log_a b$ 是有理数，则 $\log_a b^{-1}$ 是有理数，不失一般性，设 $b > 1$，$\log_a b = \dfrac{p}{q}$（p, q 为互质的自然数），则 $a^p = b^q$，存在正有理数 t，使 $a = t^q, b = t^p$。此与题设矛盾。故 $\log_a b$ 是无理数。

推论 7 若不等于 1 的正有理数 b 与 10 不是同底的幂，则常用对数 $\lg b$ 是无理数。

证明：在定理 15 中，令 $a = 10$，即得 $\lg b$ 是无理数。

定理 16 若 a 是正超越数，b 是不等于 1 的正有理数，则 $\log_a b$ 与 $\log_b a$ 都是无理数。

证明：事实上，若 $\log_a b$ 是有理数（则 $\log_a b^{-1}$ 亦然），不失一般性，设 $b>1$，且 $\log_a b = \dfrac{p}{q}$（p,q 为互质的自然数），则 $a^p = b^q$，由于 b 是正有理数，q 是非零自然数，据 1.2 易知，b^q 亦是正有理数。设 $b^q = \dfrac{B}{A}$（A,B 是互质的自然数）。则 $a^p = b^q = \dfrac{B}{A}$。即 $Aa^p - B = 0$。此示，a 是整系数代表方程 $Ax^p - B = 0$ 的解，因而是代数数，这与 a 是超越数的题设矛盾。故 $\log_a b$ 是无理数。

由于 $\log_a b \times \log_b a = 1$，故 $\log_b a$ 是无理数。

推论 8 不等于 1 的正有理数 b 的自然对数 $\ln b$ 是无理数。

证明：在定理 16 中，令 $a=e$，即得 $\ln b$ 是无理数。

定理 17 若 a 是正超越数，b 是不等于 1 的正有理数，m,n 是有理数，且 $n \neq 0$，则 $\log_a(a^m b^n)$ 是无理数。

证明：由对数的定义和性质，知 $\log_a(a^m b^n)$ 是实数，且 $\log_a(a^m b^n) = m + n\log_a b$，根据定理 16 及定理 6，7，得知结论成立。

定理 18 若 a，b 是不等于 1 的正实数，且不是同正实数底的有理数指数的幂。则 $\log_a b$ 是无理数。

证明：由对数之定义，知 $\log_a b$ 是实数。现用反证法证其无理性。

若 $\log_a b$ 是有理数（则 $\log_a b^{-1}$ 亦然）。不失一般性，设 $b>1$，且 $\log_a b = \dfrac{p}{q}$（p,q 为互质的自然数），则 $a^p = b^q$ 此与题设矛盾，故 $\log_a b$ 是无理数。

3 代数数与超越数

这里，我们只对代数数和超越数作简要介绍，并给出几个基本结论。至于更进一步的讨论，需要借助高等数学的有关知识，在此就不赘述了。

3.1 定 义

若实数 α 满足整系数代数方程 $\sum\limits_{i=0}^{n} a_i x^i = 0$（其中 n 为自然数，$a_0 \neq 0$，$a_i(i=0,1,2,\cdots,n)$ 是整数），则称 α 是代数数。

不是代数数的实数称为超越数。

若代数数 α 所满足的最低次整系数代数方程的次数为 n，则称 α 为 n 次代数数。

3.2 几个基本结论

定理 19 有理数是一次代数数。

证明：由于任意有理数 $\dfrac{p}{q}$（p,q 为互质的整数，且 $q>0$），总满足且只能满足一次整系数代数方程 $qx - p = 0$，所以结论成立。

定理 20 若 a, b 为非零有理数，m 为正整数且不是某个正整数的平方，则形如 $a+b\sqrt{m}$ 的实数都是二次代数数。

证明：设 $a=\dfrac{A}{B}, b=\dfrac{C}{D}$，其中 $(A,B)=1,(C,D)=1$ 并令 $a_2=B^2D^2$，$a_1=-ABD^2$，$a_0=A^2D^2-B^2C^2m$，则容易验证，形如 $a+b\sqrt{m}$ 的实数满足二次代数方程 $a_2x^2+a_1x+a_0=0$，故结论成立。

定理 21 实数 π, e 是超越数。证明从略。

定理 22 若 $\alpha(\alpha \neq 0,1)$ 是任意代数数，β 为任意代数无理数，则 α^{β} 是超越数[5]。证明从略。

注：定理 22 是 1900 年德国著名数学家希尔伯特（D. Hilbert）提出的当时数学上的 23 个难题中第 7 个问题的后半部分。1934 年由苏联的盖尔方特（A. O. гелъфанд）与德国的施奈得（Schneider）各自独立地证明，并于 1966 年又被贝克（A. Baker）等人推广。但是，超越数理论的研究还远未完成，有待有志者的不断努力和探究。

参考文献

[1] 张锦文. 集合论与连续统假设浅说[M]. 上海：上海教育出版社，1982：43-47.

[2] 刘意竹. 小学数学教材教法[M]. 北京：人民教育出版社，1994：206-213.

[3] 秦曾复. 关于有理数和无理数的两个问题[J]. 初等数学论丛，1982（5）：58.

[4] 格·马·菲赫金哥尔茨著. 数学分析原理[M]. 吴亲仁，等，译. 北京：人民教育出版社，1979：2-6.

[5] 大卫·希尔伯特. 数学问题. 数学史译文集[M]. 上海：上海科学技术出版社，1981：60-84.

Rational Number and Irrational Number in Elementary Mathematics
KE Hua

（Renhuai Normal School guizgou, Guizhou Renhuai 564500, China）

Abstract: By means of the elementary mathematics, this paper discusses rational number and irrational number.

Key words: Rational Number; Irrational Number; Real number

本文载于《贵州教育学院学报（自然科学版）》，1998 年 9 月，第 33-38 页。

【之三】

美国SAT改革及其对我国高考改革的启示

柯铧

（遵义师范学院基础教育研究中心，563002）

内容摘要：美国的SAT考试改革，实施了包含阅读、写作、数学三个板块的新SAT考试，从而使得实施了近80年之久的一直包括英文和数学两个板块的老SAT成为历史。美国高校招生制度，均有其独到之处，值得我们借鉴。对我国新一轮高考制度的改革和高校招生制度的进一步完善不无启示。

关键词：SAT；新SAT；高考改革；启示

一、美国SAT

1. SAT的渊源

一战期间，新IQ运动的领导者罗伯特·耶基斯说服美国陆军使用他发明的测试方法来测验新兵的智力。战后这种测验方法被修改后称为学术智慧考试（Scholastic Aptitude Test，简称SAT），并作为大学的入学考试，于1926年第一次在几千名大学申请者中试行。1934年，哈佛大学将SAT考试用于甄选奖学金申请人。次年，哈佛大学把这个考试推广应用于所有申请哈佛大学的学生。1938年，亨利·昌西副校长向大学理事会的所有会员学校发出呼吁，要求它们把SAT考试作为申请奖学金的考试。1948年，作为大学理事会的合同方为其提供大学入学考试服务的以詹姆斯·科南特为首任主席的教育考试服务中心（Educational Testing Service，简称ETS）成立。从此，SAT考试成绩成为绝大多数大学的最基本的入学条件之一。

长期以来，SAT考试分为英文和数学两部分，每部分的最低成绩为200分、满分为800分。两部分满分共1600分。这个曾被称为学术智慧考试SAT的考试，据统计，1995年的平均成绩是英文424分，数学475分，全美只有7%的考生英文部分考到600分以上，而数学部分达到600分以上的有21%的学生。考试委员会认为此前的题目偏难，评分标准偏高，决定从1995年4月起把当年的平均成绩作为中间分，两科的成绩各提为500分，并且决定1995年以前所有考生的总分认定都提高100分。大学理事会在提高中间分的同时，把以前的SAT改名为SAT I，其英文全称也改为Scholastic Assessment Test，仅中间的一词之差，变学术"智慧"考试为学术"评估"考试。SAT I 考试在题型上有了一定的改动，但是并不大。人们常常还是习惯地把已经改名的SAT I称为SAT考试，其实两者表示同样的意思。

2. SAT 考试

美国的大学录取新生，大多数要求申请者提供标准化考试成绩。为美国学生提供标准化考试的主要有 SAT（Scholastic Assessment Test）和 ACT（American College Test）两家，因此，SAT 考试与 ACT 考试均有美国"高考"之称，它们既是美国大学的入学条件之一，又是大学发放奖学金的主要依据之一及对学生综合能力的测试标准，其中以 SAT 的影响最大。SAT 包括 SAT 综合考试或推理测验（Reasoning Test）（即平时所称 SAT 或 SAT I）和 SAT 单科考试或专项测验（Subject Tests）（称为 SAT II）。2005 年 3 月以前，SAT 一直包括英文和数学两个板块，各占 800 分，满分 1600 分。SAT II 的考试时间是一小时，大部分为选择题，主要考察考生某一专业的知识，可选的考试科目有数学、物理、化学、生物、外语（包括汉语、日语、德语、法语、西班牙语）等，每科满分为 800 分。因此，SAT II 是单科考试，根据各专业和学校的要求参加。

美国 SAT 考试可以重复考，一次付费可以考三次，考试时间一年中有 4～7 次。即使考了三次，如果觉得成绩不理想，但自己认为还有潜力，还可以选择再次付费，重新考试。只要在大学规定的申请截止时间之前寄出 SAT 成绩，都是有效的。学生可以选择其中最高分作为成绩向所选择的大学寄发。因此，SAT 考满分并不奇怪。SAT 成绩为大多数美国大学所承认，名牌大学一般还要求申请者提交 SAT 单科考试成绩。

州立大学一般根据国家标准考试，如 GPA（Grade Point Average）、SAT、ACT 等的成绩决定录取，但是竞争激烈的名牌大学则还要通过学生的申请资料逐一审查录取。因此，SAT 成绩并不是美国大学录取新生的唯一标准，甚至不是主要的一个标准。可以说，SAT 绝不等同于中国的高考。

3. 大学录取新生的标准

美国大学录取新生的标准主要有四个：

一是高中毕业前一年的学年平均成绩，包括学生的学校表现、出勤率等。

二是 SAT（或 ACT 等）成绩。

三是学生的社交参与能力。

四是一份申请者说明为什么选择这所大学的自荐信和三位教师等对申请者的推荐信。

二、美国 SAT 改革——New SAT

1. SAT 改革的背景

由于长期以来，SAT 一直包括英文和数学两个板块，且题目偏难，甚至一些题目枯燥乏味，评分标准偏高，即使 1995 年以后的实际评分标准比以前降低了

100 分，但是多年来都仅约 20%的考生总分达到 1 200 分；数学和英文部分都只有 1%的学生达到 770 分以上。特别是 2003 年的数学平均分为 518 分，英文平均分为 508 分。加之 SAT 的分数不是绝对分，而是相对分，分数和答对题目数不成正比例，评定中间分 500 分的标准由考试委员会根据全体考生的考试成绩分布浮动而制定等诸多因素，于是，6 年前，SAT 的大东家——美国大学委员会迫于加州大学的压力宣布对 SAT 大动手术进行改革：在综合考试中增加写作部分，并将英文部分改为"阅读"，形成阅读、写作、数学三足鼎立之势，各占 800 分，总分从 1 600 分增至 2 400 分，考试时间三小时四十五分钟。

2. 新 SAT 考试的特点

在 2003 年底，SAT 考试的注册官方网 www.collegeboard.com 就公布了消息，新 SAT 考试具有如下新特点：

- 增加作文部分，同时在作文部分中包含多项选择语法题的测试项目；
- 目前的语文部分改名为阅读部分，包含完整句子、短阅读和长阅读几个部分；
- 取消原有的语文部分中的词汇类比题；
- 数学部分的考察范围扩大到美国大学三年级的数学课程内容；
- 取消原有的数学部分的比较大小的部分。

因此，SAT 改革，主要是对 SAT I 的改革，即将原来的英文和数学两个板块改为阅读、写作、数学三个板块，同时增删了一些内容。

3. SAT 改革——New SAT 的实施

2005 年 3 月 12 日，包含阅读、写作、数学三个板块的新 SAT 考试首次实施，使得实施了近 80 年之久的一直包括英文和数学两个板块的老 SAT 成为历史。这次考试全美有 30.4 万名学生参加，有 107 名学生获得满分 2 400 分，其中 24 人在加州。

新 SAT 从实施后到 2010 年各学年度考试时间均安排在星期六，具体时间见下表：

2004～2005	2005～2006	2006～2007	2007～2008	2008～2009	2009～2010
\	10 月 8 日	10 月 14 日	10 月 6 日	10 月 4 日	10 月 10 日
\	11 月 5 日	11 月 4 日	11 月 3 日	11 月 1 日	11 月 7 日
\	12 月 3 日	12 月 2 日	12 月 1 日	12 月 6 日	12 月 5 日
\	1 月 28 日	1 月 27 日	1 月 26 日	1 月 24 日	1 月 23 日
3 月 12 日	4 月 1 日	3 月 10 日	3 月 1 日	3 月 14 日	3 月 6 日
5 月 7 日	5 月 6 日	5 月 5 日	5 月 3 日	5 月 2 日	5 月 1 日
6 月 4 日	6 月 3 日	6 月 2 日	6 月 7 日	6 月 6 日	6 月 5 日

SAT 考试在我国大陆没设考点，不过在我国香港和台湾都有考点，同时在亚

洲的新加坡、日本、韩国、泰国、越南、泰国等也设有考点。我国高中生申请进入美国本科学校一般只需参加 SAT I 考试，它对学生语言水平的要求比 TOEFL 更高了一个档次。我国高中生若仅有 TOEFL 成绩，几乎不可能被美国前 100 名的大学所录取。

4. 新 SAT 考试的内容及用时

新 SAT 的阅读、写作、数学三个板块各部分的内容及时间大致为：

● 阅读（Critical Reading）部分：以前称为英文部分，不着重词汇，但在阅读题中有询问字义的题目；除了传统的长篇文章外，新增了短文的理解题目等，共 67 道题；其中完成句子有 19 道，段落阅读有 48 道。阅读文章涉及内容：自然科学类，人文科学类，社会科学类，文学小说类。用时 70 分钟（分为两个 25 分钟和一个 20 分钟）。

● 写作（Writing）部分：是全新的部分，除 1 道短文写作题外，还有 49 道有关文法的选择题，要求学生指出错误和改进句子、段落的最佳方法等。其中有 18 道句子找错，25 道改句，6 道改段落和一个短文。多项选择包括改错，改写句子和段落。作文类型：议论文，需有立论和例证（作文单独评分：2-12；多项选择评分：20-80）。用时 60 分钟（多项选择 35 分钟，写作 25 分钟）。

● 数学（Math Section）部分：虽然主要是 10 年级程度的题目，但有些较高深的高级代数题，如函数符号、指数增长等方面的知识，并着重于图表和对视觉化数据的解释等，共 54 道题，其中多选题 44 道，填空题 10 道。内容包括：整数和分数；代数、几何、统计、概率；数量分析。用时 70 分钟（分为两个 25 分钟和一个 20 分钟）。

在新 SAT 中，写作考试包括 25 分钟的短文写作，占写作部分总分的 1/4，其余便是 49 道关于语法与文体的多项选择题。所以，考生将首先花 25 分钟的时间对付最高分仅为 6 分的命题作文题。学生根据作文主题，遵循逻辑思维推理、解析并阐述。大学可以通过命题作文了解学生的家庭环境、学生创意、挑战精神、人生目标、人生准则和发展方向等。考生完成命题作文之后，还要用 35 分钟应考其余的 49 道题。

在每次考试中都会有一个 25 分钟的不计成绩部分（Unscored Section）。不计成绩部分是为了设计未来的试题等目的。不计成绩部分可能是三部分的任何一部分。所以新 SAT 考试用时是三小时四十五分钟。

三、对 New SAT 的关注

1. New SAT 实施之初

在新 SAT 中，由于新增了写作板块，还增加了数学的难度，取消了词汇板块中令人讨厌的"类比"部分并用阅读理解和完整形填空取而代之，新 SAT 的最高分又从老 SAT 的 1 600 分调整到 2 400 分，所以，刚实施新 SAT 时，无论是学生、家长，还是高中的指导教师，都不很习惯，拿到分数后总要费力地进行换算，看看这个成绩大致处于什么位置。学生、家长和教师都对老 SAT 根深蒂固，都习惯于满分 1 600 分时的思维。突然间，1 600 分成为一个糟糕透顶的分数，实在有一点不可思议。同时，学生没有任何参照可以了解自己在全国考生中的位置，要等到一整年的考试全部结束后才能提供分数的百分比排名。

尽管新 SAT 写作考试的评分者分别由经验丰富的高中教师和大学里教授英语、写作、语言艺术的教师以及所教学科涉及大量写作的其他学科教师担任，评分者依据评分规则与范文进行评分，每篇文章由两位评分者单独打分，分值在 1～6 分之间，6 分为最高分，两位评分者所打的分数相加的分值应在 2～12 分之间，并且如果两位评分者所判分数之差超过 1 分，则需要第三位评分者加入。但是，新 SAT 中写作考试的有效性，以及大学对新 SAT 成绩的认可程度在新 SAT 刚实施的一段时间内仍然成为关注的焦点：如何采用、何时采用新 SAT 中的写作成绩，甚至是否采用新 SAT 的考试分数还悬而未决；1 600 所四年制大学中，429 所大学表示将要求申请者提供写作成绩，但很多大学对于在录取中采用写作成绩持观望态度；有 700 多所大学不要求申请者提供标准化考试成绩，很多大学还不知道怎样使用新 SAT 成绩；大学委员会也对采用首次写作考试的分数出言谨慎，没有建议大学在录取工作中立即采用写作分数，并指出，第一年的使用应该谨慎为妙；因为其提出批评意见才导致 SAT 改革的加州大学也表示，对新 SAT 还缺少足够的经验，因而还不能确切地告诉考生学校如何评价新 SAT 的考分，但是，可以肯定，在 2006 年才使用写作成绩；与加州大学有相同打算的还有包括常春藤名校联盟中的大学和竞争最激烈的文科学院等 100 多所大学；斯坦福大学的有关官员表示，将把新增的写作考试看作精读的补充；最引人注目的乔治敦大学则表示，在录取过程中不看考生的写作成绩；麻省理工学院则表示 2006 年也不会在录取中采用新 SAT 的写作成绩，并且在写作成绩的有效性没有达到要求之前，不会考虑将写作分数用于录取；伊利诺斯州立大学对写作成绩没有要求，但未来有要求的趋势；尽管加州的波莫纳学院此前要求提交 SAT 成绩的学生必须参加三门 SAT 单科考试（其中就包括了写作考试），但还是采取了折中的办法，同时也接受 ACT 成绩（其中就没有写作成绩），从而为那些学校没有教写作的孩子留了一些空间。

所以，在新 SAT 开始实施的一段时间内，着实使很多学生、家长和升学指导教师甚至相当数量的大学对新 SAT 的认识非常混乱。可以说，新 SAT 的实施，曾一度在美国引发了阵阵混乱。

2. 不断成熟的 New SAT

大学理事会认为 SAT 考试可以用来评估高中毕业生的学术能力。根据它的资料显示，成绩越高的学生在大学的成绩会越好。它是美国高中生进入美国大学的标准入学考试，被称为美国的"高考"，所以，SAT 考试是世界上投入研究最多的考试。SAT 改革，旨在取消一些枯燥乏味的偏题怪题，增加作文，扩大考察范围，通过适当提高考试难度，名牌大学可以比较全面地了解学生各方面的情况，从而招收到比较理想的有潜力的可持续发展的学生。目前，SAT 在美国每年有超过 200 万高中生参加，是美国 90%以上大学，特别是常青藤盟校承认并要求申请者提供成绩的考试，因为它是决定录取和评定奖学金发放的重要参考指标，是美国大学所能够得到的唯一可以比较来自不同地区和学校学生能力的成绩。New SAT 的实施到现在已经足足 4 个年头了，通过 4 年的改革实践，New SAT 得到了学生、家长和升学指导教师甚至几乎全部美国大学的接受认可。可以说 New SAT 在逐步走向了成熟和完善。

四、New SAT 对我国新一轮高考改革的借鉴与启示

美国高校招生制度，无论考试的机制和内容，还是考试的方法、程序、录取标准和录取方式，均有自己的独到之处，值得我们借鉴。对我国新一轮高考改革和高校招生制度的进一步完善不无启示。笔者认为，应根据国情，吸收各国特别是美国高校招生制度的合理内核改革我国高考制度。

一是考试形式变一年一考为一年多考。我国教育专家尖锐地指出，仅凭一次性的文化考分录取学生的高考制度，已成为全面推进素质教育的最大障碍。学生的素质，能力等，仅仅由一次考试而下出结论，十几年的寒窗苦读，只由两、三天的高考来加以评判，其间的偶然性、片面性是必然的，对很多学生是很不公平的。变一年一考为一年多考，学生可以根据自己的情况，参加任何一次甚至每一次考试，一直考到自己不愿意考为止，从而展示自己的真实水平，彰显自己的实际能力，进而通过"过程的公正"达到"结果的合理"。诚然，公平、公正及其合理都是相对的，不是绝对的，绝对了就会走向反面。如果说"过程的公平"可以维护社会和谐，那么"过程的公平"+"结果的合理"更利于营造和谐社会。

二是全国统考与高校单考相结合。我国高校招收新生的基本特色是：由国家举办统一考试，依据考试成绩、考生档案及个人志愿，由高校择优录取学生。这凸显了高考的选拔性质，尤其是重点高校及热门专业的入学竞争十分激烈。但随着大众化阶段高等教育入学机会的增加，高考的功能应该从选拔性走向适应性，高考不再是高校单向选择学生，而是高校与学生之间双向互动的选择。因此，从选拔性来说，语文、数学、外语三科由全国统考，考生可将多次参加全国统考的各科的最好成绩或平均成绩提供给所选的高校作为参加高校单考的依据；从适应性来说，各高校自定与专业相关的 1～2 门科目设置单科考试，有利于选拔不同特长的人才，以此作为高校与学生双向选择的依据。分省命题的考题难度不可比，因此成绩也不可比，从而考生可能会遭遇相对不公平的待遇。

三是进行试题结构性调整。高考改革要提高命题的科学性，考试内容既要考基础知识，更要考基本能力，包括记忆力、判断力、想象力、思维能力、应用知识能力以及创新能力等。各科可分三个水平层次：基础水平层次主要检测学生是否达到中等学校所规定的毕业生培养目标；提高水平层次主要检测学生是否善于运用掌握的知识，并在变化中运用；高级水平层次主要检测学生在新情况下综合运用学科知识的能力。同时兼顾高校单科专业检测。众所周知，教育的目的是培养好学生。因此不能忽视"合理"的结果，更不能只是为了相对"公平"的过程而在相对"公平"的高考指挥棒下的应试教育以培养考生来代替培养学生。

四是多元化综合评价学生成绩。我国现行高考重智，轻德、体、美、劳，基本上属于"智力中心论"，就此而言，它很像教育史上的"形式训练说"的再现，造成教育过程的偏向性以及由此而来的学生整体素质发展的片面性。就智育而言，现行高考重知识轻能力，基本上属于"知识中心论"，又像是"实质训练说"的贯彻执行，因而对教育过程的导向必然是重知识轻能力，进而又造成学生智能发展的片面性。学生的综合素质不仅仅表现在考试成绩上，其动手能力、创新思维能力、综合管理能力、社会活动能力等在考试上是体现不出来的。建立学生能力档案，充分发挥学校、教师的主观能动性，对学生的综合能力进行全方位的评估。建立考评档案，综合评价高中生的成绩和德智体美等各方面的表现，择优录取大学新生。高考指挥棒应该指挥学生全面、和谐、健康地发展，学生需要综合评价机制。不建立综合评价的高考机制，学生的发展就会片面，就会畸形，就会影响国民素质的提高，最终妨害社会的可持续发展。因为，我们培养的应该是学生，而不是考生。高校招收的是学生，也不是考生。当然，综合评价的结果需要高度的社会诚信和法治作为保障。

五是教育资源投入均衡化。由于受政治、经济、文化、人口、就业等诸多发展变化的因素的影响和制约，教育资源历来存在着东部、中部、西部或江南、江北等地域性差异。如果教育资源匮乏，再加之高校布局结构的严重失衡，势必给高考的改革带来诸多的艰难。然而，教育是属大众化、公益性的事业，是非盈利性的，这就决定了教育需要政府的扶持。政府投入了资金，配合西部大开发的战略，推动中西部经济发展，调整产业布局，大力扶持各级各类教育特别是高等教育的发展，逐步调整高校布局的不合理状态，鼓励私人投资办学，走外延式发展道路，教育的公平才能凸显出来，从而才能确保新一轮高考改革顺利进行。

六是高校招生名额分配多样化。高校的招生名额分配目前可考虑分成几个组成部分：一部分由高考成绩及各方面综合考评确定；一部分实行区域比例分配制，按学生人数比例并兼顾东部、中部、西部等地域性差异进行调配选拔，有助于教育资源的均衡化；一部分由高校自主调剂使用等。尽量做到对各地学生平等相待，一视同仁，在适当倾斜的同时逐步取消地域性的差别待遇，使招生名额分布逐渐达到相对合理、平衡的状态。

高等教育入学机会不存在绝对的公平，只能在一系列复杂的社会因素中做到相对公平。高考改革是个复杂的系统工程，需要兼顾社会政治、经济、文化等诸多因素的影响，因此，高考改革，既要借鉴国外的有益经验，也要从国情出发，立足本国国情；既要有利于基础教育的改革与发展，又要适应高等教育的发展要求，同时还要遵循考试自身的发展规律。改革，是一种革命，会带来阵痛；也是一种过程，是在传承传统的合理内核的基础上进行创新。任何改革都等不来，高考改革也不例外。只有直面现实，改革现状，才能走向希望。新一轮高考改革，国人期待逐步建立起"关注国际，立足国情"的以国家统一考试为主，以多元化考试评价和多样化选拔录取相结合的与新一轮基础教育课程改革相适应的公平合理的现代高校招生考试制度。我们应该以冷静的目光、清醒的思路和持续的实践来探索改革之路。

由于笔者水平所限，一孔之见在所难免，望同仁斧正。

主要参考文献

[1] 看美国学生如何高考[J]. 基础教育，2005（6）：28-29.

[2] 乔梁. 美国SAT考试改革[J]. 课程·教材·教法，2005（5）：88.

[3] 李立峰. 高考录取制度与社会公平[J]. 基础教育参考，2005（6）：17-19.

[4] 李水山. 美国、法国、日本的高考制度及改革动向[J]. 基础教育参考，2005（6）：25-26.

The Inspiration of Reform of U.S SAT to China's College Entrance Examination Reform

Ke Hua

(Zunyi Normal College, Zunyi, Guizhou 563002, China)

Abstract: The New SAT including three plates of reading, writing, mathematics made the old one implemented for nearly 80 years to be history. Through constant adjustment and improvement, New SAT has gradually matured and improved. In the United States, New SAT as the core college entrance exam system, whether it is a mechanism, contents, methods, procedures, or the admission criteria and modalities, all have their own unique, It can all give some inspirations for reform of China's college entrance examination and improvement of the new college entrance system.

Key words: SAT; New SAT; Reform for College Entrance System; Inspiration.

本文载于《教育测量与评价》，2009年10月，第56-59页。

【之四】

教师评估方法

柯铧

（贵州省仁怀师范学校 564500）

教师评估，是现代教育的一个重要课题——教育评价的组成部分之一。对教师的评估，必须端正教育行政主管部门和学校领导干部的指导思想，要以人为本，克服片面追求考取率以及考试成绩评先进、定优劣等错误倾向，从教师的劳动特点出发，坚持全面评估的观点，既要看教学科研成果，也要看工作表现，还要看本身素质等。只有这样，才能对教师做出比较全面而客观的评估，才可能真正地最大限度地调动教师的积极性。

教师评估作为对教师价值的判断，要做到客观、全面、公正、合理，必须从各种不同角度对教师的教学、科研工作及其效果的各个侧面进行价值分析和价值判断。以往，对教师的评价基本上是处于定性评价，其评价往往带有主观性和片面性，不能公正准确地反映出教师的教学科研水平，导致处于模糊状态。所以，探索一种主观与客观相统一、静态与动态相统一、定性与定量相统一的以定量分析为主的教师评估方法，就具有一定的意义。

一、评估模型

1. 评估因素[1]

根据"业务教学评价与思想教育评价相统一，教育评价与科研评价相统一，教育评价与教育改革相统一，教育评价与教育管理相统一"的原则，并结合我国国情，我们认为，我国教师评价应该从思想政治(X_1)、知识结构(X_2)、教育科研能力(X_3)、工作成绩(X_4)、履行职责(X_5)等五个因素作为一级评估因素(X)，$X=(X_1,X_2,X_3,X_4,X_5)$。而每一个一级评估因素应该由若干个二级评估子因素组成：$X_1=(X_{11},X_{12},X_{13},X_{14},X_{15})$，$X_2=(X_{21},X_{22},X_{23})$，$X_3=(X_{31},X_{32},X_{33},X_{34},X_{35})$，$X_4=(X_{41},X_{42},X_{43},X_{44})$，$X_5=(X_{51},X_{52},X_{53})$。其中，$X_{11}$——理想、觉悟，$X_{12}$——思想品德，$X_{13}$——职业道德，$X_{14}$——工作态度，$X_{15}$——进取精神；$X_{21}$——学历，$X_{22}$——实际（基础与专业）知识水平，$X_{23}$——外语水平；$X_{31}$——教育能力，$X_{32}$——教学能力，$X_{33}$——科研能力，$X_{34}$——指导培养教师、研究生能力，$X_{35}$——体力；$X_{41}$——教育教学，$X_{42}$——科研与指导，$X_{43}$——教龄，$X_{44}$——工作量；$X_{51}$——思想作风，$X_{52}$——水平，$X_{53}$——能力。

视具体情况，我们还可认为，每一个二级评估子因素又由若干个三级评估子因素组成，等等。

2. 评估类

评估类亦即评语类别，可以分为四等十二级：$Y=(Y_1, Y_2, Y_3, Y_4)$。其中，Y_1——优，Y_2——良，Y_3——中，Y_4——差；$Y_1=(A^+, A, A^-)$，$Y_2=(B^+, B, B^-)$，$Y_3=(C^+, C, C^-)$，$Y_4=(D^+, D, D^-)$。在这里，最高分为 A^+，得分 12（相当于百分制的 100 分）；最低分为 D^-，得分 1（相当于百分制的 56 分），级差分为 1（相当于百分制的 4 分）。据此，可以制作出《考核、评估对照表》和《评分表》。

3. 评估模型

在此，我们给出一个一般情况下的模型。

设有 N 个评估者对 M 个评估对象关于 R 个评估因素 T（$T>R$）个评估子因素 S 个评估类进行评估，X_{ij}^t 表示第 i 个评估者对第 j 个评估对象关于第 t 个评估子因素给出的评分。这个分数实际为满意度（X_{ij}^t 取规定阈域中的分值）。

（1）统计

如果限制评估者的打分是相互独立的，则由大数定律，有：

$$P\left\{\lim_{N\to\infty}\frac{1}{N}\sum_{i=1}^{N}X_{ij}^t=f(X_{ij}^t)\right\}=1 \tag{1}$$

$j=1,2,\cdots,M; t=1,2,\cdots,T$。其中 $f(X_{ij}^t)$ 表示第 j 个评估对象关于第 t 个评估子因素的评估期望值。若令：

$$u_{tj}=\frac{4\times f(X_{ij}^t)+52}{100} \tag{2}$$

则 $u_{tj}\in(0,1]$ 被称为 N 个评估者对评估对象 j 关于因素 t 的期望值。

（2）求评估矩阵

令

$$f(X_{ij}^t)=\frac{1}{N-2}\left[\sum_{i=1}^{N}X_{ij}^t-\left(\max_i\{X_{ij}^t\}+\min_i\{X_{ij}^t\}\right)\right] \tag{3}$$

则

$$u_{tj}=\frac{0.04}{N-2}\left[\sum_{i=1}^{N}X_{ij}^t-\left(\max_i\{X_{ij}^t\}+\min_i\{X_{ij}^t\}\right)\right]+0.52 \tag{4}$$

于是得到评估矩阵 $B=(u_{tj})_{T\times M}$。

（3）数据处理

设评估前由专家组给出评估因素中各子因素的权系数为：

$$W_r=(W_{r1}, W_{r2}, \cdots, W_{rt_r}); \sum_{i=1}^{t_r}W_{rt_i}=1; r=1,2,\cdots,R; \sum_{i=1}^{r}t_i=T$$

则由加权平均法或 Fuzzy 积分法[2]以及其他方法可求出综合评估矩阵 $A=(a_{ij})_{R\times M}$，其中 a_{ij} 表示评估对象 j 关于第 i 个因素所获得的综合评估分数，可由加权平均或

Fuzzy 积分等法求出。

（4）奖励分

为了广开才路，对在工作中有突出贡献的评估对象可考虑奖励适当的分数。奖励分值可在评估前由专家组给出。

（5）确定评估类

由于评估类各类别间没有明显可辨的界限，是模糊的，故评估类定为 fuzzy 类。

确定评估类，主要包括确定评估 Fuzzy 类的等级类及各 Fuzzy 类的对比模型，根据假设，评估 Fuzzy 类为 S 级，现设对比模型为：$E_s = (e_{s1}, e_{s2}, \cdots, e_{sR}), s = 1, 2, \cdots, S$。

其中 $e_{sr} \in (0,1], r = 1, 2, \cdots, R$，表示第 s 个 Fuzzy 类对第 r 个评估因素所应达到的 Fuzzy 数，均由评估专家在评估前给出。

（6）计算 Fuzzy 评估系数向量

令
$$\xi_j^s(r) = \frac{\min\limits_{s}\min\limits_{r}|a_{sj} - e_{sr}| + \alpha \max\limits_{s}\max\limits_{r}|a_{sj} - e_{sr}|}{|a_{sj} - e_{sr}| + \alpha \max\limits_{s}\max\limits_{r}|a_{sj} - e_{sr}|} \tag{5}$$

其中，$r = 1, 2, \cdots, R$，$\alpha \in (0,1]$ 是选定的数。我们称向量 $\xi_j^s = (\xi_j^s(1), \xi_j^s(2), \cdots, \xi_j^s(R))$ 为 Fuzzy 评估贴近系数向量。

（7）计算 Fuzzy 评估贴近度

令
$$\beta_j^s = \frac{\sum_{r=1}^{R} A(r)[\theta \xi_j^s(r-1) + (1-\theta)\xi_j^s(r)]}{\sum_{r=1}^{R} A(r)} \tag{6}$$

其中，$\theta \in (0,1], A(r) = A[r-1, r]$ 为以区间 $[r-1, r]$ 为底以 1 为高的平面图形的测度。我们称 β_j^s 为评估对象 j 关于第 s 个 Fuzzy 类的贴近度。

（8）综合评估

令
$$\beta_j^{s*} = \max_{s=1}^{S}\{\beta_j^s\} \tag{7}$$

① 若 s* 唯一，则根据择近原理[3]，贴近度大的 Fuzzy 类对比模型所对应的 Fuzzy 类 s* 即为综合所有评估者对评估对象 j 的诸因素的评估后，评估对象 j 拟属的评估类。在同一 Fuzzy 类，可根据贴近度的大小排出评估对象的优劣次序。

② 若 s* 不唯一，则对于适当选取的正实数 ξ，若有 $\sum_{s=1}^{s*-1}\beta_j^s \geqslant \xi \sum_{s=1}^{S}\beta_j^s > \sum_{s=s*+1}^{S}\beta_j^s$，则可将已确定所属的 Fuzzy 类向上移动一个级别，而排在该 Fuzzy 类人选的后面；否则，若有 $\sum_{s=1}^{s*-1}\beta_j^s < \xi \sum_{s=1}^{S}\beta_j^s \leqslant \sum_{s=s*+1}^{S}\beta_j^s$，则可将已确定所属的 Fuzzy 类向下移动一个级别，且排在该类人选之前。

③若上、下移动及贴近度都相同,则可比较其他 Fuzzy 类别的贴近度,从而排出顺序。

二、评估实例

设根据上述评估因素的评估,得到教师甲、乙的综合评估矩阵为:

$$A = \begin{pmatrix} a_甲 \\ a_乙 \end{pmatrix} = \begin{pmatrix} 0.860 & 0.755 & 0.831 & 0.882 & 0.827 \\ 0.895 & 0.815 & 0.844 & 0.842 & 0.869 \end{pmatrix}$$

加分后的综合评估矩阵为:

$$A^* = \begin{pmatrix} a^*_甲 \\ a^*_乙 \end{pmatrix} = \begin{pmatrix} 0.877 & 0.770 & 0.847 & 0.900 & 0.844 \\ 0.922 & 0.839 & 0.869 & 0.867 & 0.895 \end{pmatrix}$$

设专家组给出评估类(优、良、中、差)的对比模型分别为:

$$E_1 = (0.905 \quad 0.855 \quad 0.893 \quad 0.921 \quad 0.901),$$
$$E_2 = (0.843 \quad 0.832 \quad 0.856 \quad 0.873 \quad 0.827),$$
$$E_3 = (0.825 \quad 0.804 \quad 0.832 \quad 0.835 \quad 0.800),$$
$$E_4 = (0.801 \quad 0.783 \quad 0.807 \quad 0.802 \quad 0.775)。$$

于是由公式(5),可计算出 Fuzzy 评估贴近系数向量(这里取 $\alpha = \frac{1}{2}$):

$$\xi^{(1)}_甲 = (0.753 \quad 0.436 \quad 0.611 \quad 0.829 \quad 0.552),$$
$$\xi^{(2)}_甲 = (0.699 \quad 0.523 \quad 1.000 \quad 0.763 \quad 0.879),$$
$$\xi^{(3)}_甲 = (0.574 \quad 0.699 \quad 0.906 \quad 0.509 \quad 0.624),$$
$$\xi^{(4)}_甲 = (0.464 \quad 0.935 \quad 0.652 \quad 0.392 \quad 0.492);$$
$$\xi^{(1)}_乙 = (0.845 \quad 0.856 \quad 0.775 \quad 0.572 \quad 1.000),$$
$$\xi^{(2)}_乙 = (0.470 \quad 0.970 \quad 0.916 \quad 0.985 \quad 0.510),$$
$$\xi^{(3)}_乙 = (0.416 \quad 0.686 \quad 0.672 \quad 0.708 \quad 0.421),$$
$$\xi^{(4)}_乙 = (0.361 \quad 0.562 \quad 0.535 \quad 0.522 \quad 0.403)。$$

再根据公式(6),可计算出 Fuzzy 评估贴近度向量(这里,取 $A(r)=1, \theta=0$):

$$\beta_甲 = (0.636 \quad 0.773 \quad 0.662 \quad 0.588),$$
$$\beta_乙 = (0.810 \quad 0.770 \quad 0.581 \quad 0.477)。$$

且 $\max_{s=1}^{4}\{\beta^{(s)}_甲\} = 0.773 = \beta^{(2)}_甲, \max_{s=1}^{4}\{\beta^{(s)}_甲\} = 0.810 = \beta^{(1)}_乙$。

根据择近原理,教师甲拟评第二等(即良),教师乙拟评第一等(即优)。

三、几点说明

(1)在评估时,可根据具体设施,由评估小组、评估对象所在系(或科)或教研室(组)甚至所在班级或部分学生分别给出评分,然后分别给以适当的权重,综合得出评估矩阵 **B**。

（2）通过对教师的评估，为教师认识自我提供了准确可靠的信息反馈，也为学校的决策和管理工作提供了科学依据。

（3）此法可排出教师工作的优劣次序，为择优聘用教师提供了科学依据，从而使教学、科研第一线的师资保持最佳状态。

（4）此法具有参数选择灵活，评估结果客观、全面、一致性等特点。

（5）此法通用性强，不仅适用于教师评估，而且适用于各行业、各部门公务人员以及各级领导干部的评估等。

（6）如果根据上述原理，编程上机，则应用时只需输入相关数据，即可迅速计算、打印出评估结果，省时省力，使用方便，效果满意。

参考文献

[1] 柯铧. 教师评估中的一种 Fuzzy 方法[J]. 模糊系统与数学（增刊），1992（6）：391-393.

[2] 柯铧. Fuzzy 积分在人才识别中的应用[J]. 贵州教育学院学报（自然版），1988（1）：61-64.

[3] 汪培庄. 模糊集合论及其应用[M]. 上海科学技术出版社，1983.

本文载于《中国高等教育论丛》，成都科技大学出版社，1993年4月，第737-740页。

【之五】

高中现行数学教科书中集合含义的商榷

柯 铧

(遵义师范学院基础教育研究中心,贵州遵义 563002)

摘要:集合是不能精确定义的基本概念,集合语言是现代数学的基本语言。集合应描述为:凡是具有某种性质的、确定的、互异的、无顺序关系的(具体的或抽象的)对象的全体称为集合,集合中的对象称为该集合中的元素。对集合概念科学的认识应该理解为:集合的元素可以是任何事物,数学中研究的集合甚至可以是不包含任何元素的空集,一个集合中的各个元素是可以相互区分开的,组成一个集合的各个元素在该集合中是无次序的,任一事物是否属于一个集合是确定的。

关键词:高中;数学教科书;集合含义;商榷

中图分类号:G423.1 **文献标识码**:A

随着我国新一轮课程改革的不断深化,普通高中课程改革得以全面实施。遵义师范学院作为西部地区的师范院校,为了抓好学生的基本功,数学系常常把"集合的含义(或概念)"作为学生实习前的备课、试教、说课等练功的内容之一。研究者在指导大三学生进行实习前的备课、试教、说课等练功时,根据学生的质疑,研究发现:普通高中现行教科书,如人教版(必修A版、B版)《数学1》、北师大版(必修)《数学1》、苏教版(必修)《数学1》、湘教版(必修)《数学1》以及沪教版(必修)《数学1》等6个主要版本中的集合含义(或概念)都值得商榷。建议将高中数学教科书中集合描述为:凡是具有某种性质的、确定的、互异的、无顺序关系的(具体的或抽象的)对象的全体称为集合,集合中的对象称为该集合中的元素。

一、问题的提出

在指导学生钻研教材时,学生对高中现行数学教科书人教版(必修A版)《数学1》中关于集合含义描述质疑:

1. "把研究对象统称为元素"[1]中的"研究"

学生说,自己并没有"研究",也不打算研究这些对象啊!研究者解释道,这句话可理解为"把讨论(或考察或考虑或观察或关注或认识或了解等)的对象称为元素"。因此,这里的"研究",并非指真正意义上的"研究",而是具有在特定场合需要"讨论、考察、考虑、观察、关注、认识、了解"等之意。

2. "把一些元素组成的总体叫做集合"[1]中的"一些"与"总体"

学生问，既然是"一些"，又何为"总体"？研究者解释道，这里的"一些"，也并非真正意义上的"一些"，而是指所需"讨论、考察、考虑、观察、关注、认识、了解"或"研究"的那些所有对象；"总体"即整体。既然是"所有对象"，它们组成（或视它们为）一个"整体"是无可厚非的。

不知是我说理不清、解释不够，还是学生锲而不舍而发现了什么，或是教科书中的描述的确存在不到位与模糊之处，学生听后仍觉得茫然。几届学生几乎有相同的质疑，这不得不使研究者考虑到高中现行数学教科书中集合含义（或概念）的商榷。

二、高中现行数学教科书的几个主要版本关于集合的描述

国家《普通高中数学课程标准（实验）》（以下简称《课标》）颁布以来，根据《课标》编写的高中教材主要有人教版（必修 A 版、B 版）《数学 1》、北师大版（必修）《数学 1》、苏教版（必修）《数学 1》、湘教版（必修）《数学 1》以及沪教版（必修）《数学 1》等 6 套。研究者将对这 6 个主要版本中关于集合的描述进行探究。

众所周知，集合在数学上是一个很难用更简单的概念来给其下定义而只能给予一种描述的基本概念。由于集合语言是现代数学的基本语言，在高中数学课程中，也是学习、掌握和使用数学语言的基础。因此，现行教科书将其安排在高中数学开篇章节。

1. 人教版（必修 A 版）《数学 1》对集合的表述

在高中现行数学教科书人教版（必修 A 版）《数学 1》中，为了呈现集合的含义，给出 8 个例子，分析每个例子的元素，说明其元素的全体就组成一个集合。从而归纳共性，给出集合的描述："一般地，我们把研究对象统称为元素（element），把一些元素组成的总体叫做集合（set）（简称为集）。"[1]然后以"给定的集合，它的元素必须是确定的。也就是说，给定一个集合，那么任何一个元素在不在这个集合中就确定了"来说明集合中元素的确定性；以"一个给定集合中的元素是互不相同的，就是说，集合中的元素是不重复出现的"来说明集合中元素的互异性；以"只要构成两个集合的元素是一样的，我们就称这两个集合是相等的"来说明集合的相等，同时也隐含集合中元素的无序性，但并未明确指出集合中元素的无序性。

2. 人教版（必修 B 版）《数学 1》对集合的描述

在人教版（必修 B 版）《数学 1》中，首先列举出学生日常熟悉的"整体""一类""一群"等与"集合"意义相近的词语，指出"数学书的全体""地球上人的全体""所有文具的全体"等都可分别看成一些"对象"的集合；然后指出，"我们看到的、听到的、闻到的、触摸到的、想到的各种各样的事物或一些抽象的符号，都可以看作对象"；接着呈现集合的描述[2]：把一些能够确定的、不同的对象看成一个整体，就说这个整体是由这些对象的全体构成的集合（或集），构成集合的每个对象叫做这个集合的元素（或成员）。然后通过几个用自然语言来描述集合的例子，逐步引入集合的集合语言描述，并在后面加上："关于集合概念，还要作如下说明：（1）确定性：作为一个集合的元素，必须是确定的，就是说不能确定的对象就不能构成集合。也就是说，给定一个集合，任何一个对象是不是这个集合的元素也就确定了。（2）互异性：对于一个给定的集合，集合中的元素一定是不同的（或说是互异的）。这就是说，集合中任何两个元素都是不同的对象，相同的对象归入同一个集合时只能算作集合的一个元素。"也没有指出集合中元素的无序性，而是在呈现集合的表示方法时才给出"用列举法表示集合时不必考虑元素的前后顺序"。

3. 北师大版（必修）《数学1》对集合的表述

在北师大版（必修）《数学1》中，通过列举我国水面面积在800平方千米以上的青海湖等9个湖泊的所在地、水面面积、湖面海拔、蓄水量、湖水最深以及湖水性质等，说明可按不同的标准进行分类后，呈现集合的描述：指定的某些对象的全体称为集合。集合中的每个对象叫做这个集合的元素[3]。然后用"给定一个集合，任何一个元素是不是这个集合的元素就确定了"来说明集合中元素的确定性；用"给定的集合中，元素是互异的，也就是说，集合中的任何两个元素都不同，因此，集合中的元素没有重复现象"来说明集合中元素的互异性；用"对于两个集合 A 与 B，如果集合 A 中的任何一个元素都是集合 B 中的元素，同时集合 B 中的任何一个元素都是集合 A 中的元素，这时，我们就说集合 A 与集合 B 相等"来说明集合的相等，同时也隐含集合中元素的无序性，但同样未明确指出集合中元素的无序性。

4. 苏教版（必修）《数学1》对集合的描述

在苏教版（必修）《数学1》中，通过3个实例引导学生归纳"家庭""学校""班级""男生""女生"等概念的共同特征，之后说明在生活中，会遇到各种各样的事物。为了方便讨论，需要在一定范围内按一定标准对所讨论的事物进行分类，分类后会用"群体""全体""集合"等一些术语来描述它们。接着呈现集合的描述：一定范围内某些确定的、不同的对象的全体构成一个集合（set）。集合中的每一个对象称为该集合的元素（element）[4]。由于在集合的含义中已明确给出元素的确定性与互异性，所以只用"如果两个集合所含的元素完全相同（即 A 中的元素都是 B 的元素，B 中的元素也都是 A 的元素），则称这两个集合相等。

如"{北京，天津，上海，重庆}={上海，北京，天津，重庆}"来说明集合的相等，同时也隐含集合中元素的无序性。虽然表现出集合中元素的无序性，但同样还是没有明确指出无序性。

5. 湘教版（必修）《数学1》对集合的表述

在湘教版（必修）《数学1》中，通过"集合的概念是最基本的数学概念。因为它太基本了，无法对它进行精确地定义，只能作直观的描述"的导入，给出集合的描述：在数学语言中，把一些对象放在一起考虑时，就说这些事物组成了一个集合（set），给这些对象的总的名称，就是这个集合的名字。这些对象中的每一个，都叫做这个集合的元素（element）[5]。然后约定："同一个集合中的元素是互不相同的。"之后通过"把集合中元素共有的，也只有该集合中元素才有的属性描述出来，以确定这个集合，这叫做描述法"来说明集合中的元素具有某种专有属性。但没有体现集合中元素的确定性与无序性。

6. 沪教版（必修）《数学1》对集合的描述

在沪教版（必修）《数学1》中，为了呈现集合的含义，给出7个例子，之后给集合的描述是：把能够确切指定的一些对象组成的整体叫做集合，简称集（set）。集合中的各个对象叫做这个集合的元素（element）[6]。然后通过"对于一个给定的集合，集合中的元素是确定的，也就是说，任何一个元素要么是给定集合的元素，要么不是这个集合的元素，两者必居其一"来说明集合中元素具有"确定性"；通过"对于一个给定的集合，集合中的元素是各不相同的，也就是说，一个给定的集合中的任何两个元素都是不相同的对象，集合中的元素不重复出现"来说明集合中的元素具有"互异性"；但仍未明确指出集合中元素的"无序性"。

三、关于集合的诸多描述与集合的基本性质

由于集合是一个范畴类的基本概念，因此是一个不予定义的概念，只能通过描述它的一些特性加以说明。所以，关于集合的描述是多种多样的。

1. 集合的诸多描述

某些指定的对象集在一起就成为一个集合，集合中的每个对象叫做这个集合的元素。[5]

每一组对象的全体形成一个集合，集合里各个对象叫做这个集合的元素[8]。

把具有某种属性的一些对象，看作一个整体，便构成一个集合，集合里的各个对象叫做这个集合的元素。[9]

集合是不能精确定义的基本概念。直观地说，把一些事物汇集到一起组成一个整体就叫做集合，而这些事物就是这个集合的元素或成员。[10]

何谓集合？用集合论的创始人 G. 康托尔（G. Cantor，1845—1918）曾经解释的话来说："所谓'集合'，我们理解为我们的知觉或思维确定的总体。明确区分开的对象 m 聚集成的一个整体 M，这些对象叫做 M 的'元素'。一般来说，集合就是我们把直观上或思想上的一些确定的彼此不同的对象作为一个整体，组成某一集合的事物（或对象）叫做集合的元素。此时我们便说，这些元素组成该集合；这些元素属于该集合；或说该集合由这些元素组成；或该集合含有这些元素等。"[11]

集，亦称"集合"，数学中的基本概念之一。具有某种属性的事物的全体称为"集"。组成集的每个事物称为该集的元素。[12]

"把在我们直观或思维中的一定范围内的所有对象，作为一个整体来考虑，称之为（那些对象的）集合。把该范围内的各个对象称为集合的元或元素。"[13]

"当我们讨论某一类对象的时候，就把这一类对象的整体称为集合。而集合中的对象就称为该集合中的元素。"[14]

若干个（有限或无限多个）固定事物的全体叫做一个集合（简称集）。组成一个集合的事物叫做这个集合的元素（有时简称元）。[15]

凡是具有某种性质的、确定的、有区别的事物的全体就是一个集合（set）或简称集。[16]

把人们的直观上或思想上的那些确定的能够区别的对象汇聚在一起成为一个整体，这一个整体就叫做一个集合。[17]

表示一定事物的集体称为集合或集。组成集合的东西叫做这个集合的元素。[18]

由具有某种特定性质的具体的或抽象的事物之全体组成一集（或者称为集合），其中的成员称作这个集的元素。[19]

按照某一法则规定的研究对象的整体称为集合。它的每一个研究对象称为集合的元素[20]。

某些指定的"东西"集在一起就成为集合。[21]

所谓集合乃是可以互相区别的事物的汇集。[22]

凡说到集指的就是某些对象的汇集。[23]

凡是具有某种特殊性质的东西的全体即称之为集。[24]

……

2. 集合的基本性质

上述关于集合的诸多描述，都各有其特点。尽管对集合的描述多种多样，但是集合中的元素应该具有以下基本性质：

（1）确定性：是指每一个对象都能确定是不是某一集合的元素，两者必居其一且只居其一，不能模棱两可。没有确定性（如"个子高的同学""很小的数""年轻人"等）就不能成为集合（而是构成 Fuzzy 集合[25]）。这个性质主要用于判断一个整体是否能形成集合，以此区别于 Fuzzy 集合。

（2）互异性：是指集合中任意两个元素（如果有的话）都是不同的对象。互异性使集合中的元素是彼此不同的、没有重复的，相同的对象在同一个集合中时，只能算作这个集合的一个元素。以此区别集合中的任意两个元素。

（3）无序性：是指集合中的元素之间没有顺序关系。如集$\{a, b, c\}$、$\{b, a, c\}$、$\{a, c, b\}$、$\{c, a, b\}$等都认为是同一集合，以此确定集合的同一性。

（4）纯粹性：是指集合中的元素都具有该集合所表征的特性，不具有这一特性的对象都不在这个集合中。

（5）完备性：是指具有集合所表征的特性的对象全部都囊括在该集合中，或被该集合"一网打尽"，没有一个被漏掉。

四、对高中现行数学教科书中描述集合概念的建议

1. 几个主要版本对集合的描述与诸多描述间的关联分析

根据上述诸多描述，不难看出：

（1）人教版（必修 A 版）《数学 1》、北师大版（必修）《数学 1》、湘教版（必修）《数学 1》以及沪教版（必修）《数学 1》等 4 个版本关于集合的描述比较相似，并且都与文献[5~8、10~13、16~19、21、22]等关于集合的描述相关联。这种描述虽然简洁，但对集合中元素所具有的特征以及基本性质没有准确表达出来。因此，往往需要再补充一定的说明来完成。否则会给学生进一步的学习带来不便。

（2）人教版（必修 B 版）《数学 1》与苏教版（必修）《数学 1》2 个版本关于集合的描述比较相似，并且都与文献[9、14、15、20]等关于集合的描述相关联。这种描述虽然看似复杂一些，但对集合中元素的确定性与互异性两个基本性质已经明白地在描述中告诉了学生（或读者），不必再做补充说明。然而，仍然没有强调集合中元素所具有的特征以及无序性，也需要做适当的补充说明来完成。否则，也会给学生进一步的学习带来不便。

2. 对高中现行数学教科书中描述集合概念的建议

有学者撰文指出，由于集合是在数学中不加定义的概念，因此，学生对集合概念的认知水平，完全取决于他们怎样理解与掌握这一概念。一般地，把集合看成一些确定的、可以区分的事物汇聚在一起组成的一个整体。组成一个集合的每个事物称为该集合的一个元素，但这只是对它最简单的、最肤浅的理解。对集合概念科学的认识应该理解为：

（1）集合的元素可以是任何事物，当然也可以是另外的集合；

（2）数学中研究的集合甚至可以是不包含任何元素的空集；

（3）一个集合中的各个元素是可以相互区分开的，这意味着在一个集合中不会出现相同的元素；

（4）组成一个集合的各个元素在该集合中是无次序的；

（5）任一事物是否属于一个集合是确定的，即对于一个集合来说，任一事物或者是它的元素，或者不是它的元素，两者必居其一，结论是确定的[26]。

《课标》指出，集合语言是现代数学的基本语言。使用集合语言，可以简洁、准确地表达数学的一些内容。高中数学课程只将集合作为一种语言来学习，学生将学会使用最基本的集合语言表示有关数学对象，发展运用数学语言进行交流的能力。《课标》对"集合"一章的要求是：通过实例，了解集合的含义，体会元素与集合的"属于"关系；能选择自然语言、图形语言、集合语言（列举法或描述法）描述不同的具体问题，感受集合语言的意义和作用；理解集合之间包含与相等的含义，能识别给定集合的子集；在具体情境中，了解全集与空集的含义……[27]不难看出，这是最起码的，也是最基本的要求。所以有学者撰文指出，《课标》"就低不就高"而忽视少年英才培养，应通过深入调查、反思修订，使《课标》文本日臻完善、合国情、利发展，以巩固新课程实验成果，促进普通高中课程改革更加顺利地推进[28]。

综上所述，建议将高中现行数学教科书中的集合描述为：凡是具有某种性质的、确定的、互异的、无顺序关系的（具体的或抽象的）对象的全体称为集合，集合中的对象称为该集合中的元素。

这种描述至少有以下 6 个方面的优点：

一是这种描述，明确说明集合中的元素是具有某种性质的（以此区别于其他集合）、确定的、互异的、无顺序关系的对象，因而具有确定性、互异性和无序性；

二是这种描述，明确说明组成集合的对象（或元素）可以是具体的、直观的，也可以是抽象的、思维的；

三是这种描述，明确说明集合中的元素全是由那些，且只由那些具有相同属性的对象所组成，因而具有纯粹性与完备性；

四是这种描述，反映出集合的特征和集合中元素的基本性质，又不会引起认识和理解上的混淆，为学生进一步学习带来了方便；

五是这种描述，采用公理化的形式，表述科学、准确，为集合的表示等提供了理论依据，更便于教与学的把握；

六是这种描述，符合对范畴类的基本概念描述的要求[29]。

五、结束语

所指导的几届学生在大四秋季的实习中采用了上述建议的描述，他们感到，首先是自己消除了疑虑，其次是在实习讲述中容易把握，再次是所授学生容易认识和理解。应该说，达到了《课标》的要求。

研究者赞许学生敢于质疑的钻研精神，也期望学生都有这种敢于质疑、锲而不舍的钻研精神。用实际行动落实好、实施好新一轮课程改革。

由于水平有限，上述建议仅为一孔之见，就想一吐为快，以期同仁斧正。

致谢：感谢遵义师范学院幸克坚教授、赵兴杰教授对本文提出的宝贵意见。

参考文献

[1] 刘绍学．普通高中课程标准实验教科书（必修A版）数学1[M]．北京：人民教育出版社，2007．

[2] 高存明．普通高中课程标准实验教科书（必修B版）数学1[M]．北京：人民教育出版社，2007．

[3] 严士健．普通高级中学课程标准实验教科书（必修）数学1[M]．北京：北京师范大学出版社，2007．

[4] 单墫．普通高中课程标准实验教科书（必修）数学1[M]．南京：江苏教育出版社，2007．

[5] 张景中．普通高中课程标准实验教科书（必修）数学1[M]．长沙：湖南教育出版社，2007．

[6] 袁震东．普通高中课程标准实验教科书（必修）数学1[M]．上海：上海教育出版社，2006．

[7] 人民教育出版社中学数学室．全日制普通高级中学教科书（必修）数学第一册（上）[M]．北京：人民教育出版社，2003．

[8] 人民教育出版社中学教研室．幼儿师范学校教科书（试用本）数学（上册）[M]．北京：人民教育出版社，2001．

[9] 段应全．五年制师范专科统一教材（试用本）数学（公共课1）[M]．贵阳：贵州人民出版社，2005．

[10] 屈婉玲．离散数学[M]．北京：高等教育出版社，2008．

[11] 毕富生．数理逻辑[M]．北京：高等教育出版社，2004．

[12] 辞海编辑委员会．辞海（缩印本）[M]．上海：上海辞书出版社，1985．

[13] 日本数学会．数学百科辞典[M]．北京：科学出版社，1984．

[14] 工湘浩．离散数学[M]．北京：高等教育出版社，1983．

[15] 张禾瑞．近世代数基础[M]．北京：人民教育出版社，1982．

[16] 方嘉琳．集合论[M]．长春：吉林人民出版社，1982．

[17] 张锦文．集合论与连续统假设浅说[M]．上海：上海人民出版社，1982．

[18] 张禾瑞，郝鈵新．高等代数[M]．北京：人民教育出版社，1980．

[19] 夏道行．实变函数论与泛函分析（上册）[M]．北京：人民教育出版社，1980．

[20] 陈绍刚．集合与对应[M]．杭州：浙江人民出版社，1979．

[21] 欧阳光中. 集合和映射[M]. 北京：人民教育出版社，1978.
[22] 河田敬义. 集合·拓扑·测度[M]. 北京：高等教育出版社，1957.
[23] 福罗洛夫. 实变函数论[M]. 北京：高等教育出版社，1953.
[24] 那汤松. 实变函数论[M]. 北京：高等教育出版社，1950.
[25] 汪培庄. 模糊集合论及其应用[M]. 上海：上海科学技术出版社，1983.
[26] 中华人民共和国教育部. 普通高中数学课程标准（实验）[M]. 北京：人民教育出版社，2003.
[27] 朱文芳，刘仁权. 初中生集合概念发展特点的研究[J]. 数学教育学报，2003，12（2）：55–58.
[28] 袁智斌. 对《普通高中数学课程标准》文本的反思性解读[J]. 数学教育学报，2009，18（6）：74–80.
[29] 蔡贤浩. 形式逻辑（第四版）[M]. 武汉：华中师范大学出版社，2009.

Discussion on the Meaning of Set in Current Textbooks of Senior High School Mathematics

KE Hua

（Research Center of Basic Education，Zunyi Normal College，Guizhou Zunyi 563002，China）

Abstract：Set language is the basic language of modern mathematics. On the basis of the basic concept of the imprecision of the definition of set，combining the different descriptions of set， this paper suggests to describe set in current textbooks of Senior High School mathematics as follows：all (concrete or abstract)objects with certain features and all objects definite，unequal，and non-sequential can be called a set. The objects in one set are the elements of the set.

Key words：senior high school；textbook of mathematics；the meaning of set；discussion

本文载：1.《数学教育学报》，2012 年第 3 期，第 91-94 页。

2.（中国人民大学报刊复印资料全文转载）《高中数学教与学》，2012 年第 10 期，第 21-24 页。

主要参考文献

[1] 顾泠沅,易凌峰,聂必凯. 寻找中间地带[M]. 上海:上海教育出版社,2003.

[2] 张奠宙,李士锜. 数学教育研究前沿[M]. 上海:华东师范大学出版社,2003.

[3] 张奠宙. 数学教育研究引论[M]. 江苏:江苏教育出版社,1994.

[4] [英]M. 奥康纳等. 怎样写作科学论文[M]. 来凤琪,译. 上海:上海科学技术文献出版社,1983.

[5] 熊川武. 反思性教学[M]. 上海:华东师大出版社,1999.

[6] 丰力,金宝成. 怎样搞好教育科学研究[M]. 北京:北京大学出版社,1999.

[7] 张民生,金宝成. 现代教师:走近教育科研[M]. 北京:教育科学出版社,2002.

[8] 裴娣娜. 教育研究方法导论[M]. 安徽:安徽教育出版社,1995.

[9] 钱大同. 小学教育科研概论[M]. 浙江:浙江人民出版社,1994.

[10] 蓟运河. 教育科研技能训练指导[M]. 北京:中国林业出版社,2001.

[11] 何如栋. 小学数学教育科研[M]. 浙江:浙江人民出版社,2001.

[12] 欧阳芬. 新课程下教师教育科研能力培养与提升[M]. 北京:新华出版社,2005.

[13] 渠开选. 怎样写教学论文[M]. 青岛:青岛海洋大学出版社,2000.

[14] 张国杰等. 数学教育研究与写作导论[M]. 天津:天津教育出版社,1997.

[15] 邱小捷. 中小学教育科研方法[M]. 北京:高等教育出版社,2004.

[16] 赵大悌,赵小刚. 教育科研能力的培养与提高[M]. 北京:中国和平出版社,2000.

[17] 傅道春. 新课程中教师行为的变化[M]. 北京:首都师范大学出版社,2001.

[18] 马云鹏,张贵新,孙晓天. 基础教育新课程师资培训指导·小学数学[M]. 长春:东北师范大学出版社,2003.

[19] 钟启泉. 新课程师资培训精要[M]. 北京:北京大学出版社,2002.

[20] 华国栋. 教育科研方法[M]. 南京:南京大学出版社,2001.

[21] 缪铨生. 概率与统计[M]. 上海:华东师范大学出版社,2007.

[22] 冯伯麟. 教育统计学[M]. 北京:人民教育出版社,2005.

[23] [日]浅居喜代治. 模糊系统理论入门[M]. 赵汝怀,译. 北京:北京师范大学出版社,1982.
[24] 汪培庄. 模糊集合论及其应用[M]. 上海:上海科学技术出版社,1983.
[25] 陈世权. 模糊决策分析[M]. 贵阳:贵州科技出版社,1990.
[26] 贺仲雄. 模糊数学及其应用[M]. 天津:天津科学技术出版社,1983.
[27] 邓聚龙. 灰色控制系统[M]. 武汉:华中理工大学出版社,1985.
[28] 邓聚龙. 灰色系统理论教程[M]. 武汉:华中理工大学出版社,1990.
[29] 吴赣昌. 线性代数[M]. 北京:中国人民大学出版社,2006.